新 主 流  新 征 程

2022 中国新媒体大会

CHINA NEW MEDIA CONFERENCE

中国记协新媒体专业委员会
湖南省新闻工作者协会 编

学习出版社

图书在版编目（CIP）数据

2022中国新媒体大会 / 中国记协新媒体专业委员会，
湖南省新闻工作者协会编. -- 北京：学习出版社，2023.3
ISBN 978-7-5147-1082-3

Ⅰ．①2… Ⅱ．①中… ②湖… Ⅲ．①传播媒介－发展－
中国－文集 Ⅳ．①G219.2-53

中国版本图书馆CIP数据核字（2022）第246274号

2022中国新媒体大会

2022 ZHONGGUO XINMEITI DAHUI

中国记协新媒体专业委员会
湖南省新闻工作者协会 编

责任编辑：宋　飞
技术编辑：刘　硕
装帧设计：美　威

出版发行：学习出版社
　　　　　北京市崇外大街11号新成文化大厦B座11层（100062）
　　　　　010-66063020　010-66061634　010-66061646
网　　址：http://www.xuexiph.cn
经　　销：新华书店
印　　刷：北京中科印刷有限公司

开　　本：710毫米×1000毫米　1/16
印　　张：25.5
字　　数：342千字
版次印次：2023年3月第1版　2023年3月第1次印刷

书　　号：ISBN 978-7-5147-1082-3
定　　价：80.00元

如有印装错误请与本社联系调换，电话：010-67081356

新主流 新征程
2022 中国新媒体大会精彩圆满举办

在喜迎党的二十大的重要时刻，2022 中国新媒体大会于 2022 年 8 月 29 日至 31 日在湖南长沙成功举办。中央领导同志首次出席大会并发表视频主旨演讲，中央宣传部首次担任指导单位。大会以"新主流 新征程"为主题，系统梳理党的十八大以来媒体融合发展的丰硕成果与创新经验，启动党的二十大报道融创精品征集展示活动等，办成了一次有影响、有成果的全国新媒体盛会。

时任中共中央政治局委员、中央书记处书记、中宣部部长黄坤明以视频方式出席大会开幕式并发表主旨演讲，强调要深入学习贯彻习近平总书记关于推动媒体融合发展的重要论述，顺应时代要求，把握传播规律，加快推进媒体深度融合，更好凝聚团结奋进的强大力量。湖南省委书记张庆伟、中国记协主席何平、中央网信办副主任牛一兵出席大会开幕式并致辞。中国记协党组书记、副主席刘思扬，湖南省委常委、宣传部部长杨浩东主持大会开幕式暨主论坛。大会由中央宣传部、中央网信办、国家广播电视总局、湖南省人民政府指导，中国记协、湖南省委宣传部联合主办。

大会紧扣迎接宣传贯彻党的二十大主线，突出"新主流 新征程"主题，从不同层面总结党的十八大以来，宣传思想战线坚持以习近平新时代中国特色社会主义思想为指引，推动媒体融合发展取得的新进展新成就新经验，共谋构建与全媒体时代相适应的新型主流媒体，共商形成与奋进新征程相适应的主流舆论强势，引导新媒体行业为党的二十大胜利召开营造良好舆论氛围。主论坛上，人民日报社副总编辑王一彪、新华社副总编辑周宗敏、中央广播电视总台编务会议成员刘晓龙等中央媒体负责人，上海报业、湖南广电、江西分宜融媒体中心等媒体代表，B 站、知乎等商业传播平台代表，多视角立体化展示做强新型主流媒体、壮大主流思想舆论的积极探索和有益实践，观点精彩，新意十足。

大会坚持效果导向，围绕中央要求、时代需求、行业诉求设置议程。包括"1+4+4"内容框架，即 1 场开幕式暨主论坛；4 场专题论坛："构筑主流舆论新高地"内容创新论坛、"塑造可信可爱可敬中国形象"国际传播论坛、"社会服务与新媒体力量"社会责任论坛、"科技赋新能 融媒向未来"技术应用论坛；4 场主题活动："马栏山上话匡潮"文创盛典活动、"新技术 融创新高地"2022 中国新媒体技术展、中国记协新媒体专业委员会第二届委员会第一次全体会议、"强'四力' 促深融"专题培训班。发布了《我国媒体融合发展的十大创新探索》《2022 视频文创产业发展指标（马栏山指数）》等研究成果，推出了"融媒有技·国家重点实验室特别发布"、"智媒体 新服务"倡议、各地国际传播中心"云亮相"等特色活动，启动了 2022 中国新媒体联合公益行动，上线了乡村振兴智慧融媒公益云平台，举办了重点招商企业签约仪式等。

大会引发社会各方广泛关注，有关报道全网传播总点击量超 2 亿次。人民日报刊发 2 个整版对大会进行特别报道，新华社播发黄坤明同志出席大会开幕式新闻通稿及综述文章，中央电视台《晚间新闻》播发大会消息，"学习强国"学习平台开设"2022中国新媒体大会"专题，中国日报推出英文报道。中国记协新媒体专业委员会成员单位创作一系列联名海报、短视频、H5、长图，进行重点推送。长沙市内户外电子显示屏、公交地铁移动电视持续播放大会信息，长沙"一江两岸"城市景观上演"2022中国新媒体大会"主题灯光秀，营造浓厚大会氛围。

中国记协与湖南筹备方紧密配合，吸收往届办会经验，全力做好会务保障。面对疫情防控新形势新挑战，认真落实防疫措施，守好安全底线。全面优化数字会务平台，做优做细数字化服务，提升大会组织效率和服务精准度。

中央有关部门负责人，中央主要新闻单位、地方新闻单位负责人，新闻院校、研究机构专家学者，互联网技术公司、商业传播平台代表等约500名嘉宾现场参加大会。

2022 中国新媒体大会
CHINA NEW MEDIA CONFERENCE

目 录
C O N T E N T S

◎ 权威发布

◎ "构筑主流舆论新高地"内容创新论坛

领导致辞

重大主题报道融创精品主创分享

圆桌论坛

◎ "塑造可信可爱可敬中国形象"国际传播论坛

◎ "社会服务与新媒体力量"社会责任论坛

◎ "科技赋新能　融媒向未来"技术应用论坛

领导致辞

新技术引领媒体变革主题演讲

融媒有技·国家重点实验室特别发布

圆桌对话

◎ "马栏山上话国潮"文创盛典

领导致辞

主题演讲

◎ "新技术　融创新高地" 2022 中国新媒体技术展

◎ **媒体报道**

加快推进媒体深度融合 更好凝聚团结奋进强大力量

黄坤明

党的十八大以来，以习近平同志为核心的党中央高度重视媒体融合发展，习近平总书记作出一系列重要论述、重要指示，为加快推进媒体融合发展、做好新形势下新闻舆论工作提供了根本遵循。新闻战线深入学习贯彻党中央决策部署，主力军全面挺进主战场，各级融媒体中心建设纵深推进，一大批传播覆盖广、引领能力强的新型主流媒体快速成长，全媒体传播体系不断完善，党的声音传播更深更广，媒体融合发展取得重大进展和显著成效。

即将召开的党的二十大，将科学谋划未来5年乃至更长时期我国发展的目标任务和大政方针，在党和国家发展进程中必将产生重大而深远的影响。新时代新征程，如何顺应时代发展要求，抓住机遇、乘势而上，加快推进媒体深度融合，牢牢掌握舆论主导权话语权，更好凝聚团结奋进的强大力量，是我们面临的重大课题。这次大会以"新主流 新征程"为主题，对于深化对媒体融合发展规律性的认识，建好建强新型主流媒体，增强新闻舆论传播力影响力，都很有意义。在此，我提几点希望。

第一，坚定发展方向，以强烈责任感使命感推动媒体融合向纵深发展。媒体融合是大势所趋、时代要求。这些年的实践证明，我国媒体融合发展的路子走对了、走通了。我们取得的每一个进步、积累的每一点经验，都凝结着无数媒体人的奋斗和创造，都鼓舞着我们继续探索实践的信心和勇气。要提高政治站位，增强思想自觉和行动自觉，以更加开阔的思路、更加有力的举措，推动媒体融合发展不断打开新的局面。中央媒体和省级媒体要在深入深化上取得新进展，地市级媒体要在整合融合上迈出新步伐，县级融媒体要在增质增效上进行新探索，尽快形成结构合理、优势互补、差异发展的媒体格局。

第二，坚持正确导向，大力唱响时代主旋律、传播时代最强音。高举旗帜、引领导向是新闻工作最重要的职责使命。新闻媒体要把学习宣传贯彻习近平新时代中国特色社会主义思想作为首要任务，深入宣传阐释党的创新理论的真理力量和实践伟力，生动展示新时代 10 年的伟大变革和里程碑意义，引导人们深刻领悟"两个确立"的决定性意义。要紧扣时代发展脉搏，把握网络传播规律，把正确的政治方向、舆论导向、价值取向贯穿到新媒体生产传播全过程，用主流思想价值和道德文化滋养人心、滋润社会，集聚向上向善的正能量，画好网上网下的同心圆。

第三，突出内容建设，不断以内容优势赢得发展优势。新媒体发展不仅是技术手段的深刻变革，更需要信息内容的用心挖掘、精耕细作。这些年，许多新媒体推出的"爆款刷屏"之作，都是既有鲜活形态、新颖表达，又有精湛内容、丰富内涵的融媒体产品。新媒体的发展要实现突破、再上台阶，就要更加注重内容为王，有效叠加技术优势和内容优势，深入实施网络内容建设工程，巩固形成新媒体发展的核心竞争力、综合竞争力、可持续竞争力。要坚持讲品位、讲格调、讲责任，坚决摒弃"要流量不要质量"的观点，杜绝博眼球、蹭热点的做法，让积极、健康、优质的内容充盈网络空间。

第四，着力改革创新，充分激发融合发展动力活力。媒体融合本身就是改革创新的产物，必须始终坚持以改革的思维、创新的勇气向前推进。要牢牢聚焦"合而为一、融为一体"的目标，始终着眼推动从"物理反应"向"化学反应"的转变，开阔理念思路，敢闯敢拼敢试，把互联网思维树得更牢、贯彻到底。要遵循信息时代传播规律，优化整合新闻业务和各种资源要素，加大关键核心技术自主创新和前沿技术研发力度，强化全媒体传播、精准化传播，积极抢占技术制高点、传播制高点。

第五，加强科学治理，共同营造清朗网络空间。网络空间是亿万人民共同的精神家园，需要全社会共建共治共享。要不断提高网络综合治理能力，加快完善管网治网体制机制，健全互联网领域的法律法规，推动新媒体始终沿着健康的轨道发展。要加强行业自律，各级记协及其新媒体专委会要充分发挥团结引领、规范引导的作用，促进形成风清气正的行业风气。各类平台要认真落实主体责任，自觉担负社会责任，争做新时代思想道德和文明风尚的传播者、弘扬者。

中国新媒体大会为媒体融合发展提供了重要的交流、展示和合作平台，已形成了品牌、打造了特色、办出了影响。希望大家加强沟通交流，深化务实合作，为打开媒体融合发展新局面、开拓新闻舆论工作新天地作出积极贡献，以实际行动迎接党的二十大胜利召开！

（本文系时任中共中央政治局委员、中央书记处书记、

中央宣传部部长黄坤明 2022 年 8 月 30 日

在 2022 中国新媒体大会上的主旨演讲）

2022 中国新媒体大会

CHINA NEW MEDIA CONFERENCE

领 导 致 辞

推动媒体深度融合　壮大主流思想舆论

张庆伟

　　党的十八大以来，以习近平同志为核心的党中央高度重视媒体融合发展，习近平总书记作出系列重要指示批示，为我国新媒体事业发展指明了前进方向、提供了根本遵循。黄坤明部长发表了视频主旨演讲，总结回顾了党的十八大以来我国媒体融合发展的历史成就，并就下一步推动媒体深度融合发展、巩固壮大主流思想舆论提出了系列要求，我们要认真学习领会，抓好贯彻落实。

　　湖湘文化素有"心忧天下，敢为人先"的精神特质。近年来，湖南坚持与时代大潮同行、与技术创新同步，深入推进传统媒体与新媒体融合发展，初步走出了一条具有湖南特色的新媒体发展路径。新媒体事业呈现千帆竞发、百舸争流的生动局面。马栏山视频文创产业园入园企业超过 1000 家，"报、网、端、微、屏"立体传播矩阵加快构建，县级融媒体中心实现县市区全覆盖，互联网岳麓峰会、世界计算大会落户湖南，芒果TV 处于视频行业领先地位，湖南日报、湖南卫视等平台打造了《党史上的今天》《理想照耀中国》《百年正青春》等一批刷屏热传的融媒精品。

媒体是历史演进和社会变革的见证者和推动者。近年来，新兴媒体不断突破时空、主体、功能局限，深刻改变着舆论生态、媒体格局、传播方式，广泛影响人民群众生产生活。本次大会以"新主流　新征程"为主题，顺应媒体融合发展规律和时代大势，突出迎接、宣传、贯彻党的二十大主题主线，对推动我国新媒体事业高质量发展是有力的促进。湖南将以此次大会为新起点，深入学习贯彻习近平总书记关于推进媒体融合发展的重要论述，坚持党对新闻舆论工作的全面领导，守正创新推动媒体融合向纵深发展，更好履行举旗帜、聚民心、育新人、兴文化、展形象的使命任务。坚持正确的导向，坚决贯彻党管宣传、党管意识形态、党管媒体原则，深入宣传党的理论和路线方针政策，深入宣传新时代原创性思想、变革性实践、突破性进展、标志性成果，织密织牢意识形态安全"防护网"，进一步弘扬主旋律、传播正能量，巩固壮大主流思想舆论，推动党的声音传得更开、传得更广、传得更深入。坚持内容为王的工作方向，主动适应"圈层化、分众化、垂直化、视频化"等传播大势，充分发挥湖南广电、马栏山视频文创园等平台优势和作用，扎实推进内容生产供给侧结构性改革，努力创作更多无愧于时代、无愧于人民的精品力作，更好满足人民群众对美好生活的向往。坚持创新为要的融合方向，推动传统媒体和新兴媒体在内容、渠道、平台、经营、管理等方面深度融合，促进两者优势互补、一体发展，积极培育全媒体时代人才"引育用留"良好生态，着力打造一批形态多样、手段先进、具有竞争力的新型主流媒体。

（作者为湖南省委书记、省人大常委会主任）

助力媒体融合发展　形成主流舆论强势

何　平

　　如同奔腾北去的湘江之水，媒体融合发展是大势所趋。党的十八大以来，习近平总书记对此高度重视，发表一系列重要论述，既有对传媒变革趋势的准确把握、深刻阐释，也有对主流媒体的实践要求、殷切期望，为推进媒体融合发展、打造新型主流媒体，指明了正确方向、提供了科学指南。

　　黄坤明部长以视频方式发表主旨演讲，对深入学习贯彻习近平总书记重要论述提出了明确要求。中国记协作为党领导的中国新闻界的全国性人民团体，要以习近平总书记重要论述为根本遵循，以团结引领服务新闻媒体为己任，为推动媒体融合发展、巩固壮大主流舆论加油助力，为迈向全面建设社会主义现代化国家新征程提供舆论支持。

我们要以政治引领为根本，把握融合之魂。本次大会的主题是"新主流 新征程"。何为"新主流"，我以为，就是要建成与全媒体时代相适应的新型主流媒体、形成与奋进新征程相一致的主流舆论强势。正如习近平总书记所指出的，"我们推动媒体融合发展，是要做大做强主流舆论，巩固全党全国人民团结奋斗的共同思想基础，为实现'两个一百年'奋斗目标、实现中华民族伟大复兴的中国梦提供强大精神力量和舆论支持"。我想，这正是推进媒体融合发展之目的所在，也是打造新型主流媒体的魂之所系。

面对这一时代课题，中国记协要更好地团结引领广大新闻工作者，牢牢坚持正确政治方向，在统筹"两个大局"中找准时代方位，在把握"国之大者"中明确职责定位，增强"四个意识"、坚定"四个自信"、做到"两个维护"，充分运用全媒体手段，全面展示党的十八大以来取得的历史性成就、发生的历史性变革，深刻揭示习近平新时代中国特色社会主义思想的实践伟力，生动描绘当代中国江山壮丽、人民豪迈、前程远大的时代画卷，引导人们深刻领悟"两个确立"的决定性意义，充分激发全党全社会"奋进新征程 建功新时代"的磅礴力量，为喜迎党的二十大营造浓厚氛围。

我们要以守正创新为关键，增强融合之效。推进媒体融合发展，守正是前提，创新是动力。

守正，就要坚持导向为魂、内容为王，把真实信息、优质内容、权威报道、正确观点作为媒体核心竞争力，不断推出有思想、有温度、有品质的优秀作品。要保持政治定力，恪守职业良知，牢记社会责任，在纷繁复杂中辨是非，在众声喧哗中把方向，让真实报道跑赢虚假信息，让理性声音疏导偏激情绪，让主流价值引领多元舆论，让昂扬正气充盈网络空间。

创新，就要适应网络传播特别是移动传播的新特点，积极运用5G、元宇宙、虚拟现实、人工智能等新技术，增强主流舆论传播的吸引力、到达率，使之既可读可听可看，又可互动可分享可体验，把内容优势有效转化为传播优势。要在媒体融合发展中提高科技赋能本领，在构建全媒体发展新格局中增强跨界叙事能力，打造具有强大影响力的新型传播平台，实现从办了新媒体、用了新媒体、搬上新媒体，向传统媒体与新媒体深度融合、一体发展转变，使主流媒体全面挺进主战场，占据舆论引导、思想引领、文化传承、服务人民的传播制高点。

这里需要说明的是，中国记协在 2022 年中国新闻奖评选中，特别新设了"融合报道"和"应用创新"奖项，就是希望以此推动主流媒体既能不断推出"镇版"之作，也能持续产生"刷屏"之效，形成网上网下同频共振，让主旋律更高昂、正能量更强劲，更好地承担起举旗帜、聚民心、育新人、兴文化、展形象的使命任务。

我们要以联络服务为纽带，凝聚融合之力。推动媒体融合发展是一篇大文章，需要各方集思广益、共同努力。近年来，中国记协通过成立新媒体专业委员会、举办中国新媒体大会、发布中国新媒体研究报告等举措，加强联络服务工作，助力媒体融合发展。我们要进一步发挥记协组织作为党和政府联系新闻界的桥梁纽带作用，广泛团结新闻从业人员，充分依靠社会各方力量，不断深化交流合作，通过加快媒体融合发展，扩大主流舆论影响力版图，形成网上网下一体、内宣外宣联动的全媒体传播新格局。通过加强职业道德建设，让讲品位、讲格调、讲责任成为唯一正确的打开方式。

归根到底，推动媒体融合发展，需要一支政治过硬、本领高强、求实创新、能打胜仗的新闻工作者队伍。中国记协要继续发挥好"记者之家"作用，深入推进"三项学习教育"，引导广大新闻工作者始终坚持以人民为中心的工作导向，深入践行马克思主义新闻观，牢记"四向四做"要求，不断增强"四力"，做党的政策主张的传播者、时代风云的记录者、社会进步的推动者、公平正义的守望者。

（作者为中华全国新闻工作者协会主席）

推动媒体融合新发展
开创网络强国新局面

牛一兵

北去湘江，浪流奔涌。在喜迎党的二十大胜利召开之际，很高兴和大家相聚长沙，参加 2022 中国新媒体大会，共同感受新媒体事业万类霜天竞自由的蓬勃生机，相互激发到中流击水的豪情。黄坤明部长的重要视频讲话，充分体现了对媒体融合发展和网络意识形态工作的高度重视，为我们守正创新，致力新媒体高质量发展提出了明确要求。中国新媒体大会凭借其权威性、专业性，已成为行业引领力、社会影响力的风云际会，受中央宣传部副部长、中央网信办主任、国家网信办主任庄荣文同志的委托，我谨代表中央网信办对大会的举办表示热烈的祝贺，对各位领导、各位朋友表示诚挚的问候。

当前网络技术日新月异，媒体格局和舆论生态发生深刻变化。党的十八大以来，以习近平同志为核心的党中央主动顺应信息革命发展潮流，着眼信息时代发展大势和国内国际两个大局，高度重视、系统谋划、统筹推进新闻舆论工作和网信工作，取得历史性成就，发生历史性变革。习近平总书记举旗定向、掌舵领航，提出一系列具有开创性意义的新理念、新思想、新战略，形成内涵丰富、科学系统的关于网络强国的重要思想。在这一重要思想的指引下，我国正从网络大国向网络强国阔步迈进。踏上新时代新征程，我们肩负着为奋进新征程、建功新时代凝心聚力的新使命、新任务，要坚持以习近平新时代中国特色社会主义思想，特别是要以习近平总书记关于网络强国的重要思想为指导，坚持正能量是总要求、管得住是硬道理、用得好是真本事，总结好、传承好、发展好党的十八大以来媒体融合和网信事业发展的宝贵经验，以媒体融合发展强化网络内容建设，推动网络强国建设开创新局面，为全面建设社会主义现代化国家提供强大舆论支持。借此机会，就深入学习贯彻习近平总书记重要指示精神和党中央决策部署，谈以下3点体会。

一是高扬思想旗帜，引领前行之路。习近平总书记强调，过不了互联网这一关，就过不了长期执政这一关。我们要牢牢把握意识形态工作主导权和主动权，用伟大思想旗帜凝聚亿万网民力量。要把做好习近平新时代中国特色社会主义思想网上宣传作为首要政治任务，紧扣迎接宣传贯彻党的二十大主题主线，加强主题设置，在全媒体时代提升新媒体效能，生动鲜活展现领袖风范，深入浅出阐释思想伟力，浓墨炫彩宣传伟大成就，出彩出新讲好中国故事，全景式立体化描绘新时代新图景，为党的二十大胜利召开营造良好的氛围。

二是坚持内容为王，用好创新之要。习近平总书记强调，要把网上舆论工作作为宣传思想工作的重中之重来抓，要坚持内容建设这个根本，以主流价值为引领，以先进技术为驱动，推动网络空间主旋律更加高昂，正能量更加充沛。要进一步创新理念、内容、形式、方法、手段，以技术赋能释放网上正面宣传效能，推动主流价值导向，驾驭算法服务，通过内容提质与表达创新的结合，让大流量持续澎湃正能量，让好声音始终成为最强音。要加强和改进网络国际传播，讲好中国故事，讲好中国共产党的故事，增强中华文化感召力，中国形象亲和力，中国话语说服力，努力塑造可信、可爱、可敬的中国形象。

三是加强管网治网，守护秩序之基。习近平总书记强调，网络空间不是法外之地，要严格落实网络意识形态工作责任制，把党管互联网落到实处。要坚守阵地，强化风险意识和底线思维，建立健全工作机制，维护网络意识形态安全。要强化治理，完善网络综合治理体系，推动网络治理由事后管理向过程治理转变，多头管理向协同治理转变，实现线上线下一体化治理，营造清朗网络空间。要严格执法，积极探索智能互联网发展需要的网络执法体制，依法惩治侵害个人信息安全等违法活动，保护群众权益，维护社会利益，把互联网这个最大变量转化成党和国家事业发展的最大增量。

漫江碧透大势向前，百舸争流时不我待。让我们以焕然一新的精神状态，助推新媒体事业守正创新，引领网络内容万象更新，以实际行动迎接党的二十大胜利召开。

（作者为中央网络安全和信息化委员会办公室、
国家互联网信息办公室副主任）

2022 中国新媒体大会
CHINA NEW MEDIA CONFERENCE

主 题 演 讲

担当主流媒体责任　拓展主流价值版图

王一彪

2022 中国新媒体大会以"新主流　新征程"为主题展示党的十八大以来媒体融合发展成果，促进新型主流媒体高质量发展，很有现实意义。

从党的十八大开始，中国特色社会主义进入新时代，这 10 年，党和国家事业取得历史性成就，发生历史性变革。对新时代 10 年的伟大变革，主流媒体是见证者、记录者也是参与者和践行者，推动媒体融合发展就是我们亲历的一场深刻变革。以习近平同志为核心的党中央高度重视媒体融合发展，作出一系列重大部署，习近平总书记两次到人民日报社调研考察，多次对人民日报社工作作出重要指示批示，强调人民日报是党中央的机关报，一张报纸，上联党心，下接民心，要把人民日报办得更好，扩大地域覆盖面，扩大人群覆盖面，扩大内容覆盖面，充分发挥在舆论上的导向作用、旗帜作用、引领作用，坚定不移推动媒体融合发展，加快建设新型主流媒体，不断扩大3个覆盖面，努力发挥3个作用，为扩大主流价值影响力版图作出我们应有的贡献。

当前，拥有10多种载体的人民日报社全媒体方阵，正朝着"融为一体、合而为一"的方向迈进，综合覆盖用户总数超过13亿人次，全新媒体传播平台正在构建，系列传播平台自主可控，"爆款"融媒体产品刷屏网络。新时代激发了党报人的创造活力，新媒体发展为提升人民日报社人创造活力，为提升人民日报传播力、引导力、公信力，构建了新平台，打开了新空间，闯出了新天地。全面建设社会主义现代化国家向第二个百年奋斗目标进军的新征程开启了，主流媒体要主动担当自己的责任，以开拓未来的勇气，加快推进媒体深度融合，走好新型主流媒体高质量发展之路。

关于主流媒体的责任分享几点体会和做法。

一是坚持聚焦首要政治任务，切实担当起最重要的政治责任。这10年，我们把报道好习近平总书记重要讲话、重要指示，阐释好习近平新时代中国特色社会主义思想作为首要的政治任务和最重要的政治责任，新媒体平台推出"学习新时代"等重大专栏，在阐释性报道中做到思想生动，产生了重要影响，人民网习近平总书记系列重要讲话专题累计访问8.8亿人次，2022年上半年统筹全社会力量，精心策划全媒体报道，62件微视频、31篇特写报道同步陆续推出。新征程上我们将深刻领悟"两个确立"的决定性意义，增强"四个意识"、坚定"四个自信"、做到"两个维护"，用心、用力、用情做好总书记活动报道，深化习近平新时代中国特色社会主义思想宣传阐释。

二是坚持以人民为中心，让人民日报离人民更近，做到人民日报为人民。这10年，我们始终牢记人民对美好生活的向往就是我们的奋斗目标，坚持向技术延伸、向群众靠近，为受众服务，在推进媒体融合发展的过程中积极探索"新闻＋服务"模式，努力拓展新型主流媒体的功能，为配合"武汉保卫战",人民日报全媒体推出新冠肺炎患者救助通道,接收信息4.2万条,并及时反馈到抗疫指挥部。我们多次推出网民紧急求助通道受到好评,10年间近350万件群众急难愁盼问题和市场主体意见建议,通过人民网领导留言板得到各地区各部门回复办理,通过提供垂直化、下沉化服务,更好满足多元化需求,切实走好新形势下的网上群众路线。

三是坚持讲好中国故事,努力塑造可信、可爱、可敬的中国形象。这10年,我们统筹国内国际两个大局,统筹内宣、外宣,统筹网上、网下讲好中国故事,传播好中国声音,展示真实、立体、全面的中国。在新媒体传播方面,人民日报客户端和人民网12个频道以及环球网、海外网等注重运用海外社交媒体各类平台,推进中国故事和中国声音全球化、区域化、丰富化表达,着力增强国际传播实效,在涉及国家核心利益的舆论引导和舆论斗争中,旗帜鲜明发出中国声音,《中国一点都不能少》《中国人不吃这一套》《我支持新疆棉花》《做堂堂正正中国人》等新媒体产品充分体现国家意志,坚决维护国家安全,产生广泛影响。新征程上,我们将继续下大力气,加强传播能力建设,坚持内外宣立体推进,生动讲好中国故事,有效传播中国声音,营造于我有利的国际舆论环境。

四是坚持做有品质的新闻,充分发挥在舆论上的导向作用、旗帜作用、引领作用。这10年,我们始终坚持正确政治方向、舆论导向、价值取向,唱响主旋律、传播正能量,忠实履行党的新闻舆论工作的职责使命,在推动传统媒体和新型媒体融合发展过程中,对导向管理毫不动摇,"一个标准、一条底线、一体推进",提供权威、准确、客观的新闻信息。新征程上,我们将继续坚持正能量是总要求、管得住是硬道理、用得好是真本事,努力推出更多有思想、有温度、有品质的新媒体产品,更好履行举旗帜、聚民心、育新人、兴文化、展形象的使命任务。

五是坚持尊重互联网传播规律,积极推进传播理念、内容、形式、方法、手段和机制创新。这10年,我们始终秉持参与沟通记录时代的理念，坚持与用户实现共情、共鸣、共创，每逢重要时间节点推出一大批沉浸式的新媒体产品成为互联网刷屏之作。《复兴大道 100 号》《一分钟》《少年》等耳熟能详的产品不断传创造传播新纪录。47 个媒体工作室坚持跨部门组合，学习小组、侠客岛、麻辣财经、零时差等一系列融媒体工作室成为人民日报社热爆全媒体产业的突击队、生力军。继续建好、用好自有平台，注重发挥特色化平台的作用，积极适应公众化、视频化的传播新趋势，努力让新媒体正面宣传水平有明显提高，这也是习近平总书记对我们提出的要求。

六是坚持以技术创新驱动融合发展，扎实推进新型主流媒体的智能化升级。这 10 年，我们始终以发展的眼光，不断优化媒体技术支撑，人工智能视频制作平台、AI 编辑部 3.0 为重大战略赋能，创作大脑、主流算法、内容风控等研发应用取得积极进展，智能化机器人集成了 5G 智能采访、AI 辅助创作、新闻信息追踪等功能，传播内容认知国家重点实验室建设也取得阶段性成果。新征程上我们将继续加强互联网思维，充分应用 5G、大数据、物联网、区块链、人工智能等最新的技术成果，坚持内容创新和技术创新，双管齐下，让技术创新成为传播效果升级的新引擎。

新主流创造新气象，新征程呼唤新担当。非常感谢中国新媒体大会提供学习的平台和交流的机会，人民日报社认真学习贯彻习近平总书记关于新闻舆论工作和网络信息化工作的一系列重要指示精神，学习借鉴媒体同行的成功经验，加快推进媒体深度融合发展，以实际行动迎接党的二十大胜利召开。

（作者为人民日报社副总编辑）

努力开创新媒体赋能国际传播新格局

周宗敏

习近平总书记指出，读者在哪里，受众在哪里，宣传报道的触角就要伸向哪里。新媒体是互联网时代媒体融合发展的必然选择，也为新时代国际传播提供了历史机遇。

近年来，随着互联网技术加速迭代、移动终端快速普及，全国媒体和大量网民以及在华外国人通过新媒体平台，记录中国的发展变迁、分享所见所闻和真情实感，一大批网红异军突起，借助新媒体画面直观、内容丰富、形式多元、即时互动的优势，勾勒和展现出一个快速崛起的中国、一个文明多彩的中国、一个绿水青山的中国、一个创新驱动的中国、一个开放自信的中国，讲述着可见、可感、可知的中国故事，塑造着可信、可爱、可敬的中国形象，也是对长期以来美西方涉华叙事中

"灰黑滤镜"和"扭曲影像"的有力反击和驳斥。

把握新媒体格局加速重塑这一态势，提升国际传播能力、增强国际传播效能，是一道必答的时代课题。我们要顺势而为，乘势而上，拥抱新媒体，善用新媒体，做好媒体深度融合发展这篇大文章，在不断创新传播理念、内容、机制、方式、手段、渠道中实现"中国叙事、国际表达、全球到达"，讲好中国故事，传播好中国声音，努力开创新媒体赋能国际传播新格局，使互联网这个最大变量变成事业发展的最大增量。

第一，要挺进国际舆论"主战场"。最新研究数据显示，全球超过49.5亿人使用互联网，社交媒体用户超过46亿，占全球人口一半以上。以海外社交媒体为代表的新媒体平台已经成为各国人民特别是青年群体记录生活、交流信息、沟通情感的主空间和各种思想、观点、文化交融交流交锋的最前沿，也日益成为舆论形成的策源地、舆论斗争的主战场。我们必须主动适应，主动引领，把新媒体领域作为国际传播的主攻方向，深入国际舆论腹地，挺进主战场、占领主阵地、掌握主动权。

第二，要抢占国际传播竞争"新赛道"。当前，新媒体业态方兴未艾，各类移动应用、社交媒体、网络直播、元宇宙等蓬勃发展，成为国际媒体竞相争夺的新赛道。可以说，谁抢占了新媒体，谁就落子了国际传播竞争的"先手棋"。要把握"弯道超车""换道超车"机遇，深耕新媒体赛道，统合、整合、聚合优势资源力量，运用新技术，培育新业态，拓展新格局，聚集用户群，提升关注度，尽快实现由"跟跑"到"并跑"，进而"领跑"的跨越。为此新华社成立适应全媒体生产传播的对内报道全媒平台、国际传播融合平台"两大平台"，以此为"龙头"带动总社编辑部"龙身"和国内外分社"龙尾"，推进发稿线路改革、终端平台和海外社交媒体账号集群建设，鼓励记者编辑占领新兴传播阵地，培育了一支颇具规模的多语种外宣网红队伍，成为联接中外、沟通世界的生力军。

第三，要致力国际传播内容"新表达"。国际传播面向的是不同国家和区域的不同群体和受众，语言文化不同、接受习惯和思维方式各异，不能用一种表达"包打天下"，要采用贴近不同区域、不同国家、不同群体受众的精准传播方式，推进中国故事和中国声音的全球化表达、区域化表达、分众化表达。要适应新媒体移动化、社交化、可视化的传播特点和趋势，把创新内容呈现形态、表达方式作为提升国际传播效能的关键，加强垂直化、细分化、个性化内容生产，努力实现"内容＋技术＋灵感＋美学"的深度融合，把可适配各种新媒体场景和语态的产品源源不断注入国际舆论场，用融通中外的语言、精准触达的内容，让海外受众读得懂、愿意看、听得进，让正能量与大流量同频共振。

第四，要拓展国际传播"新平台"。在当下这个"终端为霸"的时代，平台是国际传播的关键资源和核心竞争力，此次俄乌冲突舆论战为我们提供了借鉴、敲响了警钟。要加大新媒体渠道和平台建设，坚持"一盘棋布局、两条腿走路"，"借船出海"与"造船出海"双向发力，既深耕海外社交媒体平台特别是头部平台和区域性平台，又加大自主掌控的渠道终端建设和推广力度，着力打造能够有效直抵海外受众的"直通车"，突破传播壁垒，放大国际舆论场中的中国音量。

"应时者生，顺势者盛。"新媒体的快速发展，为国际传播提供了新的维度和路径，也带来大有可为的施展空间。新华社近年来在加快推进媒体融合深度发展、加强新媒体赋能国际传播方面做了积极探索，正聚力建设国际一流的新型全媒体机构，我们愿与各位媒体同仁一道，相互学习借鉴，携手前行，抢占新媒体时代国际传播制高点，为加快形成同我国综合国力和国际地位相匹配的国际话语权，为实现中华民族伟大复兴、推动构建人类命运共同体作出新的更大贡献！

（作者为新华社副总编辑、党组成员）

坚持守正创新　深化媒体融合
奋力打造国际一流新型主流媒体

刘晓龙

　　党的十八大以来，习近平总书记就网络安全和信息化工作，提出了一系列具有开创性意义的新思想新观点新论断，深刻回答了一系列根本性、全局性、战略性的重大问题，形成了内涵丰富、科学系统的网络强国重要思想。

　　面对全媒体传播方式和舆论生态发生的深刻变革，中央广播电视总台以习近平新时代中国特色社会主义思想为指导，把习近平总书记对总台工作的一系列重要指示批示精神作为根本遵循，守正创新，以攻为守，坚定不移地走融合发展之路，坚持用深度融合的战略思维优化资源配置，把更多优质内容、先进技术、专业人才向新媒体平台汇集、向移动端倾斜，扎实推进"思想＋艺术＋技术"的融合传播实践，加快构建全媒体融合发展新格局，奋力打造具有强大引领力、传播力、影响力的国际一流新型主流媒体。

一、强化思想引领，着力实现"满屏皆精品"

总台自成立以来坚持不懈地推进全链条、全方位、全领域精品节目创新，深入推动内容生产供给侧结构性改革，以领袖思想、主流价值强化舆论引领，以"满屏皆精品"的良好态势营造舆论氛围，凝心聚力构建网上网下同心圆。

以新语态阐释新思想，大力提升"头条工程"传播实效。总台始终坚持用心用情用功做好领袖宣传报道，通过学深悟透习近平总书记重要思想，持续打造有温度、有深度、有厚度的"总台时政"品牌集群，不断创新"头条工程"融媒体传播方式，实现首页、首屏、头条同频共振。《习近平的故事》《遇见习近平》等微作品平实生动、可亲可感，运用海外受众听得懂、易接受、能共情的国际传播语态，以小见大展现领袖的思想魅力和品格风范。

领先的发稿时效、覆盖全球的传播优势、锐利深刻的评论言论和生动鲜活的"爆款"产品，成为总台传播好领袖思想、风范、为民情怀和阐释党的创新理论、讲好中国故事的有效手段。

二、浓墨重彩，精品力作书写新时代"丹青画卷"

从《国家宝藏》到《中国国宝大会》，从《典籍里的中国》到《美术经典中的党史》，从《艺术里的奥林匹克》到《美术里的中国》……近年来，总台从博大精深、丰富厚重的中华优秀传统文化中汲取养分、挖掘灵感，把传统的广播电视手段与多样艺术形式创新性融合、创造性实践，创作出了一大批既有思想深度又广泛传播的融媒体产品。

重大体育赛事新媒体传播效果显著。在 2021 年的东京奥运会报道中，总台电视转播 500 场，在新媒体平台央视频客户端的新媒体赛事直播超过 7000 场，涵盖了奥运会全部 339 枚金牌产生的全过程，报道累计触达 479 亿人次。在 2022 年的北京冬奥会报道中，总台相关报道累计跨平台触达 628.14 亿人次，央视频客户端转播赛事 560 场，其中新媒体独播赛事 130 场，成为全网用户首选观看渠道。

三、抢首发敢亮剑争独家，让世界听到更多中国声音

面对复杂的国际形势，总台深刻把握国际传播领域移动化、社交化、可视化趋势，完善总台全球报道网络，创新开展"媒体外交"，持续深化"好感传播"，充分发挥 44 种语言、CGTN 融媒体矩阵、国际视频通讯社等海外传播平台优势，奋力提升在全球媒体格局中的地位、分量、份额。

在中美高层战略对话、阿富汗局势、俄乌局势、佩洛西窜访台湾等重大报道中，总台一大批独家新闻屡屡成为全球唯一信源，被欧美主流媒体 CNN、BBC 等大量引用、转发。

四、硬核科技支撑，融合传播创新全新视听感受

媒体融合，科技创新是支撑。近年来，总台持续瞄准 5G、4K/8K、大数据、云计算、人工智能等新科技发展动态，积极顺应新媒体平台化、移动化、智能化发展趋势，持续发力，不断推进从终端技术、内容生态到传播渠道、生产平台的全方位转型升级。

在北京冬奥会报道中，总台首次实现奥运会开闭幕式 8K 国际公用信号制作和奥运会赛事全程 4K 直播，打造全球首个高铁列车 5G 超高清移动直播演播室，开播全球首个 24 小时上星播出的 4K 和高清同播的专业

体育频道。总台自主研发的系列超高速 4K 轨道摄像机系统"猎豹"、鱼竿摄像机、锥桶摄像机等技术设备，高频次全方位记录冬奥赛事精彩瞬间，既呈现给广大受众不同以往的全新视听感受，也完美实现了"科技冬奥·8K 看奥运"的目标。

2022 年 8 月 9 日起，总台连续推出系列报道《解码十年》，报道采用"卫星视角＋大数据调查＋新闻故事"的方式，融合使用卫星遥感、航空测绘、倾斜摄影和三维建模等多种技术手段，用全新视觉体验，将党的十八大以来中国取得的历史性成就形象生动地展现给受众，这是总台"思想＋艺术＋技术"融合创新传播的又一次生动实践。据不完全统计，截至 8 月 15 日，《解码十年》全网累计触达 14.1 亿人次。

作为党的意识形态重镇、国家广播电视台，中央广播电视总台将继续以实际行动坚定拥护"两个确立"，坚决做到"两个维护"，忠诚履行职责使命，锐意开拓创新，继续发挥好中央主流媒体"主力军""压舱石"的重要作用，唱响礼赞新时代的昂扬主旋律，以奋发有为的精神状态和扎实的工作成效迎接党的二十大胜利召开。

（作者为中央广播电视总台编务会议成员）

打造融媒高地的长沙经验

吴桂英

　　在党的二十大即将胜利召开之际，2022中国新媒体大会隆重举行，在此我代表中共长沙市委、长沙市人民政府对大会的开幕表示热烈的祝贺，对出席大会的各位嘉宾致以诚挚欢迎和衷心感谢。长沙是湖南省会，中部地区核心城市，长江经济带中心城市，和"一带一路"重要的节点城市，文化底蕴深厚，是全国首批历史文化名城，十步之内必有芳草的美誉广为流传，自然风光秀丽，岳麓山、湘江水、橘子洲、长沙城融合成"山水洲城"的独特魅力，发展活力迸发，GDP突破万亿，人口超过千万，智造之城、科教强市、开放高地逐步显现，影视湘军、出版湘军、文艺湘军、产业品牌全新展现，媒体艺术之都、网红打卡之都浪漫气质初步显现。

2020年9月习近平总书记在湖南长沙马栏山视频文创产业园考察并作出重要指示，提出殷切希望，长沙市认真学习贯彻习近平总书记关于新闻舆论工作的重要论述和对湖南重要讲话精神、重要批示指示精神，坚持守正创新发展，自觉担当举旗帜、聚民心、育新人、兴文化、展形象的使命任务，全力做强主流新媒体，奋力打造融媒新高地。现就长沙的实践与体会和大家做分享。

一是守导向之正，筑牢宣传主阵地。始终把牢正确政治方向、舆论导向、价值取向，坚持党管媒体不动摇，紧紧围绕迎接宣传贯彻党的二十大这条主线，实施党建聚合力，成立新媒体协会、网络主播协会，覆盖从业人员超10万人，强化核心价值不动摇，加强内容建设，壮大主流舆论，促进全体人民在理想信念、价值理念、道德观念上紧紧团结在一起，守好安全底线不动摇，建立互联网违法和不良信息举报中心，发扬斗争精神，保持清朗空间，牢牢把握意识形态工作领导权、主导权，推动正能量产生大流量，让好声音成为最强音，主旋律充盈主阵地。

二是聚媒体之力，打造治理新样板。牢记过不了互联网这一关就过不了长期执政这一关，以互联网思维推动大城市治理，不断提升治理体系和治理能力现代化水平，打造社情民意晴雨表，走好网络群众路线，建立200余个政务新媒体体系，打造网上群众工作云，打造民生服务直通车，搭建"融媒体＋城市服务"平台，为新老市民提供便捷生活服务，"我的长沙"App用户规模达到846万人，"网格宝"获评全国地方党媒融合发展创新示范项目。打造智慧治理云平台，开展全国示范性网络安全应急指挥中心试点，充分发挥权威发布、信息互通、正面宣传等作用，助推疫情防控、脱贫攻坚等工作落实落地，为加强和创新社会治理增添了动力和活力。

三是强产业之基，建设文创示范区，用好互联网这个推动高质量发展的最大增量，壮大新媒体、培育新业态、激发新动能，以平台聚产业，依托马栏山视频文创园、岳麓山大学科技城等平台，聚集各类文创及新媒体企业 4000 余家，芒果超媒市值突破千亿，中南传媒连续 12 年入选全国文化企业 30 强，中国数字版权交易平台作品超过 100 万件。以科技强产业，数字视频为创业龙头，强化金融服务、版权服务、软件研发赋能，形成"一中心、一平台、四个创新研究机构"坚实底座，为文创企业构筑了良好数字环境。以人才兴产业，文化创意企业高层次人才分类认定目录，办好马栏山新媒体学院、芒果学院，用市场化方式吸引更多的优秀人才，推动文创产业竞争力、引领力、影响力持续提升。

四是走创新之路，优化融合生态圈，做好媒体融合发展这篇大文章，积极创新体制机制、技术手段、表达方式，构建共通、共生、共融的融媒体生态圈。建矩阵，深入实施移动媒体优先战略，打造"报、台、网、微、端、屏"移动矩阵。强载体，探索"新闻＋政务服务商务"模式，"我的长沙"App 被广电总局评选为 2021 年全国网络电视媒体融合案例。创精品，坚持内容为王，推动"媒体＋理念＋产品＋技术"的裂变创新，用心用情制作有品质、有格调的内容，涌现出《共产党人刘少奇》《守护解放西》一大批现象级产品，走出具有长沙特色的融媒发展之路。

新媒体是党的新闻媒体的新阵地，也是城市形象实力展示的新窗口，真诚期待携手推动媒体融合，做优做强新型主流媒体，以实际行动迎接党的二十大胜利召开。

（作者为湖南省委常委、长沙市委书记）

建设主流新媒体集团的芒果实践

张华立

2020 年 9 月，习近平总书记考察马栏山视频文创园，给我们带来莫大鼓舞。在 2020 年中国新媒体大会上，我提出了建设主流新媒体集团的构想。今天，我向各位汇报两年来的作业，心存忐忑，不足为训。

第一，新技术传媒平台矩阵形成大模样。

新媒体的故事都是从新技术开始的。

我们一直保持警惕，自己就是自己的天花板，无法自拔于过去的人设，就无法跨越行业周期。

与其讨论别人变化，不如自己成为变化。

湖南广电的新媒体探索从芒果 TV 起步。从最开始做湖南卫视的 B 版，到现在完全合二为一，实现了行业较独特的长视频平台面貌。从某种意义上说，湖南卫视已经完全互联网化。

然而，尽管我喊出过"长视频不死"的口号，长视频的寒冬依然让我们瑟瑟发抖。

在此背景下，我们 2021 年布局了小芒电商平台。我们聚焦新潮国货，力争用两到三年时间，成长为有竞争力的内容电商平台。

我们布局了风芒短视频平台，和国家广电总局数字媒体生产技术与交互应用实验室一起，和依托"IP 化、云化、智能化"的七彩盒子一起，探索"未来电视"新物种。

芒果元宇宙产品"芒果幻城"2022 年在各大 VR 平台上线，5G 智慧电台"五分钟一个人办一家电台"，赋能全国县级融媒体中心。

我们无法预测未来，唯以行动迎接未来。

第二，内容创新能力更强，主责主业更加彰显。

故事从新技术开端，但真正迷人的还是人物命运和戏剧冲突。

主流新媒体集团的深层逻辑，永远是党媒姓党。

3 年来，湖南广电每年确定一个主旋律创作主题，从"脱贫攻坚三部曲""建党百年交响乐"，到"奋进新时代洪波曲"，3 年的主题宣传全部主投主控，投入 36.5 亿元。

湖南卫视、芒果 TV 双平台出品的《这十年》，成为全国迎接党的二十大的首个网络宣传项目。

在央视黄金档热播的电视剧《麓山之歌》，入选"迎接党的二十大"主题电视剧重点项目。

我相信，改革让我们失去的，是老旧传播平台以及打着新媒体旗号的技术性媒体，而我们得到的，将是新技术驱动的价值性媒体，为我们点燃不灭的火炬，敲响信仰的钟声。

第三，通过内部体制机制改造促融合。

媒体融合，难的不是物理意义上的媒介融合，而是当代传播观念的融合，是"物以类聚""人以群分"的传播意识的深度融合。

湖南广电有"要么做第一，要么第一个做"的改革创新 DNA，有两家上市公司，也布局了完整自恰的产业链条，但依然有很多痛点，有的问题看上去还无法解决。

譬如，我们就有两个胶着的 60%，全集团 60% 以上的收入和利润来自新媒体和上市公司，但同时，60% 以上的公司和人员仍在传统媒体。

面对行业深刻变革，走传统媒体"修修补补"的老路已毫无前途，必须谋求整体转型。

主流新媒体集团的建设没有模板可学，无法一蹴而就，未来生态的复杂性将远超我们的想象，甚至前途未卜。

但我们只要坚持"做长期主义者""做未来主义者"这两个"后台算法"，主流新媒体集团的明天一定会向阳而生，红旗招展！

我们不相信寒气逼人，因为火把就在我们手中。

[作者为湖南广播影视集团有限公司
（湖南广播电视台）党委书记、董事长]

守正创新　道正声远
打造新型主流媒体集团的探索与思考

李 芸

　　党的十八大以来，以习近平同志为核心的党中央对媒体融合发展作出一系列重大战略决策，为我们做好工作提供了强大思想武器和根本遵循。

　　顺应时代要求，2013 年 10 月，上海市委决定联合组建上海报业集团。我们以"守正创新"为己任，以"道正声远"为目标，持续打造新型主流媒体集团，走出了一条富有特色的"上报之路"。

一、坚定转型重塑传播格局，持续壮大主流舆论

　　坚定传播主流价值、有效壮大主流舆论，让党的声音传得更远更广，

是打造新型主流媒体和媒体集团的初心所在。

我们顺应媒体变革趋势，大刀阔斧改革探索，让主力军挺进主战场，用主渠道诠释新主流。解放日报在全国率先开启地方党报整体转型，推出"上观新闻"客户端，坚持报网联动、一体发展，凸显"党媒姓党"；澎湃新闻开创传统媒体整建制向互联网新媒体转型的先河，目前稳居国内新媒体第一阵营，正致力于打造全产业链内容生态服务商；界面财联社初步实现了"媒体＋资讯＋数据＋服务＋交易"五位一体新型金融信息服务商业务布局，正向金融科技企业的目标转型升级；上海日报（Shine）、第六声（Sixth Tone）两大融媒外宣平台，讲好中国故事，提升全球叙事能级。我们在生产机制、评价机制、保障机制等方面不断突破创新，全力打造适应互联网传播需要、体现主流价值的现象级产品。解放日报的《信仰之路》《百姓话思想》，文汇报的《一个都不能少——长卷寻宝》，新民晚报的《老外讲故事》，澎湃新闻的《建党百年　初心之路》《我的进博故事》等都产生巨大影响。截至 2021 年年底，集团拥有各种新媒体形态共计 319 个端口，覆盖用户 7.74 亿。

二、以锐意创新开拓前沿新局，把握引领主流趋势

推进媒体融合发展，提升全方位影响力，必须探索建立可持续的造血机制，在开新局中把握前沿趋势、扩大影响版图。

上报集团持续发挥市场机制作用，吸引社会资本、社会力量参与媒体融合项目的技术开发和市场开拓，持续打造完善产业平台、投资平台等经济运行系统，构建"政府＋市场"的中长期资金平衡机制。我们积极培育版权内容服务收入、全产业链内容服务收入、财经资讯与数据服务收入、信息流内容分发及交易服务收入、创新企业服务收入等创新业务模式，还自建专业化市场化投资团队，打造瑞力、众源等产业基金平台，目前总体管理规模超过 200 亿元，发挥了国有传媒集团直投直控模

式下难以实现的作用。

我们坚持内容创新和技术创新双轮驱动、两翼齐飞。集团以大数据、人工智能等六大技术，以新闻传播的五大流程，聚焦"智媒体矩阵"应用场景。主动融入城市数字化转型，深耕政务服务、社区生活等应用场景，提供数字生活新体验。我们还推进媒体经营工作创新，提供融策划、运营、传播等于一体的全案服务，积极打造以"新华"名片为核心的"文化+"产业品牌，争当打响"上海文化"品牌的龙头。

我们经受住了传统媒体收入断崖式下滑的考验。2021年集团营业收入与净利润实现双增长，新媒体收入占集团媒体主业收入达到64%。已跨越成长为新媒体占据半壁江山的新型主流媒体集团。

三、以深化改革服务人才大局，持续做强主流队伍

融合转型，关键在人。习近平总书记指出，要培养造就一支政治坚定、业务精湛、作风优良、让党和人民放心的新闻舆论工作队伍。上报集团致力于通过全员转型实现彻底革新，持续做强做大新环境下的主流人才队伍。

我们在全国率先推行采编专业职务序列改革，通过推行"特聘首席""专业首席""四档十级"的采编专业职务序列模式，使"采编为宝"观念深入人心，队伍活力得到有效激发，占采编人员8%的首席团队生产出近30%的好稿、好版面。我们探索各种方式为青年骨干提供平台，让能干事想干事的人才脱颖而出。2022年以来，打造"融媒轻骑兵"，推出"融媒工作室"，催生一批导向鲜明、富有影响力感染力的红色"大V"和"塔尖"IP。我们还着力弥补新型人才缺口，培养更多既懂技术又懂内容、运营等的复合型领军人才。

2022年是我国建设社会主义现代化国家新征程上具有特殊重要性的一年，摆在我们面前的任务更加艰巨，挑战更加复杂。新征程上，我们

将继续做好主流价值的坚定传播者。把正确的政治方向、舆论导向和价值取向贯穿媒体融合发展全过程，把"主流故事"讲好、讲深、讲透，打造与主流媒体品格和气质相一致的内容精品，在国际传播中阐释好中国主张、塑造好上海形象。我们将努力做好前沿浪潮的创新推动者。强化智媒体布局新优势，强化大数据应用和融入城市数字化转型服务；聚焦人工智能、元宇宙等融合发展新赛道；着力在新产业、新模式、新业态上开疆拓土。我们将用心做好治理体系的独特赋能者。将集团发展同国家治理、城市治理、社会治理大局充分嵌合、充分共振，在服务中创造价值，拓展事业产业根基，为新征程新画卷不断增添亮丽手笔。

（作者为上海报业集团党委书记、社长）

在守正中创新　展一域之精彩

李建艳

　　分宜县是江西省中西部的一个人口小县，是 17 世纪的世界工艺百科全书《天工开物》诞生地，积淀了肥沃丰厚的创新土壤，2016 年 9 月 1 日，分宜县融媒体中心在全国率先挂牌运行。6 年来，我们按照习近平总书记"更好引导群众、服务群众""正能量是总要求，管得住是硬道理，用得好是真本事"的指示要求，突出党建引领，坚持改革创新不停步、融合不停止、发展不停歇，探索出了一套投入小、见效快、可借鉴的"分宜模式"，新闻舆论传播力、引导力、影响力、公信力大大提升。新闻作品《搞一次卫生何须 9 份"痕迹"》荣获第二十九届中国新闻奖二等奖。2021 年我们党支部荣获中共中央颁发的"全国先进基层党组织"称号，2022 年又荣获第九届全国服务农民、服务基层文化建设先进集体。

一、从一盘棋到一体化　党建与业务深度融合

始终以习近平新时代中国特色社会主义思想为引领，按照党委所需、融媒所能、群众所盼、未来所向，把政治引领贯穿于业务工作的全领域全过程。建立两个"一体化"制度，推动政治理论和媒体业务学习"一体化""关键少数"与一般多数思想政治"一体化"；建立党员全程把关制，实现"关键岗位有党员"、"关键宣传有党员"、党员领衔攻难关，持续开展"新闻质量提升年"和践行"四力"主题教育实践活动，把镜头笔头更多对准基层群众，社会民生类新闻占比达 70% 以上，短视频、直播常态化。

二、从应变到求变　迭代与创新深层破冰

风起云涌的 5G 时代，众声喧哗的网络空间，宣传如何变，处在最基层的县级融媒如何应对？这是时代交给我们的考题。我们深刻把握变局背后的机遇，准确识变、科学应变、主动求变，在变局中开新局。分宜县融媒体中心建设列入省、市、县三级重点改革项目和"县委书记工程"，先后打造县融媒体中心 1.0 版、2.0 升级版和 3.0 版。1.0 版建成于 2017 年，在组织机构、技术平台、管理机制、内容生产等方面"融为一体，合而为一"，成功上线独点式"中央厨房"和"画屏分宜"客户端，改革了薪酬分配制度和产业经营模式。2019 年实施的 2.0 升级版，重点在平台赋能、技术支撑、融创生产、经营实体化等方面进行了优化升级，实现了融媒体中心、新时代文明实践中心与志愿服务中心"三中心"有机融合。目前正在打造的 3.0 版，突出产业融合，聚力大数据和智慧城市建设，融入数字经济，孵化"村主播"服务乡村振兴。

三、从"指尖"到"心尖" 引导与服务群众深耕品牌

新的市场需求催生新的技术条件，衍生新的应用场景。环境在变，形式在变，平台在变，唯一不变的是为民服务的初心。我们推进"三中心"深度融合，将"画屏分宜"客户端建成引导服务群众的掌上平台，开辟"需求点单""实践中心""民声"等品牌专栏，连接全县302个新时代文明实践中心所站，精选骨干200余人担任"三中心"信息员，带领327支志愿服务队、4600余名活跃志愿者向群众提供理论宣讲、教育体育、科普宣传、文化卫生、健康养老等12大类75小类服务，累计办结群众点单需求1.79万件，惠及12万余人次，把服务做到了群众的心坎上，也极大地提高了用户黏性。

潮头登高再击桨，无边胜景在前头。当前，分宜县正按照江西省"一盘棋、一张网、一体化"总体布局和上下贯通的省、市、县三级联动机制，依托全省统一技术平台，接续建强用好县级融媒体中心。我们将以锲而不舍的精神、坚如磐石的定力，用奋斗者的姿态、拼搏者的激情、实干者的担当，汇聚网上网下力量，发出基层好声音，以优异成绩迎接党的二十大胜利召开。

（作者为江西省分宜县融媒体中心总编辑）

新媒体　新青年

陈　睿

　　B 站是中国年轻用户聚集度最高的平台之一，是深受中国年轻人喜爱的综合性视频社区，目前 2.94 亿月活用户，其中 78% 是 18 至 35 岁的年轻人，也就是说，平均每两个中国年轻人就有 1 个每个月会上 1 次 B 站。

　　B 站到现在已有 13 年历史，我们一开始就把好内容作为公司最重要的追求。B 站目前已经是国内最大的动画片、纪录片出品方之一，动画片是我们从创立开始就一直很专注的领域，很多年轻人都喜欢在 B 站上面看动画片，目前国产动画片有一半是由我们参与出品或者是由我们参与制作的。动画片《三体》于 2022 年年底发布，大家一致认为《三体》是中国最好的科幻作品之一，也是中国真正在世界上有影响力的作品，

《三体》动画片投入很大，质量也会很好，希望大家关注。

同时，我们从 2016 年开始把纪录片作为工作重点之一。很多纪录片都深受年轻用户喜欢，比如《小小少年》在 2021 年获得了第 27 届上海电视节白玉兰奖最佳系列纪录片，《但是还有书籍》获得第 30 届中国金鹰奖最佳电视纪录片奖。

除了动画片和纪录片以外，UP 主是 B 站非常有特色的内容。UP 主是 B 站的用户对于视频创作者的爱称，根据数据统计，现在月活的 UP 主有 380 万，也就是说每个月有 380 万个创作者在 B 站做视频创作，他们平均每个月会投稿 1260 万件视频。B 站上深受大家喜欢的 UP 主有很多，比如讲法律的 UP 主罗翔老师，他是中国政法大学的教授，也是 B 站粉丝量最多的 UP 主，有 2000 多万粉丝。还有一位消防员 UP 主，因公负伤导致高位截瘫，但仍然没有放弃对于创作的追求。还有一个美食区的 UP 主，他做了一期江苏徐州的特色小吃的视频，这个视频在 B 站上面很火，徐州市副市长找到他，一起拍了一个视频宣传徐州。

很多人都好奇，B 站上拥有最多播放量的视频是哪一类，统计结果显示是知识类的视频。B 站有很多名师 UP 主，包括院士、教授以及各类学校老师。他们在 B 站制作各种各样的学习类视频，引来观众高达 1.83 亿。比如同济大学的汪品先院士，过去想听院士的课只有进到大学才可以，而现在到 B 站就可以成为汪院士的学生，这就是最好的知识传播。泛知识类的内容播放量占 B 站总播放量的 44%，B 站还有一类传统文化视频，2021 年传统文化视频的用户总数是 2.7 亿。传统文化视频绝大部分是青年创作者创作的，数十万 UP 主投稿超过 384 亿个与传统相关的视频，包括中国风音乐、舞蹈、服饰等。我一直认为传统文化的传承要看重青年人，因为只有年轻人喜欢传统文化，传统文化才可以传承下去。我也希望 B 站能够为弘扬传统文化作出自己应有的贡献。

我分享 3 个青年 UP 主的案例，大家就可以了解 B 站青年的 UP 主到底是一群什么样的人。

第一个 UP 主是"拉宏桑",他是一个 00 后,住在上海,2022 年 4 月遭遇疫情,他自愿成为楼长,他在视频中讲述当楼长的经历体会,饱含辛酸和感悟。这个视频站内播放量 560 万次,很多 00 后在视频里感受到了传递的正能量,"拉宏桑"本人也是 00 后勇于承担社会责任的正面典型。这几个视频被人民日报、新华社、央视新闻等多家媒体转载和报道,在年轻人中形成了积极的影响。

第二个 UP 主是"才疏学浅的才浅",他在 15 天时间用 500 克黄金,手工制作了三星堆的黄金面具,这 500 克黄金还是自己买的。这个视频做得非常好,讲述了如何用几千年前的工艺,敲出黄金面具,而且做得非常复原和考究,获得 40 多家主流媒体的转载和报道。视频在 B 站的播放量是 1540 万次,在"学习强国"学习平台的播放量也超过 600 万次。作者不仅被主流媒体报道,还被三星堆的科研人员邀请过去,联合做了一期节目。

第三个 UP 主是"沙盘上的战争",通过 3D 视频的方式展示红军长征的过程,最受用户欢迎的是用 3D 环境重现四渡赤水经典战役的视频。我们小时候读历史书,讲到四渡赤水很精彩,但具体如何,却不甚了了。UP 主灵活运用 3D 软件还原战场环境,视频里还讲述了红军指挥层的决策历程,能让人身临其境地感受毛泽东是如何指挥红军战士四渡赤水。很多年轻人看了之后表示非常震撼。这是用视频进行革命教育、传播正能量的典型案例。

其实除了这些 UP 主自己创作以外,还有很多 UP 主与主流媒体合作,共创优质内容。B 站很多 UP 主都和新华社、人民日报、央视合作了不少"爆款"内容。所以在这里推荐主流媒体和 UP 主合作,既能把主流的价值观传播出去,同时也能让青年用户喜闻乐见。

最后,我们深知 B 站在年轻人当中的影响力,这让我们觉得有义务引导年轻人多看正能量内容,有义务引导年轻人树立正确的价值观。我们会继续扶持优秀青年创作者，配合主流媒体，做好主流舆论阵地，做好主流声音的放大器，坚持做好内容，坚持服务好广大用户。

（作者为哔哩哔哩董事长兼 CEO）

新主流　新场景　新表达

——让青年找到向上的答案

周　源

知乎是全球最大的中文互联网问答平台，以内容的思想性和话题的互动性为特色，吸引了大量青年和专业人士，每月活跃用户数量超过1亿。

一

2019年，一位知乎用户在"70年来，有没有一首歌，让你听了就热泪盈眶？"的提问下，写下了题为《每个人心中或许都有这样一条大河》的回答，记录歌曲《我的祖国》带给他的感动。

这位用户是从小生活在珠江畔的广州人，后来在美国留学，看着窗外的密西西比河，就想起了在家乡沿着珠江散步的场景，想起了珠江曾经承载过清朝的舢板，遭受过列强的入侵，见证了改革开放的繁华。

这位用户写道，为什么没有经历过战争年代的人，听到《我的祖国》里那句"一条大河波浪宽"，都会感动到流泪？因为《我的祖国》告诉我们什么是值得守卫的东西：家乡的江河湖海，和被它们所哺育的人们。

新中国成立70周年时，新华社联合知乎发起"你好中国·问答70年"活动，这位知乎用户是参与活动的万千网友中的一位。这项活动邀请屠呦呦、张艺谋、刘国梁、胡歌等人提问，在知乎的总曝光量达到4.8亿人次，所有回答的总字数达600万，字数最多的一个回答有1.6万余字。无数网友用自己的经历和故事激活了家国记忆的密码，引发了强烈的精神共鸣。

目前，知乎已经与权威媒体开展了常态化合作。从每年的全国两会、五四青年节、建军节、国庆等重要节日，到新中国成立70周年、抗美援朝70周年、建党100周年等重大节点，在舆论场上，都有知乎和主流媒体联合策划的主题内容和响亮声音。

多年来，知乎和人民日报、新华社、中央广播电视总台等权威媒体密切合作，充分发挥互联网优质内容平台优势，优秀的议题不断涌现，收获了海量带着温度和思考的优质回答，让主流声音深入人心。

二

知乎是具有高度包容性和坚定排异性的网络社区，内容非常丰富，"高而不冷，低而不俗"，30岁以下用户占比超过73%，在年轻群体中具有广泛影响力。

思维活跃、个性突出的年轻人，在知乎创造了一大批极具辨识度和传播力的网络金句，比如"认真你就赢了""先问是不是，再问为什么"，等等。

知乎独有的问答机制，为主流媒体创造了提升重大主题传播力的新思路、新场景。

2021年2月，美国得克萨斯州经历了一场前所未有的寒潮，导致当地电网瘫痪，约1亿美国人受到寒潮威胁。知乎出现了一个角度新颖的问题："如果中国遇上得州寒潮，会不会'悲剧'？"

短短一天时间，有442万人参与问答。其中，南方电网在高赞回答中科普了在线监测、直流融冰、激光大炮和无人机喷火融冰等现代化手段，展现出中国电网系统强大的技术实力。这种借助问答场景的传播迅速在全网引发广泛讨论。新媒体"国资小新"根据问答内容编辑的文章，阅读量迅速达到10万+，全网转发超过200万次。

知乎根据站内高赞回答制作的视频短片《为什么不取消绿皮火车？》，讲述在中国铁路高速发展的时代，绿皮火车以低廉的票价服务广大群众、连接城镇村庄的故事。这条视频被人民日报点赞转发后，全网播放量达7亿次，260多家媒体转载。有知乎用户说道，"如果说高铁体现的是中国速度，那么绿皮火车体现的便是中国温度"。

在重大主题传播中，主流媒体在知乎将新闻的权威性、严肃性和传播方式的时尚性、创新性结合起来，创造了新形态、新场景、新表达，赢得了众多年轻人的喜欢。

类似的创新案例还有很多。比如新华社与知乎合作的两会云问答、2022年北京冬奥会开闭幕式张艺谋团队亲自答、最高检张军检察长亲自答、航天科技集团驳斥NASA局长污蔑中国航天剽窃言论、向科学要答案等。

三

自创建以来，知乎一直致力于创造一个专业、认真、友善的社区环境，对抗反智主义、地域歧视、情绪对立等不良现象。

引入主流媒体观察团，是知乎在弘扬主流价值、传递正确导向方面的最新尝试。在重大新闻事件发生时，主流媒体利用知乎平台及时发声，有力有效引导舆论，让主流声音更响亮。目前，在重大时政节点、重大突发事件中，主流媒体观察团在舆论引导方面扮演了关键角色。在香格里拉对话会、香港回归 25 周年、福建舰下水等重大事件中，知乎邀请主流媒体、资深记者、权威专家，组成媒体观察团，通过专业、理性的内容引导讨论方向，取得了良好效果。

今后，知乎将继续努力，让主流成为顶流，让正能量成为大流量，让青年找到向上的答案。

（作者为知乎创始人、董事长兼 CEO）

我国媒体融合发展的十大创新探索

曾祥敏

　　党的十八大以来，以习近平同志为核心的党中央高度重视新闻舆论工作，作出推动媒体融合发展的重大决策部署，引领我国媒体融合发展走过变革、转型、创新的非凡历程。

　　在党中央的坚强领导和中宣部的有力推动下，我国各级主流媒体奋发图强、攻坚克难、勇于创新，协同推进媒体融合向纵深发展；党的十八大以来，媒体融合发展围绕内容建设这一根本，经历了从技术先手突破到管理创新一体，从现代传播体系到全媒体传播体系建设的过程；党的十八大以来，媒体融合的方向路径日益清晰、媒体融合的脚步日益坚定、媒体融合的成效日益显著。值此媒体环境和传播格局深刻变革的浪潮中，中国记协积极发挥引导与服务的职能作用，组织课题组每年推出

《中国新媒体研究报告》，并连续调研我国媒体融合发展的现状、问题，提出前瞻性思考。回顾总结党的十八大以来我国媒体融合发展之路，有以下 10 方面改革创新的探索。

一、战略战术创新：顶层擘画蓝图，系统纵深推进

党中央举旗定向，从战略、体系、路径和生态对媒体融合纵深推进作出了决策部署，不仅体现了改革的决心与信心，也体现出创新设计的系统性与连贯性。

战略布局擘画蓝图，习近平总书记高度重视媒体融合发展，发表了一系列重要讲话，提出了一系列重要指示要求。这些系统论述和精辟论断，成为指导媒体融合发展的重要遵循。中央有关部门的文件与决策具体指导媒体融合发展的路径，系统回答了全媒体传播体系建成什么样、如何实现的重要议题，为主流媒体融合转型实践明确了具体路径、发力重点与目标任务。在中宣部指导下，中国记协与时俱进，创新思路理念，成立新媒体专业委员会，积极落实中央决策部署，以评奖评优、业务培训、报告发布、平台搭建等加强新媒体引导、服务与交流，助力媒体融合发展。

在发展重点上，从中央媒体和县级媒体，向中央、省、市、县四级融合发展布局的全媒体传播体系拓展。

在发展路径上，形成了统筹推进、差异发展、协同高效的探索之路，注重标准化规范和差异化创新的协调。中央媒体率先引领，省级、地市级媒体优势点发力、关键处聚焦，县级融媒体标准化布局、差异化建设，旨在立足本土、因地制宜地创新发展。

在发展模式上，已逐步实现由散点化、试验性的"技术驱动型"创新，向一体化、全局性的"生态建构型"融合迈进，构建服务于国家治理的多功能生态级平台。

二、体制机制创新：制度设计、组织重塑、流程再造

传统媒体改革体制机制、重塑组织架构、再造生产流程，陆续向"融为一体、合而为一"的目标转型。

体制机制成为新型主流媒体深度融合发展转向的重中之重。在调研中，许多融媒体中心出台了管理办法、内容把关制度、评估督察制度、工作流程规范，量身定做新的体制机制。此外，采编流程融合创新、组织架构一体化、内容生产体系和传播链条建设，分列体制机制创新前三。融媒体中心的制度保障逐渐完善，全媒体采编量化考核普遍实行，量化考核指标以采编发数量和优稿数量为主，受众参与度、外推效果、平台、频道运营情况，粉丝变化量等也计入考核指标。

融合工作室、融媒体中心、新创平台发挥先锋队作用，具备孵化机制潜力。基于专业化、垂直化的用户细分市场设立的工作室，成为生产融合创新的最小单位。融媒体中心建成生产流程再造、全媒体人才建设的集中之地。调研显示，94.26% 的调研单位都已设立融媒体中心。新创平台成为更具综合性的体制机制创新平台，通过融媒体客户端业务，带动队伍发展建设。

主流媒体从"策、采、编、审、发"等流程再造入手，积极探索适应融合生产要求的新流程，以构建集中指挥、高效协调、整合资源、一体调度、全媒生产与传播的新型运行机制。下一步，在常规新闻生产中，融合生产平台更适合作为一个优选机制，以互联网思维优化内容、人员、绩效等资源配置和分工，提升记者的采编自主性，变物理空间为扁平灵活的调度机制。

三、内容生产创新：内容融合创新、渠道多元拓维、自主平台建设

内容创新是媒体融合发展的起点，更是媒体融合发展需要着力把握的根本。党的十八大以来，融合创新的重点，从产品创新到渠道拓维，进而到自主平台建设。

主流媒体推出大批融合精品、"爆款"之作。2018年，中国记协在中国新闻奖增设媒体融合奖项，4年来评选出一批彰显新媒体时代记者职业精神的全媒体现场报道、一批代表媒体融合新进展新水平的创新创意成果，充分体现我国媒体融合发展的方向、探索的进路。2022年，中国记协进一步对中国新闻奖的奖项设置进行重大改革，打破长期以来主要按媒体介质设立奖项的做法，各个奖项各类媒体均可参评，同时新设了"融合报道"和"应用创新"两个专门奖项，引导媒体提高融合生产能力、探索"新闻＋服务"新业态，加快建设全媒体传播体系。

移动优先策略，是主流媒体融合变革自始以来的转型重点，通过全程伴随、广泛连接与融合拓界，创新多平台、多终端的多元分发和矩阵传播系统。调研显示，"1+N+N"的全媒体发布矩阵已成为当前新型主流媒体的标配。

"两微多端"是融合1.0阶段普遍采取的"借船出海"策略，在深度融合的2.0阶段，"造船出海"建强自有平台成为主流媒体发力的重点方向。今年，主流媒体明确选择将深耕自建新媒体平台作为发展方向。

四、技术应用创新：科技赋能、智媒创新、一体驱动

主流媒体以先进技术赋能，积极探索全媒体技术开发和智媒技术创新之路。

全息影像、人工智能等赋能内容生产，5G、算法、区块链等赋能传播分发。调研发现，大数据、人工智能被认为是主流媒体最需要的智媒技术。其中，采编报道、政务合作是技术应用满意度最高的两项。

在技术认知中，智媒意识较为普及，可视化技术受到重视。大数据、人工智能、云计算、物联网、区块链等 5 项智媒技术，正在逐渐渗入主流媒体的融合建设中。

调研显示，自主开发智媒技术成为主流媒体优选方向，搭建技术中台、业务中台、数据中台、AI 中台等中台"新基建"成为管理创新中的热门探索，以技术创新带动管理机制和管理思维的创新，构建全媒体驱动的中台战略。

五、队伍建设创新：一专与多能并重，激励与培养并举

"人才是宝"。主流媒体在全媒体人才建设上不断深入探索。调研发现，"一专多能，团队协作"的融合内容生产模式，得到媒体人的普遍认可；在移动优先的考量上，全媒体人才数量多、侧重绩效考核，排在发稿优先之前。

新媒体端的绩效考核与人才晋升机制优化，是激励效果最直接的管理机制变革。在人才培养上，主力军重点打造媒体内部的年轻队伍，向自主培养、多元引进融合的模式和全方位提升的人才保障机制发展；在内容生产上，升级内部采编队伍，是比引进外部人才更加迅速、有效的全媒体人才建设路径。后备军加强"两高"人才引进与交流，即全媒体高端人才和高校人才，以此满足深度融合发展需求。

六、用户连接创新：增强黏性、突圈破壁、开门办媒

主流媒体推动技术、内容融合创新，增强用户体验的场景感、交互

感和沉浸感，不断赢得网络用户，增强用户黏性。

创新产品放下姿态、转变语态、创新形态，把宏大的理论、深刻的思想和严肃的政治话语，转变为生动、易于传播的大众话语，做到深入浅出、通俗易懂，增强信息的鲜活性和亲近性，实现话语融通、突圈破壁。

实施"开门办报""开门办台"，吸纳用户共同参与信息生产传播和社会治理。调研显示，大部分主流媒体客户端都开通了可供用户上传内容的渠道。经常和总是采用用户上传内容的主流媒体约占 33.43%，在采用内容的形式偏好上，视频、图片位居喜好榜前两名。

七、服务模式创新：参与社会治理、强化应用创新、拓维媒体智库

主流媒体不断拓展信息服务领域，在深度融合发展中，更以应用创新为导向，拓展"新闻 + 政务服务商务"，积极尝试将海量信息、群众需求和解决路径高效对接，实现"一站式"便民服务。

"新闻 + 服务"，内容是核心。调研显示，资讯辟谣成主流媒体自建新媒体平台的首席服务产品。

政务类信息和应用，是主流媒体自建新媒体平台的重要内容支撑。调研显示，政务内容主要包括政务公开、设置专栏、建言献策、提供入口、数据收集等。

在商务应用上，有不少媒体已经尝试电商直播，利用本地特色资源，采取"线上 + 线下"相结合的方式，探索出有效的盈利途径。

媒体智库是以智媒技术促进自身转型，同时发挥在解读公共政策、研判舆情、引导社会热点、疏导公共情绪等方面的优势，有利于推进国家治理体系建设、提升基层社会治理现代化水平。

八、运营方式创新：拓展多维运营，完善造血机能

通过创新团队打造"爆款"单品、特别策划创意产品，转向体制机制引领下的全媒体产品，进而深挖传统品牌价值，向垂直化产品品牌和品牌矩阵发展，形成产品创新、质量把控、评估监测、传播效果跟踪的一体化产品体系。在深度融合发展中，打造主流媒体的全新媒体产品品牌，可以带动整体融合转型，提升用户的整体品牌认知水平。

打造专业、垂直的工作室品牌，是适应用户圈层化生存习惯的有益实践。同时，将优势资源输出商业传播平台和渠道，建设自有品牌、尝试 MCN 运维、进一步探索新的运营模式。

在深度融合中，各级媒体通过激发制度优势、挖掘特色资源，形成具有竞争力的自有品牌，实现文化价值和商业价值突破，提升自我造血能力。

九、网络治理创新：加强网络引导、营造清朗空间、规范版权保护

主流媒体坚持守正创新，牢牢把握舆论引导和价值引领的主动权，不断推出融合精品、壮大主流声音；更加积极调动青年用户在强化正向舆论引导中的巨大潜能，提升年轻用户的情感认同，开辟和巩固新的传播阵地。

自觉维护互联网空间的健康清朗，以正能量驾驭大流量，坚决抵御资本操纵舆论，勇于抵制"饭圈"乱象，积极引领社会价值与风气。

积极探索人工智能和平台化时代的视听作品著作权、算法生成新闻作品的版权，不断探索互联网不同产业主体间的合作共赢机制。

十、国际传播创新：打造旗舰媒体、培育外宣网红、传播中华文化

不断创新国际传播，在习近平总书记关于国际传播重要讲话精神的指引下，持续加强并推进国际传播能力建设，积极打造国际传播融合平台和国际传播矩阵，努力探索平台化、节点化的新型传播模式。

培育外宣网红，回应热点话题，运用在地化的叙事、语态进行事实澄清，展开跨国媒体合作，突出新媒体特性，调动多元传播节点，压实传播效果。利用重大主题提升国家形象，推动国内重大议题进入国际视野，涌现出一批精品力作，形成中华文化打破圈层的共情传播。

结　语

课题组 2020—2022 年连续 3 年的全国主流媒体融合发展调研数据显示，主流媒体在融合发展中面临的首要问题和发展路径，从最初的解决人才、技术、资金的多方短缺，到融合思维的更新、深化，继而让位于创新人才培养激励、继续大力发展自建新媒体平台，以及探索新的营利模式，反映了媒体融合纵深推进的历程。总体而言，主流媒体融合发展需要持续抓住人才、平台建设和营利模式创新这三大重点。

新时代新征程，主流媒体的深度融合始终和国家发展、社会变迁和人民需求同频共振、同向同行。新型主流媒体要努力实现自身公信力的柔性强化和用户注意力的刚性影响，做强多元化、分层级、跨地域的新型主流媒体。作为这项伟大事业的见证者、亲历者与积极建设者，我们切身可感地体察着媒体融合发展的每一次变迁，并努力应对新形势、新挑战，坚持不懈地对发展方向、实践规律进行审视与总结。

让我们一起努力，为做强新型主流媒体，壮大主流思想舆论，巩固全党全国人民团结奋斗的共同思想基础而奋斗。

（作者为中国记协新媒体专业委员会专家组组长、

中国传媒大学电视学院党委书记）

2022 视频文创产业发展指标（马栏山指数）发布

祝燕南

　　马栏山指数由国家广电总局发展研究中心、湖南省广播电视局、马栏山视频文创园管委会共同组织实施，国家信息中心、习近平经济思想研究中心等单位专家提供指导支持。几年来，在各方面共同努力下，这一综合指数在视频文创产业领域的影响力、引领力不断扩大，成为重要的风向标，为政府决策和市场主体发展提供了有效参考。下面，我代表课题组分 3 个方面介绍主要研究成果。

一、聚焦数字化时代视频文创，推出"产业创新指标"

这个指标有 4 个维度，其中产业创新强度主要评估视频文创产业对技术、人才、资本、数据、政策等资源要素组合利用，产生更高效率、更低成本创造新产品或服务的能力。产业创新广度反映跨界跨圈或聚合邻接资源并满足邻接需求形成"视听 +"的情况。产业创新深度是评估产业围绕某个垂直领域或赛道不断向深开拓以提升产业链各环节价值的能力。产业创新效度评估贯彻落实国家相关战略决策，以及在文化、经济、社会等方面产生的效果。以量化分析为基础，不断接近视频文创产业的创新逻辑和发展新态势。

二、从 4 个研究基点的创新案例，分别观察视频文创产业创新的强度、广度、深度和效度

通过测算分析，以未创新 0 值为基准，结论是：

视听产业园区的产业创新指标值总体为 1.2。其中，创新强度值最大，为 2.56，依次是创新深度、创新效度和创新广度值。这说明，视听产业园区更重视在创新强度和深度上发力，尤其注重资金投入、技术应用、创新资源融通等。多数园区主业突出，深耕特色垂类领域，并在园区内部逐步形成产业链、生态链。

视听新媒体平台的产业创新指标值总体为 0.69，低于产业园区。其中，产业创新深度值最大，为 1.16；产业创新广度值最小，为 0.48。这说明，视听新媒体平台更重视垂类领域的深耕和做强产业链，但在跨界融合、跨圈发展方面力度不够。

视听内容产品的产业创新指标值总体为 0.69。产业创新深度值高，产业创新广度值低，其创新深度（1.56）和创新广度（0.27）之间的差距

较大。这说明，视听内容产品创新更聚焦在创意赛道上进行比拼。

新型视听服务的产业创新指标值总体为 0.67。其中，产业创新深度值最大，为 1.35；产业创新强度、广度、效度值比较均衡，都在 0.5 左右。这说明，新型视听服务创新更集中精力做好垂类服务，在资源要素投入、跨界融合以及创新效果上比较同步。

对以上 4 个基点的创新案例量化分析显示，在产业创新强度上，主要表现为：机制创新不断深化，技术应用加速迭代，资本投入方式多样化，资源联动协同逐步强化，政策创新靶向更加精准，合作模式日趋多元。

在产业创新深度上，主要表现为：围绕核心产业推动纵深发展的趋势越来越明显，借力新媒体平台的破圈行动加快推广，延伸拓展产品和服务链条开辟新赛道成为主要模式，以"线上 + 线下"联动拓展价值链、IP 产业化态势日益增强，内容创作的国风潮强劲兴起，创新生态在不断完善。

在产业创新广度上，主要表现为：创新资源拓展、"视听 +"跨界融合、平台集成创新有待加强。

在产业创新效度上，主要体现为：舆论引导水平、公共服务建设水平、产业融合方面还需要持续提升。

总体来看，视听产业园区的产业创新指标值要远高于其他 3 类。这说明，视听产业园区在创新驱动发展方面的意愿更加强烈，创新投入力度大、创新机制日益优化。园区在视听产业发展中的基础性、支撑性作用更加重要。

三、下一阶段视频文创产业创新将呈现七大趋势

一是对新一代信息技术的依赖程度日益加深，尤其是数字技术、人工智能技术、虚拟现实技术、区块链技术、元宇宙技术体系等。新一代

信息技术的综合应用必将重塑视频文创产业发展模式和格局。

二是将进一步向垂直化、精品化拓展，更加注重应用场景创新和正向价值表达。视听新媒体平台将持续深耕垂直领域，融通线上线下，不断推进品牌化、聚合化和产业化。

三是视频文创产业将与旅游、文博、教育和实体经济、乡村振兴等进一步加强跨界融合，整合内外部资源并向生产生活领域拓展，形成融合产业增长的"乘数效应"。

四是数据驱动型的视频文创产业规模将大幅提升，数据成为视频文创产业核心资产和资源，支撑产业向"数智化"转型。

五是长视频与短视频双向创新将共同引领视频文创内容产业增长。视频、音频，长视频、短视频和直播业态将在竞争中走向融合，场景应用成为关键。

六是新型主流媒体在深化改革中将进一步发挥综合优势，再次成为视听产业创新的重要动力源。

七是视听产业园逐渐成为视频文创产业创新聚合的重要策源地，成为促进产业高质量发展的主要平台载体。

（作者为国家广播电视总局发展研究中心党委书记、主任）

CNMC

2022 中国新媒体大会
CHINA NEW MEDIA CONFERENCE

"构筑主流舆论新高地"
内容创新论坛

增强内容新优势　筑牢舆论新高地

刘思扬

　　内容创新是融合发展的根本，是主流媒体的价值所在。内容创新论坛也是每届中国新媒体大会的重要内容。

　　作为党领导的全国性人民团体、党和政府密切联系新闻界的桥梁纽带、繁荣发展党的新闻事业的重要力量，中国记协历来高度重视为主流媒体创新内容生产助力赋能。在媒体融合发展的大背景下，中国记协把中央要求、媒体需求与自身优势相结合，通过成立新媒体专业委员会、改革中国新闻奖评选办法、推出年度融创精品案例、举办新媒体内容建设专题培训等举措，引领新闻工作者保持内容定力，专注内容质量，扩大优质产能，创新表现形式，提升传播效果。

　　本次论坛在主创分享环节设计了"铸魂""为民""创新"3个板块。

铸魂，就是要以习近平新时代中国特色社会主义思想为指导，深刻学习领会习近平总书记关于新闻舆论工作的重要论述，自觉用党的创新理论凝心铸魂，把握正确方向，唱响时代强音；为民，就是要坚持以人民为中心，站稳人民立场，用心用情走好全媒体时代群众路线，报道群众生产生活，反映群众呼声诉求，强信心、聚民心、暖人心、筑同心；创新，就是在理念、内容、题材、形式、方法、手段、体制机制等方面实现媒体自我革命，不断提升主流媒体传播力、引导力、影响力、公信力。

中国新闻奖媒体融合获奖作品、融创报道精品的主创代表，将从这3个方面进行经验分享；同时，我们也很高兴地邀请到业内专家对这些作品进行深入分析，揭示创新路径，探寻发展规律。借此机会，谈几点想法，与大家共同探讨。

一是以增强内容优势为关键，实现新发展。内容是新媒体发展的核心竞争力、综合竞争力、可持续竞争力。这就要求我们讲品位、讲格调、讲责任，让积极、健康、优质的内容充盈网络空间，同时，在表达语态上不断贴近用户，在呈现样态上不断吸引用户，在传播渠道上不断通达用户，努力让正能量产生大流量，让主流成为顶流，让好声音成为最强音。中国记协将在这方面持续树好标杆、提供示范。

二是以强化技术引领为支撑，筑牢新高地。全媒体时代，内容创新离不开技术赋能。要顺应信息化和移动互联趋势，以打造全程媒体、全息媒体、全员媒体、全效媒体为目标，推进智能化生产，实现精准化传播，应用创新化功能，带给用户全新的可视化、场景化、沉浸式体验，这是媒体融合向纵深推进的必由之路。中国记协将在这方面进一步搭建平台、对接供需。

三是以提升队伍素质为根本，激发新活力。内容创新，最终要靠人来实现；各种改革，归根结底是要释放人才队伍活力。新闻单位、记协组织、新闻院校都应将人才队伍建设摆在突出位置，强化"四力"实践，引导推动广大新闻工作者进军主战场、建设新主流、奋进新征程。中国记协也会在这方面加大服务力度，创新服务方式，提升服务能力。

党的十八大以来，在习近平总书记关于新闻舆论工作重要论述指引下，全国主流媒体创作大量内容精品，刷屏热播、跨界破圈，"大流量"与"正能量"交相辉映、相得益彰。希望大家继续坚持守正创新，为党的二十大胜利召开营造良好舆论氛围。

（作者为中国记协党组书记、副主席）

提升全媒体的内容权威性原创性实效性

蒋祖烜

媒体融合是时代所向、大势所趋。2022 中国新媒体大会"构筑主流舆论新高地"内容创新论坛，探讨媒体融合内容创新之道，对加快构建"融为一体、合而为一"的全媒体传播格局，具有十分重要的意义。

新时代 10 年，是党和国家事业发展进程中极不寻常、极不平凡的 10 年，也是媒体融合大步前进、快速发展的 10 年。以习近平同志为核心的党中央高度重视媒体融合发展，习近平总书记从战略和全局高度，深刻阐明媒体融合发展的时代大势，就推动媒体融合向纵深发展、做大做强主流舆论发表一系列重要论述。习近平总书记强调："内容永远是根本，融合发展必须坚持内容为王，以内容优势赢得发展优势。"在习近平总书记关于媒体融合发展重要论述指引下，从中央到地方，各级各类媒体更加注重运用全媒体方式制作有品质、有格调的内容，提升正面宣传的到达量、阅读量、点赞量，有力扩大主流价值影响力版图，让党的声音传得更开、传得更广、传得更深入。

湖南是媒体大省、网络大省。10 年来，我们全面把握媒体融合发展的趋势和规律，全力探索媒体融合湖南路径，深入推进内容生产供给侧结构性改革，推出了《十八洞村龙金彪的 Vlog》《村里最远的那一户》《一张照片背后的这七年》等一大批有思想、有温度、有品质的融媒体"爆款"产品。2022 年，我们围绕办好首届全省旅游发展大会，策划组织了"最美家乡推荐官"等主题宣传，统筹各媒体推出了一大批刷屏、热传的融媒体报道，全网点击量超 41.7 亿次。

实践中我们感到，在全媒体时代，形式创新、手段创新、方法创新都很重要，但最根本的还是内容创新。本次论坛将主题确定为"构筑主流舆论新高地"，是对时代发展大势的深刻把握，是对业界热切期盼的精准呼应，必将在中国新媒体发展史上留下浓墨重彩的一笔。借此机会，简要分享 3 点思考体会。

第一，注重内容的权威性。众声喧哗更呼唤好声音，沧海横流更期待定盘星。要把新媒体的看家本领，体现在内容的权威性、深度性上。突出"权威声音、主流价值"，聚焦习近平新时代中国特色社会主义思想和习近平总书记重大活动，聚焦新时代 10 年的历史性成就、历史性变革，聚焦新征程生动实践、火热场景，传播正能量、传递好声音。

第二，提升内容的原创性。媒体变化带来阅读习惯的变化，信息爆炸带来阅读选择的变化。越是新媒体，越要看到内容是根本、是"硬通货"，越要保持内容定力、专注内容质量，越要防止粗制滥造、信息失真。要持续深化"四力"教育实践，把新闻现场、基层一线变为融合报道的竞技场，不断推出思想深刻、见解独到、价值独特的优秀产品，构建群众喜闻乐见的话语体系。

第三，增强内容的实效性。用户大规模向互联网迁移的现实，要求新媒体利用好深度融合的窗口期，积极创新理念思维、选材角度、话语方式、呈现样式、采编模式，使他们有获得感。要坚持以"受众为中心"，充分运用信息技术最新成果，鼓励"报网端微"百花齐放、"文图音视"争奇斗艳，既生产群众喜爱的内容，又构建群众离不开的渠道，以大流量带动形成正能量。

党的二十大是在进入全面建设社会主义现代化国家新征程的关键时刻召开的一次十分重要的大会。做好大会的宣传报道，是新媒体的重要职责和使命，也是对媒体融合发展成果的一次重要检验。我们相信，在大家的共同努力下，新媒体一定会在学习、宣传、贯彻党的二十大精神中发挥更大的作用，作出更大的贡献。

（作者时任湖南省委宣传部常务副部长）

作品：《领航》
第二十八届中国新闻奖媒体融合奖项融合创新一等奖

铸魂

以融合思维创新重大主题报道

■ 李柯勇

荣获第二十八届中国新闻奖媒体融合创新一等奖作品《领航》，是新华社 2017 年迎接党的十九大的重点产品。当时，《领航》有一系列创新举措。

一是体裁创新。我们将这部 8 分多钟的短视频称作"微政论片"，这个叫法此前是没有的。这个片子的主旨，是展现在以习近平同志为核心的党中央领导下，经过新时代第一个 5 年的发展，全国取得的历史性成就、历史性变革。这么重大的主题，以网络短视频形态来承载，挑战是巨大的。

二是内容创新。当时在新华社领导直接指挥下，我们一次又一次调整方案，一

扫码观看影片

遍又一遍修改文本，力求做到片子虽短，要素俱全。什么是融合？我以为，将传统报道内涵与新型表达手段有机融为一体，就是成功的融合。

三是形态创新。《领航》全片没有用一句解说词，除了习近平总书记少量讲话原声和两位采访对象的简练讲述之外，全部用画面和音乐表情达意。充分运用视听语言取得了良好的效果，让受众接受信息更加直观、形象，在内心留下的烙印更深。

《领航》从播发至今，将近 5 年过去了。正像中国发展日新月异一样，我们的媒体融合也是"轻舟已过万重山"，超越了这部微政论片的作品已经很多。千变万变，唯有一条不变，就是以融合思维创新重大主题报道的努力方向从未改变。

2021 年 6 月 28 日，新华社播发了创意微电影《望北斗》，这是庆祝建党百年的标杆性融媒体产品之一。我想结合这部短片，谈些感受。

《望北斗》全网传播总量超过 40 亿次。取得这样的传播效果，有 7个方面的原因。

第一，思想性始终是灵魂。《望北斗》的成功，首当其冲的因素是它承载了深刻的思想。"北斗"是个比喻：中国共产党是北斗，中国共产党人心中的信仰是北斗。党率领并引导中国人民走过百年光辉历程，正如北斗星为人们指引方向，这就是全片的灵魂和主线。

思想的分量决定着产品的力量。在全媒体时代，小而巧的产品常会产生很好的传播效果。但是作为主流媒体压轴镇台之作，一定是直击重大主题的，否则撑不住。

第二，创意是核心竞争力。不少网友把点赞送给了创意，说以北斗星比喻中国共产党的创意出乎意料。我们在策划时发现，北斗七星中位于勺柄尾部的那颗摇光星，离地球恰好100光年。也就是说，2021年在地球上看到的摇光星，实际上是1921年的样子。我们眼中的北斗星光，正是中国共产党成立那一年发出来的。天文奇观与百年党史就这样无缝对接，营造出一种非常独特的时空穿越感。

全媒时代，最有价值的是创意。如果没有这个创意，不管画面多么精美，故事多么动人，最后做出来的也只能是个一般性产品。

第三，视听美学不能缺位。《望北斗》的制作任务由科幻电影《流浪地球》的制作公司承担。真正要做出融媒体精品，必须讲究视听美学。融媒体产品，某种程度上，就是影视、游戏表现手法与新闻内容相结合的产物。只有新闻性与艺术性高度融合才能赢得受众。

第四，纪实性显新闻本色。无论呈现形式多么绚丽，都是为思想内容服务的，不能喧宾夺主。《望北斗》保持了强烈的纪实风格。我们发现，从詹天佑到邓中夏再到艾青，从袁庚到孙继先再到北斗导航乃至大凉山脱贫攻坚，这些看似毫不相关的人与事之间，居然能找到人物谱系式的精神联系，仿佛冥冥之中被历史的命运联结在一起。看似偶然，实则必然。最大的必然就是，这些人都在努力为中国寻找方向。对于新闻产品来说，真实的力量永远是最震撼的。

第五，好内容是"跑"出来的。无论是采写传统稿件，还是制作融媒体产品，都必须践行"四力"，特别是要不惜脚力。事实证明，《望北斗》里最催人泪下的环节，都是真实而生动的故事细节，以及当事人真情流露的现场讲述。这些内容，不扎实采访调研，不亲身到现场，是捕捉不到的。我们再次体会到，不管融媒体产品表现为什么样的形态，都始终遵循着新闻报道的基本规律。

第六，千锤百炼才出精品。《望北斗》的创作过程，是一次脑力与体力的艰苦跋涉。从设想提出到成品播发，过程长达 10 个半月。每一帧画面，每一个故事，都体现了锲而不舍、精益求精的精神。有一个数字可以说明创作之艰辛：光是脚本就改了 153 稿，创下了新华社融媒体报道脚本修改的新纪录。

第七，推广要找准共鸣点。在产品推广传播方面，《望北斗》最成功的一点，就是找准了受众的共鸣点。建党百年之际，什么角度最能触动人心？我们认为，是告慰——告慰 100 年来为国为民英勇献身的历代先烈，因此设置了"今天的北斗星光来自 100 年前"这个微博话题。从看似与建党无关并带有科幻色彩的角度切入，引导受众产生这样的联想：我们仰望着先烈们曾经仰望过的星空，而脚下的祖国大地早已不同。

（作者单位：新华社）

作品：《光明追思》

第三十届中国新闻奖新闻名专栏

铸魂

守正创新，构建新时代知识分子报道的全媒体传播格局

■ 吴 娜

　　《光明追思》是光明日报从 2018 年 10 月起开设的新媒体新闻专栏，至今已近 4 年时间。

　　这个栏目的主要特点，就是在传统的纸媒版面报道之外，再经由客户端、微博、微信、网站等多个平台，及时报道那些为党、为国家、为人民作出突出贡献的知识分子的逝世消息；并通过相关追思报道，回顾他们的卓越成绩和奋斗历程，追忆他们的优秀品质和高尚情怀。

　　《光明追思》一经推出，就因特色鲜明、定位清晰、报道及时、内容权威，得到

光明日报

泰山其颓
精神不灭
光明追思
抚今追昔

查看作品
请扫描二维码

社会各界的广泛关注，多家重要媒体的客户端、微博、微信公众号等逐渐大量转载和引用《光明追思》的内容，形成声浪式传播效果，有效地推动营造了追忆名家、见贤思齐的社会舆论氛围，汇聚和传播了社会正能量。

《光明追思》以消息、通讯、短视频等多体裁呈现，多平台联动，凸显出极强的媒体融合属性，目前已形成报纸、网站、"两微一端"、抖音号等全媒体报道格局。

仅在 2019 年，《光明追思》相关内容在微博、微信、头条号、抖音等各平台就积累近 5 亿次阅读量。

2020 年，《光明追思》栏目荣获第三十届中国新闻奖新闻名专栏奖。如今，《光明追思》已是最具光明日报特色的品牌栏目之一，影响力持续上升。

作为一家与共和国同龄的中央主流媒体，一份以团结、联系、引导、服务知识界为主要定位的思想文化大报，我们策划《光明追思》的初衷，正是为了深入学习贯彻习近平新时代中国特色社会主义思想，深入贯彻落实习近平总书记关于媒体融合发展的重要指示精神，坚持守正创新，构建全媒体传播格局，传递党中央对广大知识分子的殷切期待和热情关怀，把广大知识分子紧紧团结在党中央周围。

习近平总书记说过，两院院士是国家的财富、人民的骄傲、民族的光荣；我们的很多院士都具有"先天下之忧而忧，后天下之乐而乐"的深厚情怀，都是"干惊天动地事，做隐姓埋名人"的民族英雄！

2019 年 1 月 16 日，中国科学院院士、中国核武器事业重要奠基人、中国工程物理研究院研究员于敏逝世后，《光明追思》第一时间通过新媒体平台首发逝世消息，并配发光明日报在 2015 年报道于敏院士的人物特稿，光明日报官方微博阅读量不到 4 小时迅速突破千万次并登上微博热搜，微信阅读量也很快突破 10 万 +。之后又在报纸版面刊发逝世消息和追思文章《身为一叶无轻重 愿将一生献宏谋》等。一系列报道既迅速及时，又丰富可读，引发全网关注。

截至 2022 年 8 月中旬，《光明追思》共刊发了 131 位两院院士的逝世消息和相关报道。4 年来，我们持续收到来自社会各界的积极反馈。有知识界读者表示："《光明追思》致敬突出贡献知识分子、传承科学家精神，留下了宝贵的精神财富，标注了新时代价值高度，凝聚起广大知识分子的人心和力量。"

有网友留言："愿每一位默默奉献、刻苦钻研的科学家都能受到社会的最高尊重""这才是我们应该追捧的明星"。

2021 年是中国共产党成立 100 周年的伟大历史时刻，回顾我党风雨兼程的百年路，有一批优秀知识分子党员的身影在其中熠熠生辉。他们心怀"国之大者"，将个人发展融入党和国家的发展之中。他们的成就令人敬仰，事迹令人感动。

因此，我们又在《光明追思》原有全媒体报道模式的基础上，继续开拓创新，策划拍摄 10 集微纪录片《他们从未走远·光明追思致敬党的十八大以来逝世的优秀知识分子党员》，每集时长七八分钟，报道了王家福、于敏、卢永根、卫兴华、郑德荣、黄大年、李保国、于蓝、钟扬、黄志强等 10 位获得过国家荣誉勋章、时代楷模、道德模范等重要荣誉称号的优秀知识分子党员，在 2021 年 4 月至 7 月间陆续推出，以我们的方式，为党的百年华诞献礼。

近一年来，光明日报在新一届编委会的带领下，立足思想文化大报定位，积极实践媒体融合发展，构筑主流舆论新高地，持续在知识分子报道方面发力。《百名院士的红色情缘》《人民需要这样的文艺家》，就是其中两个具有鲜明光明特色的全媒体栏目。

《百名院士的红色情缘》栏目，通过采访报道钱学森、朱光亚、王大珩、彭士禄、袁隆平、欧阳自远等一批科学家与中国共产党之间的红色情缘，追忆一代代科学家与党同向而行的故事，回望中国科技发展史册上那些坚卓深邃的红色足迹。

《人民需要这样的文艺家》栏目以"为历史存正气，为世人弘美德，为自身留清名"为主题，报道了王蒙、李雪健、郭兰英等一批家喻户晓、德高望重的文艺家，旨在发掘老一辈艺术家思想、德行、才艺上的闪光点，让德艺双馨更好引领文艺风尚，均取得各界积极反响。

（作者单位：光明日报社）

作品:《无胆英雄张伯礼》

第三十一届中国新闻奖媒体融合奖项短视频专题报道一等奖

铸魂

重大主题报道中典型人物的价值挖掘与创新报道

■ 闫 征

　　曾经有人问我,《无胆英雄张伯礼》的创作密码是什么？细节是重中之重。从细节上挖掘线索,丰满人物形象；从细节上积蓄情感,传递精神力量；在细节上精益求精,力求锻造精品。

　　新冠疫情最严峻的时候,采访张伯礼院士几乎就是一个不可能完成的任务,他每天的工作非常繁忙,但新闻人的使命感让我们从始至终只有一个念头：非做不可。但突破口在哪里呢？一张朋友圈里被反复转载点赞的照片给了我灵感。

　　用照片来讲故事成了创作的突破口,沿着这个思路,我们又找了很多照片,

最终选取了 5 张最具代表性的，通过挖掘细节，抽丝剥茧般地诠释张伯礼推动中医药参与防治新冠疫情的全过程，更体现了他作为一名共产党员的初心、一位国之大医的仁心。

5 张照片只是线索，要讲好故事，还必须强调细节描写。在随后 1 个多月的时间里，我们深入采访了 10 位张伯礼的"身边人"，事无巨细地了解张院士抗疫的点滴。不能去武汉采访，我们就用视频连线，还要等采访对象休息的时间，所以很多采访都是在半夜两三点进行的。加上访谈人数多、访谈时间长，采访工作从一开始就进入"困难模式"，我们当时一直有一个信念"离新闻现场近一点儿，再近一点儿"，团队很快就倒好了时差，一到采访时间兴奋劲儿就来了。采访中，我投入了大量时间和精力和采访嘉宾实现共情，因此作品中的采访是真实的、自然的、感人的，也增强了作品的亲和力。

《无胆英雄张伯礼》的创新之处就在于，摒弃了冗长的旁白叙事结构，采用紧凑的同期串接方式，使表达更感性化、情感化，更符合人们的审美需求和接受习惯，也使短视频整体的逻辑性、节奏感更强，让受众在短短几分钟的时间就能快速了解典型人物的事迹，感受精神传递的力量。

除了关注细节外，津云新媒体在制作另外一部典型人物报道《稻子熟了》的过程中，又有了新的思考。如何让作品新闻要素齐备，具有"网感"，易于传播，利用好融合创新报道是突破口。

在第四个中国农民丰收节之际，津云新媒体推出 H5 动态纪实长卷《稻子熟了》，这是一件以手绘长图为基础，融入交互功能并加载短视频的融合创新作品，全景展现了袁隆平院士一生的感人故事。

作品从 2021 年 6 月开始启动，历时 3 个月，赴天津、山东、新疆、湖南等多省区市拍摄，采访了十几位与袁隆平院士共同工作、一起生活的人。海量素材通过一部短视频是很难表达清楚的，最终我们选择了 H5。在手绘长图里插入 21 个短视频，长度从十几秒到几分钟不等。但并非简单地把视频、文字、图片拼凑在一起，而是真正实现了融合。袁隆平为什么会对耐盐碱水稻如此感兴趣？他和天津有着怎样深厚的渊源？……随着情节的铺陈，一个个生动的故事跳了出来，一位位追忆者也在一段段短小精悍的视频中给读者带来生动的讲述。读者不知不觉便浏览完袁隆平院士在耐盐碱水稻方面的传奇人生，不会感到枯燥乏味。碎片化的短视频能够帮助读者快速、有效、深入地了解新闻信息。读者已经不是在看新闻，而是以更加直接的方式触碰新闻。试想，这些短视频如果放在一部电视纪录片中，很可能就被跳过了，但在这部作品中，却产生了放大效应，令人印象深刻。从读者的留言中可见一斑，全网累计总浏览量超千万次。

重大主题报道，是主流新闻媒体发挥引领作用、实现舆论引导的重要手段。打造有思想、有温度、有品质的精品力作，选择新方式、新技术及新流程生产新闻，才能推动媒体转型及融合创新，也才能更好地弘扬和传播社会主义核心价值观。

（作者单位：天津津云新媒体集团）

作品：《号角催征——解码新华日报老报纸里的百年初心》
庆祝建党百年融创报道十大精品案例

铸魂

解码初心：从独家报史向新闻实证的跨越

■ 王晓映

重大主题报道，是主流媒体的同题大考。这是一道"必达题"，到达的"达"。守正创新、培根铸魂是主流媒体的职责担当，使命必达。

这是一道"必答题"，回答的"答"。"逢重大主题报道必创新"，必融合创新，新华报业传媒集团有着优秀的传统。佳作迭出，硕果累累，连续两年在中国新闻奖评选中位居全国省级媒体第一方阵。

2021年，面对中国共产党成立100周年和党史学习教育这样的年度大考，我们的思考是，寻求唯一性和辨识度，以独家报史资源讲党史。

年度大考考点在哪里？一部百年党史，是一个政党，乃至一个国家和民族的集体记忆，不容歪曲与虚无。在家家讲、日日讲、人人讲，在讲真、讲准、讲好的基础上，共同记忆的讲述如何避免同质化，讲出特色、好中向优，讲出辨识度和显示度？

我们意识到，破题出新，需要呼唤"唯一性"的故事和载体。红色档案、红色文物、红色地理、红色故事……各家媒体都在竭力挖掘"物证"。作为中国共产党第一张公开发行的大型机关报，新华日报报史映射着党史，可谓独家"物证"。独特的报史资源有着天然优势，《号角催征——解码新华日报老报纸里的百年初心》融媒体系列报道创意应运而生。依托老报纸，向着初心溯源，解读历史、寻访当下，激活党报里的

党史故事，是一次有意义的寻根、学习、传承、致敬之旅。

创意策划整个执行阶段的所有工作可以说都是在做一件事：时空跨越，历史题材的新闻转化。

从确定选题开始，我们以正确的党史观为指导，最终确定了 27 个选题。整组报道以 9 年 1 个月 18 天的国统区办报历程和 3231 期老报纸为主要依托。历史资料只是线索、由头，记者们重访各个重大事件发生的新闻现场，寻访新闻关联人和专家。通过实地探访、丈量历史，还原新闻的 5 个 "W"，实现了从 "昨天的新闻" 到 "今天的新闻" 的跨越。

在呈现阶段，我们以新闻提炼、描画党的精神谱系。

《号角催征——解码新华日报老报纸里的百年初心》融媒体系列报道，从 2021 年 4 月 11 日首推，到 8 月 29 日收官，以 28 篇主通讯、30 个短视频的主产品以及旧报翻录、花絮 "彩蛋" 等辅线副产品，在新华日报、交汇点新闻 App、"学习强国" 江苏学习平台、新华报业网等多个媒体平台同步分发、矩阵传播，实现了一次跨时空的党史新闻叙事。

2021 年 9 月 3 日，有关部门专题表扬了该系列报道，认为该系列报道 "从报史与党史重要事件、重要人物的交互点上，对'中国共产党为什么能'这个重大命题给出有力回答，为伟大建党精神提供了丰富实证"。

在系列报道的整个采访制作过程中，我们团队的小伙伴深切感受到，建党精神的 32 个字，和我们采访所见所闻、所思所得字字印证，令人深受激励和鼓舞。

"号角催征"系列报道传播范围广，获得各界高度肯定。"马工程"教育部重点教材《新闻采访与写作》课题组首席专家、南京大学新闻传播学院丁柏铨教授评价道，该系列报道对基于历史题材的重大主题报道的新闻表达作出了具有创新性的有益探索。作品获得了一系列的荣誉奖项。目前正在结集出版，列入江苏省委宣传部重点出版计划。

2022 年的年度大考又来了，就是做好"奋进新征程、建功新时代"重大主题宣传，为党的二十大营造良好社会氛围，我们以讲好新时代"江苏故事"为抓手，精心组织策划一揽子项目，大型全媒体行动"乡村振兴·江苏百村调研"、分集剧情式条漫《探"碳"美好时代》是其中的两个代表，目前都在推进过程中，敬请各界同仁老师关注指导。

（作者单位：新华报业传媒集团）

■ 人民日报社新媒体中心副主任　刘晓鹏

　　做好重大主题宣传是我们共同的责任和义务。4 位嘉宾的演讲让人很有力量，很有启发。他们的作品和在座的其他同志的作品一样，精彩的作品总是持久闪光。我认为他们的作品有两个共同特点，第一个是都有一种强烈的责任担当，新型主流媒体的责任担当，建设新型主流媒体，担负壮大主流思想舆论、扩大主流价值影响的任务，我们都感到重任在肩；第二个是面对新媒体时代，都有强烈的创新意识，有一种澎湃的创新动力。我用 4 个关键词谈一下个人体会。

　　第一个关键词是"厚重"。一般认为新媒体就是短平快、碎片化，这个认识并不全面。从《领航》到《望北斗》，同样可以感受到一种厚重感，正是这种厚重感给了这些产品力量，当下与未来正是新型主流媒体在探索中应该倍加珍视的，历史的敦厚都具有历史的长远价值。

　　第二个关键词是"真诚"。《光明追思》打开了一扇门，讲述了知识分子的闪光人生，主要是告诉我们什么是爱国？什么是人生？"干惊天动地事，做隐姓埋名人"的情怀。光明日报社吴娜的分享，我们可以看到他们在用全媒体方式呈现给公众，唤起了所有人的敬仰之情，感动了每个人内心最柔软的地方，这就是真诚待人。

第三个关键词是"真实"。聆听津云新媒体集团闫征的演讲，深深地为她串接起的同期声所感动，还有那么多并不是很熟悉的故事，我们感到这就是真实的力量，让事实与细节本身去说话。在当下舆论生态里，对事实的真实应该是倍加珍视的，特别是作为一个专业媒体，主流媒体对事实的挖掘能力和呈现能力，是非常重要的。我们为了挖掘这些事实和细节，付出了艰辛努力，但是应该体会到这是一个记者的本分，也是一个记者的价值。

第四个关键词是"创新"。作为一名记者，《号角催征——解码新华日报老报纸里的百年初心》这一作品，将报纸和历史的承载信息，用全新的方式挖掘，穿越历史与现代，原创性强，辨识度高，社会效果好。在传承中守正创新，一定会让我们的创新之路更加平稳。

作品：《生死金银潭》
第三十一届中国新闻奖媒体融合奖项短视频专题报道特别奖

为民

融媒体时代重大主题报道如何出新出彩

■ 李志伟

2020 年年初，新冠疫情让武汉成为中国乃至世界的焦点。网上流传着这样一句话"世界看中国，中国看湖北，湖北看武汉，武汉看金银潭"，金银潭医院成为这次疫情的暴风眼。

武汉"封城"期间，人民日报社新媒体中心组建制作团队，深入武汉市金银潭医院"红区"，通过长达 36 天的持续跟拍，最终呈现出 28 分钟的纪实作品。作品记录了金银潭医院医患之间的日常故事和生死时刻，推出后很快"刷屏"网络，社会反响强烈。在西方一些人和媒体污名化中国的背景下，《生死金银潭》改变了很多国外网友对中国的偏见，取得良好对外传播效

连续36天跟踪拍摄
记录金银潭生死时刻

生死金银潭

3月31日 一起守望

扫码观看视频

出品
人民日报新媒体

果，荣获第三十一届中国新闻奖媒体融合奖项短视频专题报道特别奖。

回望创作过程，我们有几点体会：

一是来自核心现场的事实最有力量。金银潭医院是武汉市首批新冠肺炎定点医院，收治了大批危重症患者，具有很高的报道价值和传播价值。由于在医院"红区"内拍摄风险很高，重症监护室原本只让隔着玻璃拍摄内部，通过积极沟通、做好防护后，前方记者和摄影师终于得到机会进入现场"贴身"跟拍。就这样，不分昼夜连拍几十天，记录到大量珍贵的一线画面。后期选材剪辑时，我们也将"真实自然"视为重要的标准。全片没有主观性旁白，通篇为医护和患者的画面和同期声。

二是故事化的讲述方式更能打动人。连续长达36天的扎实记录，为作品故事化叙事提供了可能。从一开始，我们就摒弃宏大视角，拍摄的就是这家医院医护和患者的故事。其中，有1999年出生、全院年龄最小的男护士，也有"不写请战书，直接上"的女护士长，还有耐心劝慰轻生患者的90后医生，等等。无论是圆满的，还是遗憾的，生者和逝者都不再是冷冰冰的数字。如同一位网友所说："从无数个细节中看到了千千万万个故事。"

而故事化叙事也离不开鲜活的人物关系。片中有一个细节被网友反复提及：支援武汉的护士孙岸中说从长沙带来了辣酱，金银潭医院的护士梁顺突然激动地紧握住他的双手"索要"。网友用"谐音梗"形容这是"生死之椒"，代表着二人独特的相识过程和抗疫经历。

三是立体传播，形成全媒体覆盖。传播节奏上，《生死金银潭》先期发布预告推送和 1 分钟预告片，次日推出中文版正片，再隔几日推出繁体版正片和英文版正片，分别面向中国港澳台地区和国际上的其他国家传播。"中文 + 繁体 + 英文"的组合也成为新时代国际传播的标配。传播平台上，《生死金银潭》借助微博、微信、客户端、抖音、快手、B 站、脸谱、推特等境内外平台，实现了多语种、多渠道的全媒体传播。

全媒体发展的语境下，依托平台的迭代发展，除了对内传播，讲好中国故事也需打开对外视角，关注以社交媒体为主的舆论战场，铺展开传播渠道，占领国际传播的主阵地。

近年来，人民日报新媒体围绕"为民"主题，策划制作了一系列重大时政主题产品，对境内外推送。例如生态主题的《江河情缘》，脱贫攻坚主题的《一步千年》。

2022 年，为迎接党的二十大胜利召开，人民日报社自主策划推出"践行嘱托十年间"系列融媒体报道。新媒体中心与人民日报 31 个国内分社联动，精心制作"短视频 +Vlog"共 62 支，与 31 篇特写稿同步上线，既生动展现了习近平总书记高瞻远瞩的战略擘画和深厚真挚的人民情怀，又直观地呈现出各地牢记习近平总书记嘱托，奋力开创新局面的生动实践。

回顾"践行嘱托十年间"系列微视频的策划制作过程，我们有以下几点体会：

第一，提高政治站位，用心用情做好习近平总书记报道。做好习近平总书记报道是我们的首要政治任务和最重要的政治责任。我们综合运用原声短视频、Vlog 视频两种形式，探索出一条重大时政新闻融合报道的新路。

我们尤其重视原声短视频的制作，精心选取习近平总书记考察中的精彩话语、生动细节，巧妙组合视频、照片和原声音频等素材，剪辑制作出短而精、小而美的小视频，突出原生态和现场感。在 Vlog 回访视频中，我们精心选取习近平总书记考察中有故事性、有特色的地点、人物，打破以往普通回顾式采访拍摄的套路，创新采用当事人在实地第一视角自拍 Vlog 的形式，通过当事人接地气、口语化的表达，直观生动地呈现了习近平总书记考察指导后当地践行总书记嘱托的崭新气象。

第二，遵循传播规律，以小切口、暖细节打动网民。这次融媒体报道取得较好效果的一个重要原因是，我们没有把微视频视为文字特写报道的补充和陪衬，而是作为独立的报道产品，围绕同一主题精心策划制作，与文字报道互为支撑、珠联璧合。我们遵循移动传播规律，不说大话、不唱高调，注重小切口引入、故事化叙述、呈现暖细节。

第三，推进深度融合，跨部门协作形成报道合力。在加快融合发展、建设新型主流媒体的过程中，必须打破壁垒、协同协作，才能形成报道合力、扩大传播效果。"践行嘱托十年间"系列微视频，正是人民日报社各部门推进媒体深度融合的一个典型案例。

在报社领导指挥下，新媒体中心与新闻协调部、地方部以及国内分社密切配合、充分沟通，在策划报道方案阶段就反复协商，提前考虑微视频制作。在 Vlog 回访视频的制作过程中，新媒体中心和每个分社深入沟通拍摄需求、共同打磨拍摄脚本、商定最终拍摄方案。为破解拍摄力量不足难题，我们因地制宜，采用新媒体中心派人拍摄、分社或人民网地方频道拍摄、地方宣传部或融媒体中心支持拍摄等不同方法。后方指挥，前方拍摄，视频素材回传后，再由新媒体中心精心剪辑完成。

融媒体时代，重大主题报道没有定式，却有一些共通的操作范式。

例如，把握住新媒体传播节奏，适应不同平台与端口的视频形态，做到选题精准、内容扎实、叙事生动、情感饱满，新媒体内容就具备持久的传播力。这也启示我们：惟有深入新闻现场，用心、专心，才能用镜头讲好反映时代、打动人心的中国故事。

（作者单位：人民日报社）

作品：《十八洞村龙金彪的 Vlog | 脱贫之后》
第三十届中国新闻奖媒体融合奖项短视频专题报道一等奖

为民

十八洞的"根"与"耘"

■ 颜　斌

"富矿"十八洞

2013 年 11 月 3 日，习近平总书记在湖南省湘西土家族苗族自治州十八洞村考察时，首次提出精准扶贫方略，十八洞村从此成为一片牵系全国脱贫攻坚伟大实践的热土。

湖南日报社　新湖南　原创出品

龙金彪

《十八洞村龙金彪的Vlog|脱贫之后》

扫码观看视频

十八洞村在新时代脱贫致富路上焕发的勃勃生机与活力，无一不深深震撼着我们的心灵，吸引着我们的目光，十八洞村自然就成为新闻工作者深入基层、扎根人民，讲述中国脱贫攻坚、乡村振兴故事的重要样本。

新湖南客户端自 2015 年成立以来，创作的十八洞村题材的新媒体作品四度获得中国新闻奖，其中一等奖两

件，二等奖两件。

掘进十八洞

作为新闻人，用小人物的故事记录和讲述大时代的变迁，与用户产生情感共鸣，是永恒的主题。

2017 年，对于刚刚脱贫摘帽的十八洞村，急需一个整体而鲜明的集体形象立此存照，来郑重宣告"我们脱贫了"。《十八洞的 19 张笑脸》注重于人物和身份、经历的多元化，突出整体"脱贫"群像，最终成功打造出十八洞村的整体气质和形象。

为了让十八洞村的故事更加立体和生动，我们在这条路上开始探求个性化的分支，以及更加特色化的表达。《苗寨"十八"变》中 5 位村民 5 个故事真实动人。至此，十八洞村的故事渐渐淡出群像，选择讲述的故事和人物数量在变少，但细节和情感更加饱满和丰富。

从宏观到微观，从关注整体到挖掘个案，在《十八洞村龙金彪的 Vlog | 脱贫之后》创作中，我们决定大胆彻底跳出群像表达的框框，来讲

"一个人"的故事。

同样,《村里最远那一户》不写一个镇,也不写一个村,只写一户人家,这样小角度的切入,更能讲好讲透故事。正因为所有的素材全部来源于人民,来源于"小"和"低处",我们的作品才会拥有打动人心的力量。

创新十八洞

无论是表现形式的创新,还是传播手段的进步,都要以用户取向为导向,生产老百姓喜闻乐见的新媒体产品,而不是"自我感动"。

从文字、图片、视频,到航拍、动效、手绘、动画等,都是我们制作新媒体产品的"武器",但要特别注意的是,一件优秀的新媒体产品并不是这些元素简单的堆叠,而是要根据内容和用户需求,赋予其最适合的表现形式,才能达到更优质的传播效果和用户体验。

《十八洞村龙金彪的 Vlog | 脱贫之后》以视频博客 Vlog 的形式,选择了专业小机器 Gopro 来记录,成就了一个更具网感的新媒体产品。《苗寨"十八"变》则开创性地以每个人物故事为主题创作苗歌,主人公以说唱方式演绎,新鲜带劲,令人眼前一亮。

蹲点十八洞

从 2015 年新湖南客户端创建初始,我们报道团队就将十八洞村作为脱贫攻坚工作的一个精准观测点,有事没事,我们都会去村里住上一段时间,大大小小的新媒体报道持续不断,对十八洞村的关注从来没有停止过。2017 年春节,记者们放弃和亲人过年,走进十八洞村进行融媒体直播,与村民一起打糍粑、过苗家年,走进田间地头,度过 10 多个难忘的日夜。

正因为在每次采访中，主创人员都是这样与村民同吃、同住、同劳作，带着真情、真心和村民交朋友，用泥土和汗水写稿，才能在一线抓到"活鱼"。村民在镜头前才能展现最真实、自然、生动的一面。

"没有比人更高的山，没有比脚更长的路。"新闻人只有沉下去，深入下去，脚踩着泥土，背靠着大地，才会收获果实，才会收获具有打动人心力量的故事。

新湖南十八洞精准扶贫系列报道的成功，是新媒体变革叠加新时代大主题的成功实践，它是媒体融合改革与媒体政治担当的完美结合。它再一次说明，不管媒介形态如何变化，媒介手段如何革新，坚守政治使命，记录时代风云，永远是报道获得成功的法宝。

（作者单位：湖南日报社）

作品:《海拔四千米之上》
第二十九届中国新闻奖媒体融合奖项融合创新一等奖

为民

用最具现场感的报道讲好中国故事

■ 张泽红

《海拔四千米之上》官方推介是:澎湃新闻发表于 2018 年 11 月,由 30 多人的团队前往三江源地区实地采访 76 天,形成这样一个集文字、视频、直播、360 全景互动 H5 于一体的全媒体报道,它也获得了第二十九届中国新闻奖媒体融合奖项融合创新一等奖。

作为一名后方编辑,前方记者传回来的每一个文字、每一个画面、每一个音轨,对于我们这些后方编辑来说都是陌生的。但前方记者不管怎么拍、怎么采、怎么写,都是要经过我们编辑加工,才能让读者看见现场的。

那种现场感,是新闻报道的一种极致追求。

有什么能比身临其境更有现场感呢?让读者抵达那个震撼的高原,看 70 万年前冰川黑白交错的样子，看可可西里的湖泊碧波荡漾，看五道梁保护站，藏羚羊穿越青藏公铁路。没有什么能比身临其境更有现场感了。

所以，在《海拔四千米之上》中，我们利用360度全景视频技术让读者最直观地抵达现场。这是一个由技术驱动、由视觉表达驱动的创新报道。

早在记者出发之前，我们团队内部开了一个碰头会，前端工程师就列出了用全景视频的方式去实地采拍所需要的全景物料。而后，那个小小的360度全景相机就被记者装进了背包。

在《海拔四千米之上》这个报道中，优秀的视觉表现力是给我们的报道加分的，我们做的一个很大的工作是筛选优质的画面：黄河源星河遍布、长江源冰雪皑皑、澜沧江源原真与野性并存，大美边疆在全景相机中呈现出缤纷世界。

我们也是第一次尝试用达芬奇调色全景视频，因为拍回来的照片其实没有那么协调，这种视觉上的打磨是无处不在的。比如里面有3张很不起眼的地图，但我们都是做了3版对比的；同时为了获得更好的体验感，我还做了手机端和PC端两版开发适配，相当于做了两倍的工作量。

此外，除了视觉方面，在内容方面，我们将视角更多聚焦在牧民家庭，去寻找小而美的中国故事。在三江源国家公园试点启动后，这里的万余名牧民做起了管护员。我们的记者跟随采访了洛桑、才仁尼玛两个牧民家庭，从传统圈草场放牧的草原利用者变成了生态守护者，这样的转变，正是体现了全民参与共建国家公园的初衷。

根据这些跟踪采访，我们整理了4集视频，从不同视角讲述高原和谐共存的故事。细腻的采访中夹杂了粗糙的监控画面，现场感扑面而来。正是秉持着现场感这个朴素的观念，让《海拔四千米之上》这个看似鸿篇巨制的报道，粗犷中处处彰显细节精美。

（作者单位：澎湃新闻）

作品:《病死猪田间乱丢知道吗……〈问政山东〉现场局长被 8 连问后语无伦次》
第三十届中国新闻奖媒体融合奖项短视频现场新闻一等奖

为民

短视频现场新闻创作感悟

■ 李 莎

《问政山东》栏目是山东广播电视台创办的省级大型融媒问政栏目。2019 年 3 月开播至今，已经直播了 130 多期。2020 年，取材于《问政山东》节目直播的短视频《病死猪田间乱丢知道吗……〈问政山东〉现场局长被 8 连问后语无伦次》获得了第三十届中国新闻奖现场新闻一等奖。2021 年，《问政山东》栏目荣获了中国新闻奖"新闻名专栏"。

2019 年 4 月，面对病死猪乱丢弃的问题，我连续提出 8 个问题，相关部门的负责同志起初想回避问题，最后发现问题躲不过去，只能承认了工作中存在失职和失察的问题。我们编辑制作的这条短视频，共 1 分多钟，推出以后，迅速成为互联网

"李莎八问"

《病死猪田间乱丢知道吗……〈问政山东〉现场局长被8连问后语无伦次》

问政山东

山东广播电视台大型融媒问政直播栏目

热点话题，24小时全网阅读量超过了3000万次。那么，为什么这条短视频会有这样的吸引力和传播力呢？

第一，真材实料，现场感强。为了拍到真实现场，记者经过了三天三夜的蹲守，画面很有冲击力。我在问政现场，通过连环问的方式层层推进，揭露出了环保问题背后官员不严不实的工作作风，对话过程有意料之外的效果。短视频的制作过程中，我们讨论决定提炼关键数字并采用双视窗，数字的加入既是对事件提纲挈领的梳理，又能增加受众的期待感。在有了"第一次追问"后，大家期待"第二次追问""第三次追问"……观众在环环相扣的期待中融入新闻事件。

第二，导向正确，微言大义。"8连问"针对的是形式主义和官僚主义问题，符合受众价值判断，针砭时弊，放大正能量。

第三，贴近受众，引发共鸣。新媒体传播的生命力在于贴近受众。山东广播电视台根据受众的特征，也在努力实现单条短视频创作向"满屏系列化"发展。

2021年，闪电新闻推出"诗画山东"系列短视频，通过"四力"追求"四美"，做到4个极致：一是镜头美，二是文字美，三是声音美，四是韵律美，立足"帧帧精美、秒秒震撼"的创作理念，聚焦展现本地美景、民俗文化，引起了网友的广泛共鸣和各大媒体号的竞相转发。截至 2022 年 8 月，"诗画山东"系列短视频在全网总阅读量超过 11.9 亿次。

  作为主流媒体，我们要始终坚持以习近平新时代中国特色社会主义思想作为"定盘星"，守牢主流价值"安全线"，用好技术创新这个"新引擎"，用一部部有深度、有温度、有力度的短视频作品，激扬和放大正能量，在互联网时代凝聚共识，让网络空间充满积极向上的力量，全力奏响新时代主流舆论最强音。

（作者单位：山东广播电视台）

作为新媒体的一员老兵，很高兴今天有机会与大家分享我的感受。

"为民"，我的理解是：以人民为中心，坚持人民立场，用心、用情践行"四力"，报道、反映与民生相关的现实生活。"为民"是习近平新时代中国特色社会主义思想的重要内容，习近平总书记的人民情怀也是我们主流媒体宣传的重要内容。我们党注重民生的根本理念，成为主流媒体民生宣传的指导思想。

构筑主流舆论新高地要靠主流媒体发挥主体作用。主流媒体要提升主题宣传的引领力。各位嘉宾的发言，都在说媒体融合，大家对主流媒体和新媒体在媒体融合的框架下，尤其是在主题宣传方面，如何引领舆论寄予了很大期望。主流媒体在这个领域的成果如何？"为民"板块的4个案例应该说是一次集中度比较高的展示，我们平常评价一部新媒体或者融媒体作品，应该从策划立意、产品形态、技术利用和传播效果等维度来考察，但今天是内容创新论坛，我们就只从立意和内容表达的角度，来考察这几个作品。

这4个案例，应该说是主流媒体在民生主题宣传方面的精品，都是获奖作品，各有特色。像人民日报社的《生死金银潭》讲述了武汉因为疫情"封城"期间，金银潭医患之间的故事和生死时刻，把我们一下拉回到当年悲壮的各种场景中，体现的是人民至上、生命至上；湖南日报社的短视频《十八洞村龙金彪的Vlog｜脱贫之后》，讲述的是湖南湘西土家族苗族自治州十八洞村的脱贫故事，主题是乡村振兴，这是一个宏大的主题；澎湃新闻的《海拔四千米之上》反映生态文明建设成果；山东广播电视台通过"李莎八问"体现的是执政为民的理念。这些作品在共同的"为民"立意方面，在主题方面又有各自的角度、各自的精彩和创新。

人民日报社的纪录片，深入新闻现场，用心、用情来记录疫情中打动人心的故事，报道的团队颇为艰险，深入一线，某种意义上，是与医护人员和病患在并肩作战，不仅作品具有极高的传播价值，报道团队的行为本身也充分彰显了主流媒体人的责任和担当。

湖南日报社的《十八洞村龙金彪的Vlog｜脱贫之后》，主持人已经做了很充分的点评，而且很感性、很动情。我相信这些年十八洞村作为新闻富矿、作为脱贫攻坚的一个关注点被持续关注。采用Vlog第一视角的方式，从专业、小切口切入故事主角的生活、干农活等场景和他当时的感受，这样的方式拉近了报道，也拉近了距离，在报道中还融合了手绘、动画等多种新媒体形式，更有完整感。

澎湃新闻的《海拔四千米之上》选择了三江源国家公园，具有人、图、风光的讲述，在选题和立意上具有前瞻性和引导性。创作团队利用360度全景视频技术带领读者抵达震撼人心的报道现场，非常专业，画面非常镜面，充分体现了技术驱动、内容创新的两个美丽。

山东广播电视台的创新案例，"李莎八问"没有停留在我们熟知的传统电视问政的模式，加入了记者三天三夜蹲守现场，躲开监控，纯粹步行，获得了真实的第一手材料。问政的现场又能敏锐捕捉到最有震撼力的细节，而且果断将提问的细节场面曝光，充分放大了问政的效果。

通过考察以上作品，我们看到在民生主题下，主流媒体创新主题宣传内容，提升主题宣传引领力的宣传路径，也看到了党媒工作者通过践行"四力"，彰显人民至上的价值理念，这方面大有可为。期待大家在重大主题宣传中，再创亮眼的成绩，也希望看到更多的新媒体同行，能够继续推出这样的精品力作。

北京冬奥会冬残奥会突出贡献集体

创新 创新是驱动传播发展的动力

■ 罗　刚

　　北京冬奥会、冬残奥会是我国重要历史节点的重大标志性活动，举国关注、举世瞩目。作为东道主国家广播电视总台和国际奥委会合作伙伴，中央广播电视总台依托"5G+4K/8K+AI"战略格局，以国际领先的 4K/8K 超高清转播技术、尖端的自主研发超高清特种拍摄装备、最精锐的转播技术保障团队，保障了"科技冬奥·8K 看奥运"目标的实现。习近平总书记在北京冬奥会、冬残奥会总结表彰大会上指出"赛事吸引了全球数十亿观众观赛，成为收视率最高的一届冬奥会！"这是对中央广播电视总台冬奥会、冬残奥会宣传报道的充分认可和高度肯定。

　　正如中宣部副部长、中央广播电视总台台长兼总编辑慎海雄所说，"新媒体时代对总台而言如虎添翼，要善于借助互联网手段壮大自己、传播观点"，这与中国新媒体大会"新主流　新征程"的主题高度契合。近年来，总台以"大象也要学会跳街舞"的精神风貌拥抱互联网、打造全媒体，科技创新大显身手，奋力打造充满创新、浑身创意、满目希望的新媒体新平台，这些努力在北京冬奥会宣传报道中结出了累累硕果。

　　先看一组数字：北京冬奥会相关报道在总台平台的跨媒体总触达人次达 628.14 亿，远超东京奥运会的 479 亿。其中，总台新媒体多平台总触达人次 248.97 亿，电视端触达人次 379.17 亿。冬奥会可以用 5 个之最和 3 个首次来形容，就是电视收视率最高的冬奥会、新媒体触达量最高的冬奥会、跨媒体传播量最大的奥运会、承担公用信号制作占比最高的奥运会、市场营销成绩最好的冬奥会；奥林匹克频道首次完成的奥运会转播、总台首次赛事全程 4K 超高清制播的冬奥会、历史上首次冬奥会开闭幕式提供 8K 国际公用信号制作和播出。

北京冬奥会融媒体报道产品形式多样。首先，实现了 109 块冬奥会金牌和 78 块残冬奥会金牌的消息的首推首发，所有中国队金牌均生产了夺金海报。其次，生产了一批特质鲜明的新媒体产品，如《冬奥"菡"你猜》《转角"墩"到爱》《央编抓马》等，这些节目用青少年喜闻乐见的方式，讲述冬奥会故事，生动而接地气。

北京冬奥会期间，总台的一个重要节目就是每天晚上的一档直播节目《北京日记》。《北京日记》紧密结合当天比赛，对运动员、相关的嘉宾进行访谈，分析比赛，讲述背后故事，杨杨、闫文港、徐梦桃、金博洋、苏翊鸣、任子威等人都以这种方式接受了访谈。节目特点就是运用全息投影技术，把运动员的采访利用 5G 网传输回来投射到演播室中，实现跨时空交流，科技感强，也克服了疫情对采访报道的限制。冬奥会期间，《北京日记》总播出时长 386 小时，吸引观看近 6000 万人次。

无论传播形式是什么，传播平台是广播、电视、报纸杂志还是新媒体，内容和价值观输出始终是我们要牢牢把握的重要环节，这就是"内容为王"。

我们在节目生产中，一直追求传播正能量、传递中国运动员的精神风貌和传播中华优秀传统文化。在我们的产品体系中，有一个很重要的产品是每日长图，讲述的是运动员争金夺银背后的故事，每日长图的特点就是利于在社交平台上分享。

我们推出了《与皮影共舞 与冬奥同行》，用皮影戏的方式介绍冬奥会比赛设项，阅读量达到 3 亿次，元宵节的时候推出了 H5 产品《冰墩墩带你猜灯谜》，把中华优秀传统文化与冬奥会有机结合。

我们在节目生产中，一直秉承科技引领的理念，北京冬奥会传播再次体现了科技创新的特点。除了在《北京日记》节目中使用远程实时人物抠像，全息投影到 IBC 演播室外，还首次在 VR 头戴设备上提供 8K VR 赛事，为受众提供沉浸式体验。"央视频 VR"应用程序因此在 PICO 应用市场中排名第二，手机端 VR 页面累计点击量达 7800 多万次，单日最高点击量超过 900 万次。

我们还首次在演播室背景中实时呈现了 VR 直播信号。

打造北京冬奥会"AI 云智剪"素材库。对冬奥赛事视频进行高效 AI 内容分析，实时生成多种类型集锦产品，实现多类型视频素材生产、复杂主题视频生成的多层级短视频生产能力覆盖。当前，"AI 云智剪"已具备花样滑冰、短道速滑、速度滑冰、冰球、单板滑雪、自由式滑雪等多项体育赛事的细粒度内容解析能力，生产综合性、主体化集锦的时间长度由过去平均耗时七八个小时缩短为 15 分钟，这些创新传播手段，不断深化内容供给侧结构性改革，正日益彰显总台媒体融合传播方面的强大力量。

北京冬奥会、冬残奥会已经圆满收官，总台以"台网并重、先网后台、移动优先"为原则，持之以恒追求卓越、创造一流，以体育为媒，有效扩大主流价值影响力版图，为进一步建设好运用好新媒体新平台积累了宝贵经验。接下来，我们将坚持把创新贯穿融入工作全方面，有效驱动全领域传播发展，牢记初心使命，壮大主流舆论，不断推动国际一流新型主流媒体建设，奋进新征程、建功新时代。

（作者单位：中央广播电视总台）

作品：《老外看小康中国》
第三十一届中国新闻奖媒体融合奖项短视频专题报道一等奖

创新

重大主题对外传播的创新表达

■ 张 霄

2020 年中国日报推出了一部纪录片《老外看小康中国》，在海内外社交媒体取得了广泛关注。

最初我们开始做这个选题，感觉有难度。讲好"全面建成小康社会"这个话题并不容易，尤其是面向海外社交媒体用户讲清楚这个极具中国特色的概念理念。"全面建成小康社会"是一个宏大的话题，很难在几分钟内面面俱到，这就要求我们在"说什么"上有取舍。团队经过大量的讨论，最终决定重点解决最基本的问题。

我们从数十个典型事例中精选出 3 个故事，以类比的手法分别讲清"全面建成小康社会"是什么、为什

么、怎么办 3 个问题。

光有故事还不行，我们需要考虑如何通过故事深入浅出地进行讲述，要让故事承载的精神、理念入脑入心。

一是在形式上，综合利用多种手段，通过现场实拍、动画、外国专家采访 3 种形式巧妙穿插，创新了主旋律纪录片的创作手法。

二是运用动画视频辅助叙事，重点阐述不太容易表现的理念概念，丰富了视频传递的历史背景信息，有很好的观感体验，为外国受众降低了理解"全面小康"的门槛，使外国受众更快理解中国特色语汇的独特内涵。

三是通过"外国专家讲中国"的方式，将本土故事和国际视角结合起来，从微观和宏观两个维度向全球受众讲解"全面小康"的内涵，不仅讲述概念、解读理念，也展示发展成果，同时注重发挥中国日报"外"字品牌优势，摆脱"在中国说中国"的局限，通过知名外国政要和专家学者观察视角和观点表达，以不同视角展现中国"全面建成小康社会"的世界意义，展示了一个更为宏大的全球视野，从而升华了主题。

故事听完之后，动画讲述理念，外国专家从国际和人类发展的角度，深入浅出，不仅说清道明"全面建成小康社会"是什么、为什么、怎么办，还说清楚中国人探索幸福的道路对世界有什么意义。

这个系列纪录片播发后，在海内外社交媒体都取得了不错的效果。也获得了第三十一届中国新闻奖媒体融合奖项短视频专题报道一等奖。

10年来，我们通过社交媒体视频做报道最大的启发是，对外传播中国故事，讲清楚中国理念、中国方案、中国路径，一要下大力气降低用户理解门槛。尤其是具有中国特色的理念和概念，我们的编导和记者需要自己先吃透，然后再通过类比等方式让用户"秒懂"。社交媒体用户的注意力转瞬即逝，给视频展示和播放的机会非常珍贵。2017年达沃斯论坛举办前，我们制作推出了一个剪纸动画短片，将人类社会当前面临的问题以及如何解决问题用非常简单易懂的寓言故事表达出来，讲清楚"我们都在一条船上"的理念。同样的方式，我们也用在讲述"一带一路"倡议的视频里，通过给孩子讲睡前故事的方式，简单明了地讲清楚关于"一带一路"的基本情况。实践证明，效果非常突出。二要在表达语态的创新上，重视"平视"和人格化表达。中国日报新媒体中心在2019年全国两会期间推出"小彭Vlog"，首次尝试用新语态来报道时政题材。2022年金砖领导人峰会期间，我们也尝试将"人格化"表达应用到重大时政报道中，从"金砖国家领导人喝的什么茶"等普通人好奇的问题切入，来表达合作与交流的主题。

除了打造我们自己的网红记者，我们也尝试和青年UP主合作制作推出视频。2021年全国两会召开前，我们邀请"小缸和阿灿"一起制作推出这个视频，主要内容是讲述什么是"十四五"规划和"2035远景目标"。普通人怎么达成自己的目标呢？一个国家又是如何达成自己的目标的？达成目标的过程需要注意什么？中国又是怎么做的？这个视频我们和共青团中央、新华社、"小缸和阿灿"3个账号在B站联合发布，还有很多的官方账号在评论区和网友互动，传播效果非常突出。重大主题报道采用"平视"和人格化表达，是我们这些年一直在思考和实践的方式。

　　过去的 10 年意义非凡。媒体融合发展给我们提供了广阔的舞台，能够让我们的思考、探索与国家的发展成果一起被全球用户看到。这 10 年媒体行业的变化非常迅速与深刻，技术发展带来的生产力变革与生产关系调整无时无刻不在进行，作为从业者，真实地感受到来自时代的召唤，本领恐慌时刻伴随。龙虾要褪壳才能不断长大。我想，"创新"应该是我们内容生产者的本色，不断地和过去的自己告别，才能迎来全新的自我。"创新"也应该成为"新常态"。

（作者单位：中国日报社）

作品:《共同"面"对,为武汉加油!这组创意海报刷屏了》

2020 中国新媒体战"疫"十大精品案例

创新

科技赋能　融合创新

■ 马　丽

首先要从一碗面说起。

那天是 2020 年 1 月 27 日,正月初三。武汉战"疫"最艰难、最胶着的时刻。

长江云联动全国 30 个省市 60 多家媒体 200 多个端口,吹响了全国性的"战'疫'集结号"。我们策划发起用家乡美食为"热干面"加油的联动报道,"战'疫'集结号"的媒体朋友们主动说,你们太累了,把源文件发到群里,我们各自来制作自己省份的海报,为武汉打气加油。

就这样,不到 24 小时,一张张海报纷至沓来,它们是福建沙县拌面、贵州肠旺

面、兰州拉面、河南烩面、天津打卤面……一张张饱含深情的海报温暖了武汉！

食物往往是至暗时刻最温暖的治愈。一碗热气腾腾的美食，带来的从来不只是卡路里和蛋白质，还有信仰的力量。大家靠着这份力量，在烟火人间里披荆斩棘。

"面对面"的公益海报得到全国各地网友们的热烈响应，甘肃网友"独立寒秋"留言："兰州拉面跟热干面是好兄弟，武汉加油"；江西网友"Super Man"留言："瓦罐汤为热干面加油！挺住！老铁"……这些充满人间烟火味儿的"香喷喷"的留言让很多人纷纷表示"看饿了"，但看着看着"又哭了"。

2020 年 9 月 8 日，习近平总书记在全国抗击新冠肺炎疫情表彰大会上说："全国人民都为热干面加油！"如今，热干面被重新定义"热爱祖国、实干兴邦、面向未来！"现在，我们来到长沙续写融合故事，共赴一"面"之约！

3 年来，我们充分践行科技赋能、融合创新的理念，打造了一批内容产品。

系列理论专题片《是这个理》首创了"社科专家下基层，田间地头释理论"的表现形式，让社科专家以普通人的身份、观察者的视角，深入田间地头、工厂学校。用 Vlog 的表现形式和纪实手法，通过一个个生动的故事，解读新中国发展历史性变革中所蕴藏的内在逻辑。节目聚焦脱贫攻坚、乡村振兴、营商环境、基层治理、绿色发展、科技创新、高质量发展等时代主题，把"大道理"转化为"接地气的小故事"，让党的新思想、新理论与群众生活紧密相连，推动新思想、新理论"飞入寻常百姓家"。

在宣传上，《是这个理》依托长江云新媒体平台、湖北电视综合频道，实现大屏小屏端的同屏共振，单期节目网络平均点击量 836 万次，在电视黄金时段推出，收视率和收视份额稳居湖北省同时段首位。形成了跨屏传播的声势，唱响"理论之歌"，荣获第三十一届中国新闻奖。

《这里是湖北》是 2020 年武汉战"疫"后推出的一档数据新闻专栏。充分运用大数据技术，创新主题报道数据可视化表达，凸显"数据 + 视频"特色，每期节目 100 秒，由"最话题""看热点""瞰荆楚"3 个板块构成，运用大数据工具全网筛选湖北一周重大事件、重要发布和正能量故事，通过词云、热搜、数据图表等方式，让网友通过 100 秒快速了解湖北一周大事。自 2020 年 9 月 7 日推出首期以来，每周一期，并在节假日推出特别主题版。截至 2022 年 8 月，我们已经累计制作了 100 余期，累计播放量已突破 1 亿次，作为湖北优秀网络节目成果在 2021 年中国网络媒体论坛上展出，两次荣获湖北新闻奖。现在《这里是湖北》已经成为万千网友认识湖北、了解湖北的重要窗口，也成为湖北发展的数据记录和珍贵档案。

随着媒体融合进入深水区，我有几点感受：一是大数据应用和数据可视化是未来发展趋势，内容生产和服务应用将越来越依赖大数据支撑。二是主流媒体必须报团取暖，平台化传播成为主流，热点事件全国性媒体联动更容易引发全国性影响。三是内容创新必须根植人民需要，科技赋能过程中，应坚持以人为本及技术善用。

今后，我们将更充分地运用好大数据、云计算、5G、人工智能等技术，构建多主体、多场景、多功能的全媒体内容生产和信息传播体系。

（作者单位：湖北长江云新媒体集团）

■ 中国传媒大学电视学院党委书记　曾祥敏

　　我认为创新板块3个作品的内容创新有3方面。

　　一个是在技术赋能下的创新，一个是在融合下的创新，一个是在用户连接下的创新。过去是"内容＋形态"。现在是"内容＋形态＋场景"，这些作品代表了各自的媒体特点。

　　首先是中央广电总台冬奥会的报道，他们的创新是打造视频传播新场景、创造新体验，也非常符合中央广电总台当前的发展方向，以视频传播为核心的媒体融合，而且也非常符合现在广电的媒体发展方向。中央广电总台的节目是以智能技术赋能为核心，而且是大屏、多屏联动，可以看到中央广电总台这几年，尤其是突发性报道，像东航事件，基本上是"移动直播＋社交""短平快＋传统电视端"，建立了一个传播的矩阵。就像刚才说的"大象也要学会跳街舞"。

　　第二，中国日报。中国日报是国际传播的旗舰媒体，这几年，中国日报在创新上也不遗余力。《老外看小康中国》可以说就是这几年推出的很多年轻态、具有国际化产品的代表。我认为有几个特色：深入浅出，全面解析小康故事；融入外籍专家点评，客观讲述中国故事；创新融媒与数字实现。

第三，长江云，我认为它创新了平台协同的报道和模式。在重大主题的报道中，长江云平台其实是最早的省级、区域打通了省市县一体的平台。从它对热干面报道中，可以看到它的协同报道的能力，同时在这个产品中，我认为有两个特点：一是以轻量化的产品四两拨千斤，用海报等移动化的视频产品报道疫情；二是差异流动性，以差异化的本地特色，创造共情共赢的情怀，以地域化、情感化打破限制。

当然，创新的机制是守正，就是内容正向价值的引导，这也是我们创新的基础，这3个作品也都具备这样的共性。

新时代·新地标·新传播

- ■ 主持人：刘梦娜
- ■ 嘉　宾：龚荣生　江西广播电视台总编辑
　　　　　　邹继红　湖南日报社党组副书记、总编辑、总经理
　　　　　　余清楚　厦门大学新闻传播学院院长
　　　　　　余敬中　北京快手科技有限公司副总裁
　　　　　　田　华　网易传媒副总裁、总编辑

主持人： 我们今天围绕"新时代·新地标·新传播"主题，探讨如何进一步发挥新媒体作用，传承红色基因，助推红色旅游发展，宣传打造新时代新地标，大家都有什么好的经验？

龚荣生： 江西和湖南是表亲，两省都是光荣的红色土地，江西广播电视台为打造红色品牌，突出了 3 个字。

第一个字是"深"，深挖红色资源，锻造文艺精品，打造红色文化创作和传播高地。2021 年以来，推出了电影《邓小平小道》、广播剧《信念树》、电视专题片《闪亮的坐标》《闪耀东方》《跨越时空的回信》。2022 年喜迎党的二十大，又推出了《闪亮的坐标（青春季）》，产生广泛影响。

第二个字是"新"，创新潮流表达，壮大主流声量。我们以"思想＋艺术＋技术"为创新形式，打造全媒体策划《找到家乡的第一个党支部》，还有《江西老人苦等红军丈夫 89 年》《江西这百年》。建军 95 周年前夕，

推出了致敬伟大的人民军队 AR 灯光秀，刷爆朋友圈。

第三个字是"联"，联动各方力量，吸引人流客流。我们以推动省际联合、部门联合、景区联合为抓手，助推红色文化和红色旅游。我们和湖南共同举办红色旅游博览会，打造湘赣红色旅游专线。我们发挥视频制作和 5G 运用的优势，推出了 360 度全景漫游红色江西，助推红色景区和爱国主义教育基地升级改造，取得很好的效果。

主持人：感谢龚荣生总编辑。接下来请问邹继红老师，大家都知道湖南是一个红色旅游大省，我们湖南在深挖红色文化资源方面，都做了哪些工作？

邹继红：湖南是中国共产党、中国革命的重要策源地，是伟人故里、将帅之乡。湖南日报作为党报，在宣传红色资源、传承红色基因上，做了一些尝试。

第一，深入学习，提高水平。始终以习近平新时代中国特色社会主义思想为指导，深入学习党史、新中国史、改革开放史、社会主义发展史，不断提升记者、编辑的政治素养和理论水平。

第二，反复传颂、深入宣传。只有持续宣传，才能提高红色地标的影响，我们注重策划主题宣传。2020 年，我们策划了《走向胜利》主题宣传，历时 3 个月，走访 100 多个村庄，特别突出十八洞村，把精准脱贫、脱贫攻坚的伟大实践报道出去。2021 年我们策划了《击水中流》主题宣传。2022 年又策划了《大道向前》主题宣传。通过反复讲、深入讲，把红色资源、红色地标宣传好。

第三，不断创新、技术赋能。只有不断创新内容表达方式，才能接地气，提高影响力。我们在内容创新过程中，始终要把技术赋能、内容的新场景、新的表达方式很好地结合起来，来提升新闻作品的传播力、影响力。

主持人：谢谢邹继红书记。下面请余清楚院长分享一下怎么能让红色故事更好听、让观众更爱听，并且是可信、可传播。

余清楚：红色，是中国共产党的底色，是中华民族的底色，是社会主义核心价值观的底色。红色故事，是我们新闻传播中的历史记忆和不竭源泉。我在江西记者站当站长的时候，写过大量革命老区的报道，其中包括大量关于老红军的故事，感人至深，深受感动。刚才江西电视台龚荣生总编辑讲到的《邓小平小道》，就在我的老家江西省新建县（现为南昌市新建区），当年邓小平同志下放的拖拉机厂就在我们县里，现在已发展成为江西省红色旅游的地标，参观者众，前景很好。

我对湖南非常有感情，多次到湖南采访和开会，了解了许多湖南的革命历史和景致风光。推动江西的革命斗争和经济发展主要靠湖南"二毛"，一位是毛泽东主席，一位是毛致用书记。我在当人民日报驻江西记者的时候，毛致用书记对我非常关心，对我支持很大。他离开江西回湖南的时候，专门把我请到家里，写了 4 个字"宁静致远"送给我，作为纪念。毛致用书记退休之后，回到他的老家岳阳养猪养鸡，我还专门安排《环球人物》杂志写了一篇文章，叫《毛致用养猪》。

至于要怎么宣传红色历史、筑牢红色记忆呢？

第一，坚持正能量，反对历史虚无主义。有些自媒体，为吸引眼球，胡编乱造，否定红色历史，应坚决抵制。我觉得，主流媒体，要有政治自觉、政治清醒，成为讲好红色故事、引导读者的主战场、主力军、主旋律。

第二，带着感情讲，怀着深厚的感情讲好红色故事。现在有些人觉得红色历史是非常遥远的记忆，都快淡忘了。我在人民网当总编辑时，多次带队深入老区、革命根据地采访，几乎走遍了红军二万五千里长征的沿线重要纪念地。所以，每个记者对红色革命历史要充满感情，讲红色故事要有情怀、有责任、有底气。

第三，发挥技术优势，创新传播理念。通过技术赋能，用视频化、数字化、智能化的现代手段，在讲述红色故事过程中，把"想讲"和"会讲"、"想听"和"爱听"紧密融合，形成强大的红色历史、红色文化的传播合力和张力。

主持人：谢谢余清楚院长。接下来有请余敬中副总裁，快手是用数据算法实现内容与人群的精准推送，我们在红色旅游 IP 和红色文旅创作者的扶持上，又是怎么利用新的科技来进行延展和推广的？给我们分享一下您的做法。

余敬中：我个人有两点感受，第一，我在公司是负责媒体合作的，我们的基本思路就是用快手平台的视频素材、直播方式、用户达人资源，以及商业化机制等来服务主流媒体的融合发展。文旅本身就是老百姓关心的内容，红色文化是正能量的主旋律题材，这部分内容是我们服务主流媒体融合发展的重要工作。

不仅仅是主流媒体，还包括政务机构。2020 年我们和河南省文旅厅、洛阳市政府举办了快手网红文旅大会，300 多个快手网红打卡洛阳，助力洛阳文旅业复工复产。2021 年是建党百年，我们和多个部委、有关机构、和区域媒体进行了合作。比如团中央宣传部联合快手等单位开展"跟着主播看中国"大型国情采风系列直播活动，是"1+1+1"的模式，记者、主持人加上青年榜样组成的直播团队，走访了全国各地，活动也来到了湖南长沙、湘潭、湘西等地。从平台的视角来说，我们主要是资源的支持者。这个活动，通过流量的扶持以及多渠道推广，单场直播达到 2000 万人次的观看量级，传播效果非常好。

2021 年，快手还和安徽广播电视台合作推出了"快拍红色百年风华"短视频征集活动，带话题标签的视频在快手的累计播放量达到 4 亿次；我们和浙江电视台新闻频道合作了一个红色打卡地的活动；江西广播电视台是快手第一个战略合作的省级电视台，2022 年快手又联合江西台跟江西文旅厅有了项目合作。

在 IP 打造方面，我们跟人民日报打造了建党百年历史长图，这是继改革开放 40 年、新中国成立 70 周年等重大活动后的系列标配动作；我们和新华社推出了一个直播品牌 IP 叫"@ 每一个你"，这里面也有多期红色文旅主题的内容。

第二，快手是个 UGC（用户生产内容）平台，传统媒体核心是 PGC（专业生产内容）平台，我们的创新更多的应该是推动 PGC 与 UGC 的有机结合，推动 UGC 用户和媒体政务等机构用户通过快手平台加强合作。2022 年有两个文旅领域的达人从快手出圈，全网火爆。一个是云南怒江的蔡金发，"我是云南的"就是他带火的；一个是新疆的疆域阿力木，所谓的"假背景男孩"。蔡金发还被聘为怒江的旅游大使，他和四川甘孜州的丁真还有过一次旅游主题的合作。总之，快手愿意和各个媒体、各位老师在融合发展这块展开合作。

主持人：谢谢余敬中副总裁。田华总裁，我们现在说元宇宙，如果落到红色旅游或 IP 上，具体应该怎么做？跟我们分享一下您在业界的经验和想法。

田华：网易是一个做原创内容的平台。元宇宙是所有数字技术应用的集大成者，也就是说把现在所有的数字技术运用到一个集中的场景里面。说到文旅和元宇宙相结合，内容的进步、传播的进步更离不开技术的进步，从传播平台或者是内容制作者的角度，需要去积极拥抱传播技术。从我个人的角度，想呼吁大家更多地投身到数字技术的开发和应用里面。

举一个例子。去过北京的都知道，沿着故宫的中轴线从南往北依次是永定门、正阳门、天安门、端门和午门，是一组非常厚重的历史建筑，怎么把历史建筑展现给用户，我觉得需重视两方面。

一个是要采取用户喜欢的方式。随着数字技术的进步，AI 是年轻人非常感兴趣的话题，2021 年我们通过 AI 作词作曲写出了 6 首具有历史底蕴的歌曲，这些歌词虽然没有知名的曲作家写得那么优秀，但更有科技感，年轻人也更容易接受。

还有一个是采取元宇宙的集大成者。网易集团有深厚的游戏底蕴，在 2022 年快到中秋节的时候，网易传媒在数字场景馆里找到和"文脉中轴"相适应的一些优美的作品。同时把"文脉中轴"里面如鼓楼、永定门等放到虚拟世界里面，不只是能看能听，重要的是可以玩，让用户纵享沉浸式的体验。

主持人：非常感谢 5 位嘉宾。打造新时代全媒体传播体系，需要我们大家的共同努力，这是交给我们的一份重要的答卷，通过我们的协同发展，希望交给人民满意的答卷。

2O22 中国新媒体大会
CHINA NEW MEDIA CONFERENCE

"塑造可信可爱可敬中国形象"
国际传播论坛

多声部合唱提升新媒体国际传播能力

黄　海

在习近平总书记考察马栏山视频文创园两周年之际，我们举办"塑造可信可爱可敬中国形象"专题论坛，共商新媒体国际传播提升之策，具有重要意义。

举办本次论坛是深入贯彻习近平总书记关于加强国际传播能力建设重要讲话的实际行动，也是推动新媒体发展的重要举措。论坛包括"让世界听见""让世界看见""与世界相见"3个篇章，旨在搭建交流平台，共同探讨新媒体如何讲好中国故事，传播好中国声音。借此机会，表达4点建议，供大家参考。

一是坚持内容为王，打造国际传播"增长点"。新媒体是塑造国家立体形象的重要力量。湖南积极探索推动传统媒体内容优势向新媒体延伸，近3年，47件作品获中国新闻奖，数量排在全国前列。一大批新闻报道、新媒体作品对外传播，覆盖全球。新时代、新征程，应当高度重视国际视角下的中国形象新媒体叙事，增加网络高质量内容供给，推出更多有思想、高品质、接地气的新媒体作品，努力做到"中国内容、国际表达"，生动呈现中国发展成就、中华文化的独特魅力以及中国人民昂扬向上的精神风貌。

二是坚持平台拓展，开辟国际传播"新渠道"。传播力决定影响力，话语权决定主动权。湖南积极推动媒体融合发展，湖南日报、"新湖南"

客户端融为一体，湖南卫视、芒果 TV 双平台深度融合，红网、时刻新闻协同并进，形成全天候、多形态、多声部的主流舆论矩阵。以湖南卫视、芒果 TV 国际 App、国际频道为主平台，全球覆盖用户规模 12.88 亿，芒果 TV 国际 App 海外用户下载量 1.03 亿次，覆盖全球超 195 个国家和地区。随着国际传播移动化、社交化、可视化趋势发展，将进一步强化互联网思维，积极运用新技术、发展新业态、做强新媒体，开辟国际传播"新渠道"，壮大国际舆论场的"新阵地"。

三是坚持融通中外，提升国际传播"亲和力"。国际传播既是跨地域传播，也是跨文化传播。在各方面支持下，芒果 TV 出品的《功夫学徒》《闪耀的平凡》等节目，通过邀请外国青年体验学习中国职业和技术发展成果，以"纪实 + 真人秀"的方式，向世界传递了青春活力的中国形象。在国际传播中，我们应充分考虑不同国家、不同地区、不同群体的思维方式、文化习俗和接受习惯，打造融通中外的新概念、新范畴、新表述，采用图片、短视频、微纪录片等喜闻乐见的"软传播"方式，讲好中国故事，增强中国形象亲和力、感染力和感召力。

四是坚持交流合作，奏响国际传播"大合唱"。合作传播是讲好中国故事的有力支撑，也是开展国际传播的重要方式。为贯彻落实习近平总书记关于"一带一路"的倡议，我们积极推动芒果 TV 与老挝国家电视台、云南无线数字电视文化传媒公司合作签约，促进与东盟国家的文化传播和合作交流。我们应加强合作交流，推动新媒体抱团出海，提高塑造国家形象、掌握国际话语权的能力。

本次论坛各位演讲嘉宾都是行业专家、行业翘楚，我们相信本次论坛必将激荡出精彩的发展新空间，激发出巨大的发展新活力。

（作者为湖南省人民政府新闻办公室副主任）

加快新媒体环境下的对外话语体系建设

■ 孙尚武

当前，我国经济实力、科技实力、综合国力显著增强，国际地位空前提高，但是与综合实力和国际地位相比，"话语权逆差"现象是我国国际传播中的痛点。随着信息技术的快速发展，移动互联网和社交平台正以前所未有的速度延展国际传播的话语空间，政治话语、学术话语与大众话语之间的联结越发紧密。

把握国际传播领域移动化、社交化、可视化的发展趋势，在强化双向甚至多向互动中，立足中国发展实践，统筹新媒体传播平台、传播载体，加快推动对外话语体系建设，更好地用中国理论阐释中国实践、用中国实践升华中国理论，更加充分、鲜明地展现中国故事及其背后的思想力量和精神力量，我们大有可为，也必须大有作为。

作为国家英文日报和国际传播主阵地，中国日报坚持以习近平新时代中国特色社会主义思想指导对外话语创新，认真贯彻习近平总书记致中国日报创刊40周年贺信重要精神，加快创新对外话语体系、构建全媒体传播格局。下面，我与大家分享几点中国日报在加快推动新媒体环境下的对外话语体系建设方面的实践与思考。

一是坚持立破并举，强化用事实说话，形成客观公正的中国叙事，推动塑造可信中国的形象。当前，国际舆论环境十分复杂，美西方在民主、人权、自由等领域系统化攻击抹黑中国，为了"丑化"中国形象无

所不用其极。针对美西方的无端指责，我们强化中国叙事，用事实说话，扒下美西方媒体镜头上的"阴间滤镜"，还原事实真相。与此同时，围绕全过程人民民主、"人权首先是生存权、发展权"等重要理念创新，紧密结合中国实践，用一个个鲜活生动的故事，系统阐释中国的实践逻辑和立场主张，对冲和消解美西方错误舆论，强化塑造可信的中国形象，持续提升中国在民主、自由、人权等重大议题上的话语权。

例如，2021年，中国日报成立"起底"工作室，旨在针对美西方在涉华报道中编造的"世纪谎言"，以客观事实向世界还原一个真实、立体、全面的中国。截至2022年8月，"起底"工作室共推出《打脸BBC新疆报道，够了！假新闻》《澳记者为成"网红"不惜编造阴谋论》《被污染的中国新疆棉花》等50余部调查类纪录片、短视频，全球累计传播量超18亿次，受到美联社、英国广播公司等境外主要媒体的高度关注。

二是注重以文化人，增进交流互鉴，生动讲好中华文明故事，推动塑造可爱中国的形象。"文化自信是一个国家、一个民族发展中最基本、最深沉、最持久的力量。"在5000多年的发展史中，中国人民创造了璀璀夺目的中华文明，为人类文明进步事业作出了重大贡献，这是我们的最大底气。我们要立足中国大地，发挥网络和新媒体的优势，创新方法手段，向世界讲好中华文明故事，打造具有国际影响的文化IP，在展现中华文明的悠久历史和人文底蕴过程中，强化塑造可爱中国的形象，让世界更好地读懂中国、读懂中国人民、读懂中国共产党、读懂中华民族。

2021年7月，我们联合海外多个国家"网红达人"，以中国经典民乐《金蛇狂舞》为基础，在海外短视频平台TikTok上精心推出"夏季音乐"挑战互动活动，引发海外网民的参与热潮。活动共吸引30多万名海外用户参与创作和互动，上传音乐视频超13万条，海外传播总量近4亿次，让中国传统音乐借助"新赛道"展现出独特魅力、焕发出崭新活力，有力深化各国音乐文化交流互鉴、推动中华文化"走出去"。

三是回应全球关切，强化国际表达，深入阐释中国方案的世界意义，推动塑造可敬中国的形象。面对"两个大局"的深刻演变，习近平总书记创造性提出了一系列富有中国特色、体现时代精神、引领人类发展进步潮流的新理念新主张新倡议，深刻回答了"世界怎么了、我们怎么办"的时代之问。我们秉持全球视野，贴合中国与世界共同关注的热点问题，推出更多易识记、易传播的漫画插图、动漫视频等融媒体产品，全面阐释全人类共同价值、全球发展倡议、全球安全倡议、人类命运共同体等中国主张、中国智慧、中国方案，在展现中国作为负责任大国的担当中，强化塑造可敬中国的形象，凝聚世界各国一起向未来的强大合力。

例如，围绕全球对减少贫困、实现发展的关注，2021年在中国全面建成小康社会之年，中国日报推出系列纪录片《"晓"康之行》，组织我社美籍记者艾琳、加拿大籍记者马修到甘肃、宁夏、内蒙古、广西等地进行体验式采访，通过当主播卖枸杞、摘苹果、赶滩羊、采茶制茶等亲身感受中国人民如何因地制宜加快发展、实现脱贫。该系列视频分享了中国的脱贫经验，为全球贫困治理提供了有益借鉴，引发海外各界强烈反响，全球传播量3500多万次。

互联网的空间与平台无限宽广，为我们加快对外话语体系建设提供了广阔天地和舞台。中国日报愿与各地区各部门各单位，进一步加强全方位、各层次合作，坚持"久久为功"与"立竿见影"相结合，不断提高国际传播影响力、中华文化感召力、中国形象亲和力、中国话语说服力、国际舆论引导力。

（作者为中国日报社副总编辑）

发挥主流媒体优势　着力讲好中国故事

■ 钱　彤

习近平总书记强调，讲好中国故事，传播好中国声音，展示真实、立体、全面的中国，是加强我国国际传播能力建设的重要任务。这是我们做好国际传播要遵循的总方向。同时，我们看到当前，美西方针对我们发起的舆论战已经成为他们对中国进行战略遏制、围堵的重要一环，斗争形势非常严峻。树立可信、可爱、可敬的中国形象，打破美西方掌控的国际舆论霸权，以立带破、破中有立，是做好国际传播的必答题。

发挥内容优势、平台优势、技术优势、资源优势、人才优势，下大力气加大国际传播能力建设，主动争夺国际话语权，牢牢掌握国际舆论主导权，新华网和兄弟外宣媒体一直在摸索。今天，我愿意抛砖引玉，和大家一同探讨、思考如何推进国际传播建设，共同努力，为我国发展营造良好的外部舆论环境。

一、做好核心报道，讲好中国"封面故事"

做好核心报道，是我们国际传播中最重要的任务，是我们作为中央新闻网站必须履行的责任。我们通过实践，也深刻认识到，习近平总书记的故事是最好的中国"封面故事"。平实充分展现习近平总书记大党大国领袖风范、亲民爱民为民情怀，是讲好中国故事的源泉。

2022 年，新华网推出了多语种系列微视频《足迹——一路走来的习近平》，选取习近平总书记在陕西、河北、福建、浙江、上海等地工作生活期间的典型事例，发挥新华媒体创意工场 MR 演播室技术优势，运用情境再现、亲历者采访、实景拍摄等方式，大量运用珍贵历史资料，生动还原一路走来的习近平总书记的生动故事。目前这个系列视频已在海外 80 家媒体网站落地，被英国《经济学人》、美国《华尔街日报》《洛杉矶时报》等全球主流英文媒体网站转发。

二、从衣食住行、柴米油盐中体现中国温度

随着国际社会对中国发展的关注与日俱增，讲好中国故事，既要有高站位的"大叙事"，同样需要带温度的"人世间"。

丰衣足食、幸福安全的生活是广大人民群众所想所愿，是全世界各国人民所思所盼。波澜壮阔的"中国故事"需要有温度、接地气的表达，接地气、有情怀的故事也更容易收获海外受众的共情共鸣。

我们的体会是，国际传播主题诚然宏大，但"烟火气"应该是个不

错的"入口"。讲好衣食住行、柴米油盐，可以把"我们想讲的"融进"海外受众爱听的"，也就通过"海外受众爱听的"让他们听进去"我们想讲的"。

我们很幸运，每天发生在中国大地上的故事为我们提供了海量鲜活的素材。新华网以生活在广大农村地区的中国网民自发上传到社交媒体的生活化视频为素材，推出"乡村振兴三部曲"系列微视频。从黄土高坡到雪域高原，从棚户陋室到搬迁新居，无数人生活的变迁，一张张百姓的笑脸，生动展现出一个个乡村蝶变的奇迹，汇聚成中国巨变的生动画卷。这个系列中，反映脱贫攻坚主题的微视频《幸福的诀别》在海外社交媒体平台的浏览量接近 200 万次。

新华网聚合多语种外宣资源和平台，打造了《中国相册》《中国百姓故事》等涵盖非遗、民俗、生活百态的融媒态外宣栏目。《普通人的中国梦》《家在北京》等微视频聚焦中国人生活日常和中国普通人身边发生的感人故事，通过微视频、微纪录片等可视化形态，海外传播覆盖法国《费加罗报》、欧洲新闻台、德国《西南报》等多家主流媒体和海外社交媒体平台。

三、强化技术赋能，持续提升产品互动效果

近年来，新华网不断努力，致力于通过技术赋能，提升融合报道的生产能力和产品质量，我们不断摸索虚拟现实、混合现实、扩展现实、区块链、数字人等新技术，以及元宇宙等新应用场景在媒体领域的应用。这些，同样为我们拓展国际传播的表达语态，优化生产流程提供了重要基础，让国际传播同样体现出沉浸感，变得可体验、可分享、可互动。

新华网聚焦中国瓷文化传承推出以"电影语言＋主题乐园＋现场演出"为一体的全息沉浸式艺术展览——"光辉之瓷生物乐园"海外特展，

在北京冬奥会期间与敦煌研究院、甘肃省歌舞剧院联合创作的《XR 创意视频 | 冰雪荧煌》都是技术赋能新闻报道的创新探索，在对内和海外传播中同样叫好叫座。

除了媒体制作技术，新华网也致力于推进媒体领域的基础性技术，强化 5G 与人工智能技术融合运用，推动新闻内容生产传播的数据化和智能化，在采集、制作、传播等新闻传播各环节实现"人机协同"，大大提高生产效率。

新华网的新闻生产中已经出现了采访机器人、写作机器人、人工合成主播、数字孪生主播等。新华智云的"媒体大脑"MAGIC 是国内媒体首个 MGC 系统。近年来，应用领域不断拓展，我们与地方外宣部门合作，运用"媒体大脑"拓展国际传播从生产到运营的全链条传播，已经在我国濒危野生动物保护成果报道等国际传播中应用并取得初步成效。

四、建好传播矩阵，抢占网络舆论话语权

互联网平台之争依然是全球博弈的制高点，通过全球化做大做强网络平台，依然是下一个 10 年主导国际话语权、开展国际舆论斗争、建立中国叙事体系要推进的重要领域。

近日，皮尤研究中心发布的《青少年，社交媒体与科技 2022》报告显示，97% 的青少年每天都会使用互联网。此外，自 2015 年至今，以 TikTok、Snapchat 为代表的短视频社交媒体平台在美国 13 至 17 岁青少年群体中的人气急速上升。

主流媒体如何在社交媒体上牢牢占据舆论引导、思想引领、文化传承、服务大众的传播制高点，已成为当前做好国际传播亟待解决的问题。在社交媒体和视频媒体飞速发展的现状下，拥有自主可控、面向世界的网络平台是我们做好国际传播、唱响中国声音最重要的任务。守住 PC 端、App 等传统网络传播渠道流量优势，推动主流媒体向社交平台布局

已成为不可逆转的趋势。我们要抓住这一契机，加强海外社交媒体矩阵建设，打造一批平台终端账号，将中国故事推送到世界各地，帮助海外受众更好地接触中国故事、了解中国发展、读懂中国对世界的看法。

新华社不断提升国际报道和对外报道水平，持续加强国际传播能力建设，积极抢占海外新媒体和主要社交媒体平台，打造的海外社交媒体账号集群目前总粉丝量已超过2.6亿，为新时代对外传播搭建了重要平台。

加强国际传播能力建设，提高国际话语权，讲好中国故事是中国发展的必然要求。我们要按照习近平总书记指引的方向，携起手来共同加强国际传播能力建设，完善国际传播工作格局，提升中国话语的国际影响力，形成同我国综合国力和国际地位相匹配的国际话语权，在大变局时代讲好中国故事，传播好中国声音，为实现第二个百年奋斗目标汇聚起强大精神力量，为中国发展营造良好的外部舆论环境。

（作者为新华网股份有限公司党委常委、总编辑）

以融合传播扩大知华友华朋友圈

■ 潘　健

当前，社交媒体成为世界各国用户，尤其年轻人获取资讯、信息的重要渠道，要塑造可信、可爱、可敬的中国形象，离不开对外多语种平台建设传播和在海外社交媒体平台的精心耕耘。

人民网从1998年推出英文版，目前已拥有12个外文语种，近年来积极打造"多语种、多平台、全媒体、全球化"的融合传播体系，利用海外社交平台的1.6亿粉丝作为"传声筒""扩音器"，将中国"好声音"推送到全世界。人民网对外传播的一些做法经验主要有以下几个方面。

一、用好金字招牌，全情全力对外宣介习近平总书记思想和形象

习近平总书记是新时代中国形象最佳代言人，习近平新时代中国特色社会主义思想是国际社会了解新时代中国的"金钥匙"。人民网"看见中国"栏目跟随总书记的足迹到各地拍摄，当地老百姓和人民网外籍专家一同讲述习近平总书记来访前后的变化故事，用国外受众"听得懂、喜欢看"的方式，创新讲述领袖故事。2022年8月，"看见中国"脸谱粉丝突破2000万。

2022年的世界读书日，栏目推出"与习近平一起读好书"专题，借外籍专家之口讲述习近平总书记与12本外国名著的12个故事，其中包

括习近平总书记窑洞读书、两次踏访海明威写作之地等。专题选取的故事朴素、鲜活，以文学为情感文化链接，激发了观众共鸣，多位读者留言推荐本国著作，形成双向交流。

二、优化产品供给，以普通人为媒介塑造中国形象

2007年，云南女孩余燕恰因被拍到溜索过江上学而广受关注。后来，在脱贫攻坚政策的帮助下，余燕恰考上了医科大学。2022年，她大学毕业，成为一名医务人员。人民网云南频道做了原创采访，多个语和在海外社交媒体宣介"溜索女孩"的人生故事，成为"爆款"。海外冈友称赞"她是勇气和决心的象征"；"这个小女孩面带微笑，身披绳索，如今成了一名医护工作者，欣赏她的胆识和勇气"。有巴西网友说，"这要是在巴西，监护委员会估计不会让这个女孩上学"。

通过"溜索女孩"，人民网向国际社会传递了中国年轻一代坚忍不拔、奋发有为的精神风貌，也润物无声地讲述了中国脱贫攻坚历旦性成就。这样的案例，人民网还有很多。

三、一域一策，加强议题策划做好精准传播

人民网 12 个语种的社交媒体账号，尊重不同国家文化差异，对受众进行细致划分，推进中国声音的全球化表达、区域化表达、分众化表达，引发各国网友互动与思考。

比如，针对德国人严谨、务实，关心基础设施等特点，德文频道为脸谱和推特粉丝"垂直"定制了高铁、海上匝道、中欧班列等画面和翔实内容，大大增强了粉丝黏性。在《浙江宁波：亚洲最大海上互通开始匝道架梁》帖文下，德国网友表示："我从 1982 年开始往返于中德之间，亲眼见证了高质量的建设奇观是如何在短时间内一个个拔地而起的。我们现在可以向中国学习了。"在《欧盟不应落入美国所设的"与中国脱钩"陷阱》一文后，一位"铁粉"分析道："中国的社会模式是 19 个人拉车、1 个人坐车；而在没落的西方，19 个不工作的人都靠那 1 个劳动者养活。西方永远无法实施中国的 19：1 模式，因为以牺牲他人利益为代价的寄生观念太过根深蒂固。"

四、注重精品短视频制作，主动建构地方性特色叙事

城市是现代经济发展和社会活动的主要载体。为助力中国城市在新媒体时代清晰建构对外形象，人民网策划推出人文影像系列短视频"城·事"。节目既聚焦城市经济、文化活动，又挖掘人文故事，以人民网外籍专家体验式走访为主要形式，穿插典型人物和场景的采访，呈现城市的独特气质和魅力。

该系列作品均由人民网年轻的中外籍员工完成，瞄准海外年轻受众，为海外社交媒体平台量身打造。2021 年，团队赴贵州千户苗寨、青海西宁、甘肃敦煌、黑龙江牡丹江等地，拍摄制作了多个融媒体作品，在海

外社交媒体平台总浏览量达 4000 万次以上。部分作品还在英国天空电视台落地播出。栏目获得 2021 年中国新闻奖国际传播奖。

就如何进一步提升国际传播效能，和大家分享 3 点思考。

第一，坚定文化自信，将中国文化视为人类文明的共同瑰宝，利用共同价值观形成最大公约数。同时避免两个误区：一是教条的"以我为主"，简单生硬，传播不讲方式方法。要转变思维模式，将"我"变为"我们"，赢得共情同理心。二是简单的"以用户为中心"，从题材、手段到思维、价值观等过分迎合，粗暴追求流量，这也许在一段时间赢得了数据，但从根本上失去了自我，实现不了可持续的高质量传播。

第二，国家形象传播亟待地方特色塑造。中国地大物博，一体多元。可信、可爱、可敬的中国形象塑造，需要专业机构、中央媒体与时俱进，不断努力，也需要各地躬身入局，积极作为。2022 年，浙江象山成功救助一头搁浅的巨鲸，该新闻经人民网各外文频道报道后，在境外社交媒体引发极大反响，系列帖文阅读量达到 300 多万次。读者感受到中国保护海洋的责任和担当，持续发出"世界需要这样行动"的赞叹。《中国城市形象宣传片海外传播影响力指数报告（2020）》指出，监测时间段内，城市宣传片获赞次数最多的是长沙，获赞最高的宣传片是《长沙：不夜城》，这个视频正是人民网"城·事"栏目在长沙拍摄的，引发海外网民共鸣。越是宏大叙事，越要从小切口进入，越要注重具体细节，越要普通人的真情实感。这些，各地方俯拾皆是，大有可为。人民网目前已和各地建立联动机制，也欢迎更多一线达人加入我们。

第三，打造垂直网红账号的"专精特新小巨人"。面对海外社交媒体平台的无理封锁，一方面我们要理直气壮、针锋相对地开展阵地争夺，进一步彰显官方的中国形象、中国立场。另一方面，小众、垂直甚至专业性很强的特色"小账号"可以发挥独特作用。比如"量子科技""无人驾驶""贵州茅台""曹县棺材"等。当前，我们不缺被打上标签的"中国官方账号"，缺的是定位明确、个性鲜明、拥有"私域"受众的特色网红。将新时代的中国面貌更加直接、生动、多元地展现给世界，空间巨大，潜力巨大。人民网是个平台，愿意为有志者助力赋能。

（作者为人民网股份有限公司党委委员、董事、副总裁）

数智化媒体融合
用可靠的事实呈现可爱的形象

■ 陈昌凤

　　首先，我们要呈现什么？打造国家形象并不是抽象的，它至少要包括这样一些内容，比如自然界的事实、人类的事实、生活中的事实、社会上的事实，用事实呈现可爱与可敬，我们可以从这些方面入手。核心是能够展示这些美好，这些和谐、美丽、道德之爱、理想之爱以及情感的愉悦共鸣，都是一种可爱。此外，还有什么样的可敬可爱呢？就是人心之美，人的执着、勇敢、毅力、探求、不懈地追求，这些都是我们可以看到的，可以用事实呈现出的可爱与可敬。例如大熊猫、大象，在互联网上查一查中国云南大象的故事，仍然能看到是这些主流媒体的报道。这些主流媒体有很多关于中国元素的话题，但是在云南大象话题上，不约而同地呈现了可爱的形象。无论是英国的BBC，还是美国的《纽约时报》、美国有线电视网、《卫报》以及多家西方主流媒体，包括日本、韩国媒体都做了大量的报道，在报道里面呈现了自然界的美好以及人和自然融洽的关系。

　　那么，如何呈现这些可爱的形象呢？我将从媒体融合角度作出说明。在中国目前来说最核心的是深度融合的主题。媒体融合，在很多领域做了很多探索，技术的、产业的、文化的，这些融合仍然是我们努力的方向。

　　如何融合呢？那就是数智化发展。在数据化、智能化时代，无论是音频、视频还是文字，都有一种特殊的魅力，它是需要用数据、用智能

帮助我们定向地、定点地打造独特的有魅力的内容和形象。

在打造融合传播体系里面，各个领域都做了很多努力。总体来说，目前数智化是非常重要的方向，要重视平台的力量，除了媒体，尤其是我们的主流媒体之外，现在用户的主流已经转向平台，尤其是社交平台，都是我们要重视的力量。

以 TikTok 为例，它是中国打造的一个国际平台，在世界上的影响力与日俱增，在某种程度上这种平台带来的内容是非常有价值、有影响的。数智化时代还要重视计算、宣传的相关领域。最近几年我们团队做了关于社交机器人在宣传中使用的情况，抓取了一些案例和大量数据，在人机共同构建的一个传播体系里面，如何让信息更加可信，更加有抵达率，机器已经发挥了非常重要的作用。社交机器人已经成为一种交流的角色，成为一种主题化的交流者，在这种情况下，数智化可以用计算传播来做更多的内容。

那么如何进行数智化？个性化、互动化、分享式是我们这个时代最受欢迎的信息传播方式。BBC 有一项非常有意思的报道——中式的表情包，中式的表情包不是一个重大的、宏大的主题，但是这种表情包渗透到了民众的心理，大家非常喜爱。表情包的制作者用了很多中国元素来打造表情包，而这种表情包不经意间获得了国际的认可，得到了认可，某种程度上也确实带来了我们所说的"可爱"的形象。

再进一步就是关于以人为本，如何让我们的内容可爱，让我们的信息可爱？人是核心的主体，所以以人为本还是最重要的方向，要懂得用人性化的信息去传播我们的理念、思想、价值观，要懂得用人们常用的语言去讲这些内容，并且去打造一种认同，尤其是情感的认同和思想的认同。芒果TV做过一个节目是《可爱的中国》，其他几个省的媒体也做过一些相似的主题，其中有一些内容是真的能够跨越国界、跨越民族的。

我们看到，用这样一种人性化的语言，确实会带来非常有力量的穿透力。比如大家都熟悉的可爱的世界冠军，他们说的话让美联社、路透社像语录一样地推出。其中路透社把对跳水世界冠军全红蝉的采访一条一条地摘出来，然后做成一张张像名片的样式向外推出，你会看到那些看起来很普遍的语言，却获得了特别大的认同，特别多的共情。所以，以人为本永远是最可爱的基础。

此外，可爱其实是一种胸怀，是一种我们能够包容、能够理解、能够共情的胸怀，所以胸怀也就是价值观。因此，我们要在这种跨文化交流中特别重视这种胸怀，比如在竞技体育中，不是说一定要打败别人才算赢了，常常是共同的携手是更可爱的。所以，这种胸怀是需要我们用一种善的理念、用人类共同的认知给我们的信息作价值观的引领。我们讲可爱是要有各种各样的模式，对此CGTN就有专门的介绍，如在竞技场上我们不要把对方当成敌手，而是要像朋友一样，像同伴一样，这时候人性的光辉散发出来的就是一种可爱，所以说信息的可爱是各种各样的。

（作者为清华大学新闻与传播学院教授）

港乐文化的新时代表达与构建

■ 曾比特

　　我是曾比特，一个来自中国香港的流行乐歌手，2022 年有幸参加了芒果 TV 的节目《声生不息》。今天的舞台，跟我平时站上的舞台有些不一样。今天，我以一个特殊的身份，从节目的共创者视角来谈谈"港乐文化的新时代表达与构建"。

　　其实，从我个人来讲，参加《声生不息》这个节目差不多 3 个月的时间，从踏上舞台的第一首歌《初恋》到最后跟大家合唱《我和我的祖国》，在《声生不息》这个舞台上，我有一个非常深刻的感受：港乐真的有跨越山海的力量，这种力量，生生不息。

　　首先我想分享一组节目数据，节目在芒果 TV 主站、芒果 TV 国际等平台同步上线播出，播放量超过 36 亿次。节目在海外的影响，在重点华语地区（中国台湾、中国澳门、新加坡、马来西亚）播放量占比全球表现数据 28% 强；在美国、加拿大等欧美地区也占比海外表现数据近 1/3。可以看出，《声生不息》节目除了精准吸引海外华人观众，更是通过"音乐"获得了非华语观众的喜爱。

　　此外，截至节目收官，节目全网收获热搜 2000 多次，205 次登顶；短视频平台主话题播放量超过 45 亿次；音乐平台累计 73 首歌收藏量破了 10 万，收获了很好的成绩，这也彰显着"在每处有华人的地方，似乎都有港乐在回荡"。

作为共创者，对于港乐文化的创新传播，我有如下3点认知。

第一，好歌，不怕跨越山海。文化是流动的，港乐文化也不例外，过去的、现在的，经典的、新潮的，本土的、远方的，在流动中发挥着穿透一切的魔力，穿越时空、种族与国界，将一颗颗心联结在一起。

港乐之美，美在生命力。《声生不息》带来的港乐"新"唱，从节目的立意到技术的支持，将讲述、互动、沉浸、体验等多元素融合，用创新实现了经典与当下的对照与升华，赋予了港乐文化鲜活的生命力。就像第一场我们演唱的大合唱《海阔天空》，节目组就非常用心地让我们体验了一次跟黄家驹的隔空对唱，让我们深受震撼。

港乐之美，美在"传奇国货"的影响力。港乐是植根中华文化的国货精品，不断地传播到海外，很多年轻人都喜爱。整季节目播出期间，人民日报香港分社、新华社、中国日报脸谱、推特，环球时报推特等账号持续发布了节目内容，将我们的声音传递给全球的观众，在海内外掀起了"港乐潮"。

第二，让中华文化走向世界，激荡人们心中涟漪。港乐，是传播中华文化的重要组成部分，它的内核是中华民族共同的精神气质、共道的价值共鸣、共有的文化自信，在新时代被赋予新期待。我们以港乐为载体，向世界讲述动人的"中国故事"。

以前大家说，港乐是东亚流行音乐文化里的一颗珍珠。现在，这一轮"港乐热"打开了海外传播的全新格局，让港乐在走过万水千山时，也在不同文明间激荡起人们心底的涟漪。

穿越时空隧道，我们看到的是无数前辈歌手对传承的坚守与创新，是无数新生代歌手的热爱与坚持，是音乐人的个体价值与时代赋予的使命感的交织。我小时候听到的第一首港乐就是梅艳芳的《将冰山劈开》，喜欢摇滚乐也是受到了 Beyond 乐队的影响，到现在真正地站在舞台上唱歌，就是港乐对我个人的影响的体现。

第三，在媒体融合中，听风继续吹。在媒体融合发展的大环境下，随着大湾区建设的推进，港乐依托以网络为主阵地的新媒介，在传统电视渠道以外，通过内容与形式的创新来持续传播，让更多海内外的年轻人得以领略港乐之美。比如播出期间，"总有港乐道破心境"的城市歌词计划，"让港乐冲上云霄"的专属航班等一系列活动，让港乐融入烟火气、人情味，真正地扎根生活，走进每个人的心里。

毫无疑问，港乐文化传播进入了新的蓄力阶段。我相信，在更广阔的天地，无论多远，港乐一定都会抵达。

（作者为中国香港流行乐歌手）

以自信传可信，以可爱达可敬

——新时代国际传播的芒果探索

■ 龚政文

习近平总书记殷切期待我国的主流媒体，用情用力讲好中国故事，向世界展现可信、可爱、可敬的中国形象，努力展示一个生动立体的中国。近年来，作为有着较大影响和独特气质的主流媒体，湖南广电牢记习近平总书记嘱托，发挥独特优势，在讲好中国故事、塑造并传播中国形象方面积极作为，在坚定中华文化自信、对冲日流韩流和欧风美雨方面走在前列，形成了以湖南卫视、芒果 TV 及芒果 TV 国际 App、湖南国际频道为媒体矩阵，以内容"走出去"、渠道"走出去"、版权"走出去"等为主要途径的国际传播体系，形成了"凡亲中国者，多晓芒果台；凡有华人处，必闻芒果声"的传播现象。

一、坚固的价值底座，正大的文化气象

讲好中国故事，塑造中国形象，必须站稳中国立场，传播中国价值。新时代的中国，必须坚持以我为主，充满文化自信。在国际传播中，湖南广电大力实施头条工程、置顶工程，通过覆盖六大洲的长城平台实时上传湖南卫视主新闻节目《湖南新闻联播》，在自主开办的芒果 TV 国际 App 重要位置开设"学习时刻"专栏，集纳推送习近平总书记重要讲话、

重要会议、重要活动，让习近平总书记思想和形象在国际上更加深入人心。特别是近年来，我们重点围绕宣传习近平总书记"一带一路"倡议、"人类命运共同体"理念、"全人类共同价值"重要思想，主动设置议题，制作推出了新闻大片《我的青春在丝路》，真实记录奋斗在"一带一路"沿线国家的中国青年的追梦故事；新闻专题片《为和平而来》在马里、南苏丹、黎巴嫩、西撒哈拉等热点地区拍摄采访，全景体现中国军队和平之师、正义之师的形象；特别节目《湘商闯老挝》《乘着高铁去老挝》生动展现中国人民对老挝等东南亚国家发展作出的贡献。这些新闻大片展示了新时代中国人民的风采，故事生动、制作精良、贴近性强，在当地播出后都产生了强烈反响。

讲好中国故事，塑造中国形象，必须传正道、发正声。而不能刻意迎合，自我矮化。"居高声自远，非是藉秋风"，走向民族伟大复兴的中国人民，自有一种健朗阔大的气象。前段时间，以"眯眯眼"为代表的传播形象之所以引起大多数中国人反感，就因为它扭曲了中国人的健康形象，迎合了西方人对中国人的审美偏见。为此，我们要堂堂正正讲好百年来中华民族的艰苦卓绝的抗争史，讲好新时代中国人的奋斗史。为做好建党百年主题节目海外宣推，我们将湖南卫视系列短剧《理想照耀中国》制作英文版，在优兔平台的 NewTV 热播剧场独播，累计观看时长达 3.8 万小时；为做好脱贫攻坚成就海外宣传，芒果 TV 国际 App 上线湖南广电自制扶贫大剧《江山如此多娇》，国内外累计播放量超 5.3 亿次；2020 年，扶贫主题大型史诗歌舞剧《大地颂歌》北京公演时邀请 30 多个国家驻华使节观看演出，电影版翻译成 5 种语言面向全球推广，被誉为"艺术的史诗"；2022 年 1 月 26 日，我们还成功举办了电影《大地颂歌》老挝首映式暨抗疫物资捐赠仪式；为讲好中国抗疫故事，2020 年年初，芒果 TV 国际 App 首页 24 小时多语种轮番报道中国抗疫进展，国际频道在特别节目《万里湘情共抗疫》中"云连线"美国、英国等 16 个国家和地区的华侨华人，让世界看到中国的抗疫决心、抗疫贡献。为展示近年来中国巨大发展成就，芒果 TV 推出系列真人秀节目《功夫学徒》，邀请外国青年体验中国各行各业，借嘴说话、借筒传声，产生了很好的传播效应。

二、创新的表达方式，共情的视听体验

一直以来，湖南卫视、芒果 TV 的节目，在坚持正确导向的同时，都有一种创新的面貌，不走寻常路，不循规蹈矩；都有一种活泼的青春气质，不是板起面孔、老气横秋；都善于将歌曲、舞蹈、真人秀等艺术形式运用到极致，有赏心悦目的效果；都长于通过大众喜爱的明星、艺人传递正向价值。这样一些特点，让我们的节目在海外传播时天生具有亲切感、共情性。

湖南卫视 2013 年开始做了 8 季的音乐综艺节目《歌手》以歌为媒、以歌会友，先后邀请了近 20 个国家和地区的知名歌手参加，哈萨克斯坦、英国等驻华使节亲临节目现场鼓劲加油，节目在相关国家和地区播出时往往掀起全民关注的"中国音乐旋风"；节目在中国台湾地区播出

时，岛内舆论甚至认为节目起到了"入岛、入脑、入心"的效果。饮食真人秀节目《中餐厅》走进泰国、法国、意大利等国，以美食文化为桥梁，一下子就拉近了当地民众与中国的距离。湖南卫视自 2008 年起承办"汉语桥"世界大学生中文比赛以来，先后有 120 多个国家和地区的上百万名选手参赛，传播了绵延 5000 多年的中华文化。

最新的例子则是《声生不息（港乐季）》。节目以港乐编年史的方式，汇聚内地和港台实力唱将，音乐高级、现场火爆、编排精巧，深受观众喜爱。从 2022 年 4 月 24 日首播至 7 月 10 日收官，节目不但在内地形成了"爆款"效应——稳居同时段节目收视率首位，大屏端 CSM 全国网累计观众规模超 1.5 亿，人民日报、新华社等超 60 家主流媒体报道，相关热点话题超 2000 次登上全网热搜榜单，短视频平台主话题播放量破 42 亿次（截至 2022 年 8 月初数据）；而且在中国香港及海外也获得了巨大的反响，据统计，节目播出期间，湖南广电芒果 TV 国际 App 在香港日活环比播前提升 54%，香港 TVB 收视创近年来同时段新高。目前，节目已发行至北美、新加坡等国家和地区，9 月在北美 KTSF26 播出。国家广电总局国际合作司副司长燕旎高度肯定节目对外传播的价值："《声生不息》的成功再次证明，以高度的文化自觉和文化自信，广电视听内容产品和对外传播为讲好中国故事，弘扬中国精神，夯实铸牢中华民族共同体意识，推动构建人类命运共同体发挥着重要作用。"

这些案例说明，艺术是全人类共通的语言，流行文化往往具有其他文化所不具有的大众性和传播力。在对外传播中，充分运用好流行艺术的形式，创新视听语言，增强贴近性和感染力，就能掌握人类共同的交流密码，跨越种族、语言、制度等障碍，打破藩篱、消除偏见，实现人与人心灵和情感的相融相通。

正因为如此，湖南卫视、芒果 TV 在对外传播中的独特作用越来越受到重视，湖南广电也承担越来越多的国家使命：芒果 TV 与五洲传播中心联合出品的两集纪录片《奔腾的中国百年（相知中国）》将在美国国家地理频道播出。

三、多维的媒体矩阵，立体的传播方式

塑造可信、可爱、可敬的中国形象，离不开具有强大影响力的平台和媒体矩阵，在这方面，湖南广电下好先手棋，打好主动仗；实施"走出去"战略，布局较早，多向发力，一个多维立体的传播矩阵已初具雏形。

巩固传统渠道，以长城平台为主扩大湖南卫视的海外覆盖。目前，湖南卫视全球覆盖用户规模达 12.88 亿，每天有将近 2 亿人收看，现已通过长城平台、美国麒麟电视平台、国广东方平台等网络运营平台，落地全球 230 个国家和地区。湖南广电国际频道作为湖南外宣专门频道，在省级国际频道中率先将高清信号传向海外，与湖南卫视一同支撑起电视端海外传播的坚实基座。

做强自主渠道，以芒果 TV 国际 App 为主打造芒果外宣主平台。芒果 TV 有效会员数 5 年翻 11 倍，2021 年超过 5040 万，平台 24 岁以下用户占比 65%，女性用户占比 69%。依托这一强大的年轻态互联网头部平台，2018 年 3 月，湖南广电在全国率先搭建"自有、自主、自控"的海外新媒体平台——芒果 TV 国际版 App。目前，该平台海外用户数超 1.09 亿，海外业务服务覆盖全球超过 195 个国家和地区，支持 18 种语言字幕切换，在面向全球"Z 世代"传播上发挥越来越明显的作用，成为讲好中国故事、湖南故事的新锐平台。

拓展海外渠道，以国际主要网络社交平台为主进军海外主流社区。芒果 TV 在谷歌、脸谱、推特、优兔等海外主流新媒体平台持续深耕内容运营，不断强化粉丝体验与黏性，作为中国第一个在优兔平台上建立频道专区的视频播放平台，芒果 TV 在优兔官方频道订阅总用户已达 1724 万，成为该平台华语第一 MCN。2021 年，优兔芒果 TV 专区重点开展小

语种矩阵的搭建与会员功能的拓展，截至 2022 年 8 月，越南电视剧频道订阅用户达 210 万，阿拉伯、印度尼西亚频道的订阅数、观看量和收益均稳步增长。同时，湖南广电越来越多的编辑记者也利用新媒体账号加入国际传播矩阵，成为生力军。湖南国际频道成立"最美中国话""最燃中国潮""最火中国味""潮玩世代" 4 个工作室，粉丝量增长迅速。

除此之外，湖南广电还配合国家外交大局，承担国家使命，积极与国外媒体开展深度合作，落地一些国家的本土媒体，借台唱戏、借船出海，讲好中国故事。

与马来西亚首要媒体深度合作：当地时间 2022 年 7 月 12 日，时任国务委员兼外长王毅在吉隆坡同马来西亚外长赛夫丁会谈后，见证了湖南广播影视集团和马来西亚首要媒体达成的战略合作成果。我们与马来西亚首要媒体集团旗下 8TV 合作，创制音乐类综艺节目《茜拉音乐汇·第二季》，广邀东南亚 5 国（马来西亚、新加坡、泰国、印度尼西亚和文莱）和中国的实力唱将加入，节目语言为中文、英文、马来文，在马来西亚、东盟多国电视台播出，在海外新媒体平台优兔、脸谱进行推广，建立了一个与东南亚国家的音乐文化交流平台。在首要媒体集团的 8TV，我们开办每天一小时的中文节目时段，将国内及具有芒果属性的电视剧、纪录片、综艺节目面向马来西亚观众播出，目前已向其提供国家广电总局"全球播映视听共享"工程库里的部分片源，包括电视剧《超越》《突围》，纪录片《流动的中国》等。

芒果 TV 拓展渠道合作：与新加坡电信运营商平台就套餐捆绑合作推广，合同已签署；与三星电子达成"一云多屏"合作，在视频生态完善、跨设备的内容输出、前瞻技术研发等多维度、多领域展开合作，芒果 TV 三星版于 4 月上线；与非洲传音集团就视频 sdk 签订合作意向。

湖南国际频道通过加纳黄金数字电视台落地西非 15 国，目前已提供《大地颂歌》《我们的非洲朋友》《湘当韵味》等一批展现湖南地域风情、人文美食等方面的英译节目播出。为配合国家外交，湖南国际频道为中国驻比利时大使馆主办的中比建交 50 周年文化交流活动制作节目并进行宣推，在比利时电视台、法国国家电视台等海外平台推送，节目《味在云端》全网播放量达 300 万次。

心怀山海，行远自迩。面对走出去讲好中国故事、塑造中国形象的重任，湖南广电将进一步加强顶层设计和布局研究，加强内容建设，创新传播方式，加快构建特色鲜明的国际传播体系，为提高对外传播影响力、中华文化感召力、中国形象亲和力、中国话语说服力贡献更大芒果力量。

［作者为湖南广播影视集团有限公司（台）
党委副书记、总经理、台长、总编辑］

全世界都可以相信北京

——2022 北京新闻中心向世界讲好"双奥之城"的多彩中国故事

■ 徐和建

百年变局叠加世纪疫情背景下，北京冬奥会、冬残奥会如期成功举办，北京成为世界上首个"双奥之城"，意义重大，影响深远。中美博弈叠加抵制冬奥环境下，北京冬奥会、冬残奥会得到国际社会广泛赞誉，传播广泛，堪称经典。

首都北京是展示中国形象的首要窗口，举办北京冬奥会、冬残奥会是讲好多彩中国故事的重大契机，"双奥之城"呈现的是中国日益走近世界舞台中央的重要平台，2022 北京新闻中心是向世界讲述多彩中国故事的集中承载地。世界表达完美呈现"双奥之城"万千气象，国际传播成功展示可信可爱可敬中国形象，总结成功原因，处理好 3 个关系，至关重要。

第一，聚精会神处理好内容供给与受众需求关系。无论世界风云如何变幻，无论国际形象塑造如何花样翻新，都不会偏离内容供给和受众需求矛盾主线。没有充足内容供给，满足传播受众需求就是镜中花、水中月。不适应不掌握传播受众需求的内容供给就如同盲人摸象。再好的冬奥契机，没有处理好传播内容供给和受众需求关系，也只会白白浪费时机。聚精会神处理好传播内容供给和受众需求关系是冬奥时期我们的头等大事。北京冬奥会、冬残奥会世界高度关注，万余名注册和非注册中外记者传播内容需求是个天量。在中宣部领导下，中央各部门、兄弟省市大力支持，我们准备了充足丰富的内容，实现了供需平衡、有求必应。2022北京新闻中心所有的新闻活动、素材信息提供，做到有求必应，应的必须是"双奥之城"的万千气象，既有足够的数量，更有较高的质量，努力满足需求。把对外宣介习近平新时代中国特色社会主义思想作为首要任务，把弘扬文化精髓、精神标识的生动实践、巨大变化、丰硕成果反映充分，连续运营20天，推出百幅精品图片展示、千种外宣品展陈，提供千余张图片、1800余分钟视频素材、5万件外宣品，新闻活动全天不断，新闻素材饱满足实、样式丰富、形态多样、业态新颖，累计举办新闻活动412场，激发中外媒体刊发原创新闻1.62亿条。中外记者个性化采访需求，有求必应。通过全角度、超大量的新闻叙事内容，全天候全素材的新闻服务模式，全面展示世界上第一个"双奥之城"北京新气象，打造可信可爱可敬中国形象的"首要窗口"，巴赫先生评价2022北京新闻中心"无可挑剔"，蔡奇同志肯定2022北京新闻中心取得"完美效果"。

第二，精益求精处理好议题设置与事实传播关系。主流舆论是否在自己手里，中外媒体现场感受如何，对于提升可信可爱可敬中国形象、"双奥之城"国际传播效果至关重要。这就要精益求精做到用扎实的事实传播来充分体现设置的主流议题。紧扣关键节点、重要时刻，兼顾国家层面、北京层面和张家口内容主题，强化议题设置，精心打造冬奥、文化和科技三大主题作为核心IP、重磅议题。围绕冬奥，谈绿色冬奥，说冰雪产业，展示高质量发展背后的中国经济、中国力量；围绕文化，访国家顶级艺术殿堂中国工艺美术馆，观雪中故宫《何以中国》开年大展，赏中轴线壮美秩序，探寻中国传统文化背后的文化自信和文明密码；围绕科技，看元宇宙场景下的巴赫云拜年，寻京张高铁中的速度秘密，叹

8K大屏中的超级体验，聚焦科技创新背后的中国方案和北京实践。

从强力引领重头新闻和重要舆论导向的15场主题发布，到中外记者现场体验娓娓展开历史文化、科技创新、高质量发展、和谐宜居四大叙事场景的北京故事的358场城市形象系列采访和火炬传递采访活动，文化节日体验、科技创新展示、证券市场发展生态文明建设采访和发布活动一证难求；从5场"惊喜盲盒"，到20场"看典"互动，场场精彩、次次火爆，中外记者紧跟你的节奏和安排走，议题设置和事实传播完美结合，新鲜且有深度的新闻信息服务得到各方赞誉，取得较好效果。围绕最新鲜的新闻、最惊喜的策划、最厚重的文化、最前沿的科技、最重磅的嘉宾五大要素精心策划，创造性推出5场"惊喜盲盒"新闻活动，从揭秘新闻中心"四大理念"到探访中国工艺美术馆、中国非物质文化遗产馆博大精深，再到故宫看雪、赏《何以中国》开年主题大展，场景顶流、主题顶层，从邀请国际奥委会主席巴赫利用元宇宙技术向1700余名中外非注册记者"云拜年"并答记者问，到北京冬奥组委主席蔡奇同志颁奖冰墩墩"双奥之城"数百家中外媒体寄语最佳获得者，嘉宾顶流，呈现顶级；创新议题设置和事实传播业态成为2022北京新闻中心一大亮点，"惊喜盲盒"成为本次新闻中心传播"顶流"，产生强大传播效果。

第三，精准科学处理好主渠道与新赛道关系。中外传统主流媒体仍占据传播主渠道、主阵地，其优势是传播直达精英阶层；境外社交媒体是国际传播竞争新赛道，短视频移动传播占比高居榜首，其优势是受众广泛、广接地气。当今国际传播格局下，两者各有优势、各展所长，唯有双管齐下，我们的新闻产品、传播意图才能直达国内外万千受众。在媒体服务、活动安排、产品提供上，我们打破常规，重视中外主流媒体主渠道，同时也给国内外新媒体以机会；既提供常规性数以千计新闻背景信息，也制作提供生动活泼、形式多样的新媒体产品，力争实现主渠道和新赛道比翼齐飞。新闻联播连续刊播14条2022北京新闻中心新闻，纽约时报报道直接引用我方观点，称成功举办冬奥会对中国具有多重正向效应，是北京经济新的增长点。中央媒体、各省市自治区主流媒体海外社交机构账号联合发力，北京市境外社交媒体集中联动，累计发布 10 万余条，海外阅读量超 3000 万人次，互动量超百万人次，彰显海外舆论场流量担当。

　　2022 北京新闻中心成功塑造出了"全世界都可以相信北京"的理念和共识。中外记者热烈追捧"双奥之城"万千气象系列活动，巴赫"云拜年"活动第一时间征集到 110 个采访问题，"双奥之城·寄语"半天时间汇聚 162 条"双奥之城"媒体寄语，众多新闻报道成为网络"爆款"。外媒记者由衷表达说，我们可以相信北京的办赛能力，相信北京的营商环境，相信北京的宜业宜居，"全世界都可以相信北京"。经历 19 天 2022 北京新闻中心超大超强内容供求互动，162 名记者由衷发出的"双奥之城"寄语让我们看到了"双奥之城"的千姿百态、万千气象、独特魅力。中外媒体 1.62 亿条原创报道让世界看到了中国之治的强大力量，充分彰显了我国"言出必行""重信守诺"的大国担当，向世界传递了中国方案、中国理念、中国文化，向世界展示了新时代中国的崭新百貌，谱写了中国故事创新传播的新篇章。

（作者为北京市委宣传部副部长、市政府新闻办主任）

应对变局与挑战，与世界一起读懂中国

■ 曹 炜

近年来，在围绕国际、国内重大战略问题开展研究，为中央建言献策的同时，国家创新与发展战略研究会（以下简称"国创会"）始终致力于让世界"读懂中国"，围绕这一宏大主题开展了一系列重大项目：举办"读懂中国"国际会议、编著"读懂中国"系列丛书、拍摄"读懂中国"大型政论纪录片、录制"读懂中国"TED 演讲，等等。

为进一步扩大"读懂中国"的传播声量，2021 年 8 月以来，国创会陆续在脸谱、优兔等海外社交平台开设运营"Understanding China"系列账号。经过一年来的运营与沉淀，"读懂中国"海外平台订阅用户已有 10 万余人，累计内容浏览量超 1 亿次，初步构建了一个具有较强国际影响力的国际智库传播矩阵。

"读懂中国"品牌之所以在海外受到关注，主要基于以下几方面的突破。

一、"读懂中国"国际会议首次全球宣推，高层声音吸引世界关注

"读懂中国"国际会议是国创会在中宣部、外交部的指导下，联合中国人民外交学会、国际著名智库主办的大型国际性会议，迄今已成功举办六届。2020 年 3 月，经中央批准，"读懂中国"国际会议正式机制化，

于每年秋冬之际在中央全会后举行。"读懂中国"国际会议已成为解读中央全会精神、让世界了解中国发展战略最具影响力的平台之一。

习近平总书记对"读懂中国"国际会议高度重视，多次会见与会代表，多次向大会致贺信，阐述中国的发展道路、改革开放、经济形势与对外政策。2021年12月，习近平总书记为第六届"读懂中国"国际会议开幕式发表视频致辞，吸引了海外媒体的高度关注，美通社、美国之音、日本共同社等多家海外媒体发布了相关报道及评论。

会议期间，首次进行海外平台全程报道，多形式传播嘉宾观点，多元化解读会议成果，从不同视角、用不同语言宣介中国发展理念、解读中国发展实践，以"自己讲"和"别人讲"相结合，引发了海内外众多媒体的热议。

二、充分发挥智库优势，邀请中外名家分享观点、交流思想，提升中国叙事的国际引领力、传播力与影响力

一是邀请海内外知名人士参与录制"读懂中国"TED演讲系列节目，

以主题演讲的形式回应国际社会对中国的误解和关切。视频在 TED 官网、脸书、优兔等平台播出后，引起了海外观众的共鸣与踊跃讨论，浏览量超过 6500 万次。

二是策划《大咖看中国》《读懂中国·智库看两会》《读懂中国·这十年》等系列访谈微视频，邀请海内外专家学者就全过程人民民主、人权理念、生态环保、科技创新、共同富裕等热点交流看法、分享见解，进一步加深海外观众对中国之路、中国之治、中国之理的解读。

三、结合海外社交平台特点，多角度、深层次、全方位讲述中国故事

一是平台细分，聚焦精准。Quora 平台被称为"海外版知乎"，问答结合、紧跟时事。我们主动加强议题设置，邀请"大 V"账号互动，对海外关注的中国话题作深入解读，成为智库专家发声、传播中国立场的重要扬声器。脸谱则侧重于可视化产品打造，重点以快拍、全屏互动产品、问答、投票等海外受众易于接受的方式互动交流、解答疑惑。优兔则着重打造精品系列视频。

二是内容细分，形式创新。依托"读懂中国"系列丛书内容，开设《经济观察》《气候变化》《科技创新》等 6 个品牌栏目，制作观点海报、普及中国文化，通过多层次的传播内容及丰富的创新手段，将"中国故事"润物细无声地传递至国际社会。

四、汇聚宣传合力，讲述接地气、有真情、入人心的中国故事

为向世界讲述一个真实的新疆，国创会与国内研究机构、高校联合策划制作了读懂中国新疆系列短视频节目，真实呈现当地风土人情，发掘更多新疆故事，用事实批驳境外少数媒体对新疆的污蔑与抹黑，海外社交平

台浏览量超 500 万次，众多网友留言表达了对中国新疆发展成就的赞誉。

在此与大家分享几点个人浅见。

第一，以自信的姿态讲述中国故事。百年来，中国共产党带领中国人民攻坚克难、砥砺奋进，积累了讲好中国与中国共产党故事的丰富素材。如何以自信的姿态、主动的精神、开阔的视野讲好中国故事，改变"失语挨骂"的舆论环境，已成为摆在我们面前重要而艰巨的任务。

第二，找准契合点，打破传播壁垒。进入新时代，中国提出构建人类命运共同体、共建"一带一路"、全球发展倡议等重要思想理念，为解决世界性难题提供了中国智慧，获得国际社会的广泛认可。因此，在跨文化传播中应聚焦全人类的共同关切，传播中国方案，以真实的情感触达心灵，更有利于拓展国际传播的广度与深度。

第三，发挥"民心相通"中的青年力量。"相知无远近，万里尚为邻"，青年已成为促进全球发展、增进中外交流的生力军。新媒体时代，应更好地凝聚青年力量，将青年的成长成才融入全球叙事，通过青年表达使中国故事与国际语言更好地结合。

第四，"媒体＋智库"深度融合，促进国际传播大合作。全媒体时代，叙事主体多元化。构建"媒体＋智库"国际传播新形态，有助于让世界听到更多中国的观点，增强中国故事的说服力，进而融入和打造国际传播的新生态，达到"近者悦，远者来"的传播效果。

目前，世界地缘政治愈加复杂多变，国际舆论和科技、文化竞争日趋激烈，我们的国际传播也面临新的挑战。国创会将一如既往地借助"读懂中国"国际会议这一重要的外交、外宣平台，与各界加强合作，运用新媒体赋能，不断提升中国理念、中国智慧、中国主张的世界影响力，与世界一起读懂中国。

（作者为国家创新与发展战略研究会副秘书长）

新媒体与新时代中国形象自塑新进路

■ 于运全

在全面建设社会主义现代化国家新征程启航之时，围绕新时代中国形象塑造的讨论意义重大。

新时代 10 年是我国国家形象持续演进、提升的 10 年。党中央高度重视国家形象塑造和国际传播工作。在十八届中共中央政治局第十二次集体学习时，习近平总书记强调，要注重塑造我国的国家形象，重点展示中国历史底蕴深厚、各民族多元一体、文化多样和谐的文明大国形象，政治清明、经济发展、文化繁荣、社会稳定、人民团结、山河秀美的东方大国形象，坚持和平发展、促进共同发展、维护国际公平正义、为人类作出贡献的负责任大国形象，对外更加开放、更加具有亲和力、充满希望、充满活力的社会主义大国形象。在十九届中共中央政治局第三十次集体学习时，习近平总书记再次强调，要注重把握好基调，既开放自信也谦逊谦和，努力塑造可信、可爱、可敬的中国形象。习近平总书记在中国文联第十一次全国代表大会、中国作协第十次全国代表大会开幕式上的重要讲话中也强调，用情用力讲好中国故事，向世界展现可信、可爱、可敬的中国形象。

当代中国与世界研究院（当研院）是从事国际传播研究的国家级专业智库。我们长期开展全球中国国家形象调查，根据我们的跟踪研究，中国国家形象在新时代 10 年中有如下特点。

一是国家整体形象关注度逐步提升。近年来，随着中国对国际事务和全球治理参与的不断深入，尤其是中国特色大国外交的稳步推进，中国日益走近世界舞台中央，越来越受到世界瞩目。

二是贡献者形象日益得到世界认可。越来越多的国际民众正逐渐认识到中国对世界和人类的贡献，切实感受到中国发展带来的红利，并期待中国能在全球治理中发挥更大作用。

三是创新者形象越发受到全球关注。随着中国在航空航天、高铁、互联网、医药等方面取得长足进步，中国科技形象日益成为中国国家形象的新亮点。中国科技创新能力获赞誉，科技企业一枝独秀。七成海外受访者对中国科技成就有所了解，68%的受访者认为中国具有较强的科技创新能力，在发展中国家这一比例达到81%。受访者对中国科技成就认知较高的是高铁（36%）、载人航天技术（24%）和火星探测（24%）。

四是务实者形象在行动中得以巩固。"一带一路"建设逐渐从理念转化为行动，从愿景转变为现实，收获了越来越多的成果与认可。中国脱贫攻坚取得重大历史性成就，中国有效控制新冠疫情传播等都让世界认同中国的务实精神与治理成效。

五是挑战者形象受到西方特别关注。中国的快速崛起引发西方的焦虑，不时出现"中国威胁论""中国责任论"等杂音。

新时代，世界期待更加全面深入地了解中国。我们的国家形象全球调查报告显示：受访者对中国参与全球治理各领域表现的积极评价普遍提升，认可度最高的 3 个领域是：科技（62%）、经济（56%）和文化（52%）。中国外交在国际事务中的建设性作用获称赞。62% 的海外受访者看重本国和中国的外交关系，尤其是发展中国家，达到 71%。新媒体渠道尚需充分挖掘。海外受访者主要通过本国的传统媒体（47%）和使用中国产品（44%）了解中国。

在满足世界对中国关注的同时，"西强我弱"的国际舆论格局没有发生根本改变，信息流进流出的"逆差"、中国真实形象和西方主观印象的"反差"、软实力和硬实力的"落差"等"三差"问题还亟待破解，需要我们加强"自塑"。

过去 10 年是新媒体快速发展的 10 年。新媒体成为重要的国际传播场域。新媒体传播移动化、社交化、可视化、智能化趋势明显。2022 年年初 we are social 与 Hootsuite 联合发布的《全球网络概览 2022》报告显示，全球网民 49.5 亿，在世界总人口中占比超过六成，按照这个速度推算，此时此刻全球互联网用户数量已经超过 50 亿。过去 10 年间全球人均移动端网络使用时长占比从 27.3% 增加至 53.5%，全球社交媒体用户从 14.8 亿增加至 46.2 亿。网络用户中观看网络视频比例超过九成，观看流视频超过三成，观看教育类视频近三成。以视频内容为主的优兔广告触达人数超过 25 亿，图片墙广告触达人数超过 14 亿，抖音国际版广告触达人数近 9 亿。

新媒体给国家形象"自塑"带来新机遇。一是传播主体更加多元，人人都有麦克风，万物皆媒、人机共生，更有利于吸引更多主体特别是普通民众参与到国际传播中。二是改变生产分发流程，非线性操作、人机协同、算法推荐，提高了内容的生产效率。三是创新信息内容形态，

4K/8K、AR/VR/MR/XR、沉浸式传播，极大丰富了国家形象塑造和展示的手段，优化了效果。四是创新国际传播赛道，新技术、新应用、新平台，让我们有了另起炉灶、弯道超车的机会。

为了利用好新媒体，提升国家形象"自塑力"，我与大家分享以下几点看法。

一是以新媒体的广泛性聚合民间创造力。李子柒等网红受到国外网民追捧。2021年11月2日，特斯拉CEO马斯克在微博和推特上分别发了一首中文版的《七步诗》，中国网友上传了很多英译版本，向外国朋友解释了该诗的背景和意义，与包括马斯克在内的国外人士进行了互动。新媒体降低传播门槛，吸引更多普通民众的参与，在讲述凡人凡事中形成共鸣与共情，有利于展现真实可信的中国。

二是以新媒体的延展性释放地方呈现力。国外对中国关注的颗粒度在细化。比如，经济学人智库网站为长沙设置了专题页面。2020年8月，英国《经济学人》杂志介绍湖南卫视节目大受欢迎。2021年，英国《经济学人》杂志伦敦版专文介绍长沙智慧之城建设。2022年8月16日，英国《经济学人》网站介绍长沙以科技创新驱动经济升级。因此，利用新媒体，地方可以充分发挥自身的国际传播潜力。近年来，多地都开始尝试建设国际传播中心，直接对外发声，呈现出各具特色、立体多样的中国。

三是以新媒体的垂直性提升流行吸引力。新媒体强化了利基（niche）传播。任何一种兴趣都会聚集起全球数以万计的关注者。根据相关研究，中国网络文学已向海外传播作品1万余部。其中，实体书授权超4000部，上线翻译作品3000余部；网站订阅和阅读App用户1亿多，覆盖世界大部分国家和地区。截至2021年年底，仅起点国际平台便上线约2900部中国网络文学的翻译作品。2021年度《赘婿》《斗罗大陆》《锦心似玉》《雪中悍刀行》等IP剧集，也先后登录优兔等欧美主流视频网站，在全球上百个国家和地区产生影响。国产网络文学《天官赐福》被Netflix改为动画，在越南泰国播放量曾排名第五。动画大电影《妈妈咪鸭》曝光国际版预告片，作为首部全球同步发行的中国动画电影，影片已销往全世界数十个国家，海外预售近千万美元。国产网络游戏已经形成规模庞大的产业，根据2022年6月的统计，包括《原神》在内的中国多款网游都进入全球游戏下载的前列。

四是以新媒体的生动性发挥文化柔和力。在国际关系复杂的情况下，文化是国际交流的润滑剂，可以有力推动文明间的交流互鉴。新媒体以其技术性增强了文化展示的生动性。2022年北京冬奥会开闭幕式大量运用"5G+4K/8K+AI"沉浸式技术，完美呈现了二十四节气、折柳寄情等中国文化，向世界更好展示了一个自信从容的中国。2021年5月28日，由国务院新闻办公室、国家文物局、四川省人民政府主办的"走进三星堆，读懂中华文明"主题活动在三星堆博物馆成功举办，融合了多种沉浸式体验的"三星堆奇妙夜"，带领海内外嘉宾实现了一场穿越3000多年的时光旅行，向国际社会展示了神奇的三星堆文化和多元一体的中华文明的魅力。

五是以新媒体的时代性形成青春向心力。当代中国与世界研究院《中国国家形象全球调查报告》显示：分年龄来看，18至35岁的国际青年对中国评价持续向好。他们了解中国的国内治理情况并给予积极评价，对中国在全球治理方面的贡献值认可度更高。2013年以后到过中国的青年对中国整体形象评价最好，达7分。以新媒体的时代性、时髦感吸引各国青年，特别是"Z世代"群体，让他们关注中国、了解中国、贴近中国。为此，当研院也针对各国青年进行专题调研，并组织"国际青年领袖中国行"等各类活动，用线上加线下的方式团结起各国青年。

当研院愿与各家单位加强合作，一起用好新媒体，共同为展现可信、可爱、可敬的中国形象而努力，不断提升国家形象的"自塑力"。

（作者为当代中国与世界研究院院长）

2022 中国新媒体大会
CHINA NEW MEDIA CONFERENCE

"社会服务与新媒体力量"
社会责任论坛

推动新媒体新平台知责于心履责于行

胡伟林

　　加快推动媒体融合发展，是以习近平同志为核心的党中央对新时代宣传思想工作作出的重大战略部署。党的十八大以来，习近平总书记就新媒体发展发表了一系列重要论述，既是对新媒体发展的重视关心，也指明了方向和道路，新媒体发展得越来越迅速，地位越来越重要，作用越来越突出。

　　作用越突出，责任越重大。在发展的过程中，我们众多优秀的新媒体，更应该知责于心、担责于身、履责于行。我们应当始终坚持人民至上理念，解决好"我是谁、为了谁、依靠谁"的根本命题，不断满足人民对美好生活的向往；始终坚持先进技术为支撑、内容建设为根本，一手抓融合，一手抓管理，努力推出有思想、有温度、有品质的作品，用优质内容赢得用户；始终坚持在围绕中心、服务大局中找准坐标定位，把握好舆论引导的时、度、效，化解负效应，激发正能量，成为党治国理政、凝聚共识的有力助手。

近年来，湖南政协宣传工作坚持守正创新，建设了政协云，委员实现"掌上履职"，打造了政协"报、刊、网、端、微、屏"融媒体平台，讲好新时代中国的故事、中国共产党的故事、湖南发展的故事、委员履职的故事。未来，湖南政协将借助新媒体力量，让委员履职变得更活、更实、更智慧。我们也将以此次论坛为契机，充分发挥专门协商机构的独特优势和重要作用，进一步推动新媒体平台的搭建，进一步推动新媒体规范健康发展，共同为全面落实"三高四新"战略定位和使命任务作出更大贡献。

（作者为湖南省政协副主席）

深化媒体融合赋能　拓展志愿服务领域

张其胜

习近平总书记强调，志愿服务要与实现第二个百年奋斗目标、建设社会主义现代化国家同行。志愿服务是创新社会基层治理的重要方式，是社会文明进步的重要标志，也是新媒体承担社会责任、参与公益事业的重要方式。近年来，广大新媒体和互联网企业积极搭建志愿服务平台、组织志愿服务活动、宣传志愿服务典型、弘扬志愿服务精神、培育志愿服务文化，形成了网上网下结合、线上线下互动的生动局面。

志愿服务与新媒体的不断融合，为拓展志愿服务领域、丰富志愿服务内容、提升志愿服务水平提供了新的增长点。这就需要我们从理论和实践层面，不断总结经验、把握发展趋势，交流新观点、开拓新思路，运用新媒体力量推动志愿服务事业高质量发展。借此机会，我与大家分享几点认识和体会。

第一，打造品牌项目，提升新媒体志愿服务影响力。新媒体从业人员多、用户覆盖广，蕴藏着丰富的志愿力量。希望广大新媒体主动围绕国家战略、社会治理、百姓民生，聚焦政策宣讲、文明实践、文化体育、医疗卫生、扶贫助困、环境保护等方面，策划实施形式多样的志愿服务项目，广泛吸引社会力量参与志愿服务、投身文明实践。注重总结好经验、好做法，推出一批优秀案例，打造一批品牌项目，发挥辐射带动、示范引领作用，推动新媒体志愿服务制度化、常态化、品牌化。

第二，搭建网络平台，整合汇聚社会各界资源力量。网络是志愿服务的重要发力点、增长点。希望广大新媒体发挥技术优势、承担社会责任，搭建志愿服务网络平台，为志愿服务事业发展聚集人气、汇聚资源。发挥新媒体信息枢纽作用，利用流量渠道资源，依靠平台广大用户，收集群众需求，发布项目清单，线上线下协同联动，推动各类资源焕发活力、形成合力，为群众提供精准化、专业化志愿服务。"乡村振兴智慧融媒公益平台"就是这一类的网络平台，希望这样的平台越办越好。

第三，突出传播优势，弘扬志愿精神，培育志愿文化。新媒体具有先进的传播手段、灵活的传播方式、便捷的传播渠道，是人们获取信息、交流分享的重要途径。希望广大新媒体加强宣传策划、开设特色专题、形成宣传矩阵，制作推出歌曲、H5、短视频等融媒体产品，讲好中国特色志愿服务的理念价值、实践意义，挖掘其中蕴含的中国精神和中国力量，增强志愿服务文化传播力、感染力。加大对全国学雷锋志愿服务"四个100"等先进典型的宣传力度，通过小切口、小故事，生动展示志愿者无私奉献的高尚品质、服务群众的感人故事。聚焦新时代文明实践中心（所、站），多角度、全方位呈现文明实践志愿服务的进展成效，推广基层创新做法和鲜活经验。

志愿服务为新媒体传播提供了源源不断的精彩内容，新媒体为志愿服务发展装上了动力澎湃的时代引擎，希望各位专家学者和广大新媒体朋友一如既往地支持关注志愿服务，大家协同并进、探索创新，以强烈的责任担当、丰硕的实践成果，推动志愿服务与新媒体深度融合，为实现第二个百年奋斗目标、建设社会主义现代化强国贡献力量。

（作者为中宣部志愿服务促进中心副主任）

新媒体拓展服务功能的四种思维导向

■ 丁 伟

本场分论坛的主题是"社会服务与新媒体力量",这让我想起了自己从事新媒体工作的起点。2012 年 7 月 22 日,人民日报法人微博在北京暴雨之夜紧急上线,我们彻夜未眠,与大家共同守望平安。从那时起,创新传播手段、履行社会责任、做好社会服务就已经深深融入人民日报新媒体的基因。

时至今日,人民日报新媒体已走过了 10 年历程。10 年来,我们抓住移动互联网快速发展的战略机遇期,不断创新表达、拓展渠道,做好可视化、交互性、年轻态,推出了一批有创意、影响力大的"爆款"产品,建立起"两微两端多账号"的移动传播矩阵,覆盖用户超过了 7.8 亿。

当前,移动互联网已进入下半场,用户规模进入稳态增长区间,新技术正推动传播业态进一步演变。面对机遇与挑战,新媒体平台要持续增强用户黏性,维系更稳定、更持久的链接,拓展服务功能将成为新的发力点。我们必须突破单一的信息传播功能,建立"新闻 + 政务服务商务"运营模式,才能更好满足用户需求,增强使用黏性,全面提升吸附聚合能力。

要做好社会服务这篇大文章,我想有几点思维意识必不可少。

第一,用户思维:坚持以人民为中心,满足用户需求,是拓展服务功能的原点。

不管传播趋势如何变化,满足人民群众需求始终是媒体发展的基本

使命。人群在哪里，我们的服务就要跟进到哪里；用户需要什么，我们的服务就要优化供给上来。谁能更好、更有效率、更有质量地满足人民群众对美好生活的需求，谁就能在发展大潮中赢得主动。

为此，人民日报新媒体曾做过许多探索，2020 年新冠疫情发生初期，人民日报客户端紧急开发"新冠肺炎求助者平台"，总点击量超 10 亿次，收到有效信息超 4.2 万条，使近万名患者得到及时救治。此外，我们还曾推出慢性病缺药求助信息平台、河南暴雨紧急求助通道、求职招工"暖春行动"、"筑梦青春"毕业大学生云招聘、"为鄂下单"直播带货等平台和活动，受到广泛欢迎。

借助互联网技术发展，我们得以更精准、快速地发现需求、满足需求、引领需求，不断拓宽服务边界，扩展服务内容，提高服务能力。但是，要跳出事件性、单一化的服务提供，更常态、立体、及时回应人民群众的多元诉求，我们还必须以平台建设为方向，真正做到广泛聚合、功能拓展、重心下沉。

第二，平台思维：缩短用户与服务的匹配路径，拓宽应用场景，是拓展服务功能的基础。

当下，媒体平台化和平台媒体化正同向并行，主流媒体依托资源、品牌优势和既有传播矩阵，开始布局平台建设；由互联网科技公司主导的一些平台则不断加大对优质内容的引入，大力投入内容供给。在这一点上，二者殊途同归，都想成为平台型媒体。

对于主流媒体来说，只有建成自主可控的平台型媒体，才能掌握话语权、保持影响力，也才能通过提供更实用高效的服务，彰显社会价值、增强发展活力。

建设平台型媒体，首先，要有海量信息作支撑，能充分满足用户对信息、情感、观点的多元需求，再通过算法精准分发，实现海量内容与个性化需求的匹配。其次，要能广泛链接，通过聚合各类应用，集纳不同功能场景于一体，让商务资源、政务资源得以有效流动和交换，满足不同类型用户获取商品、完成交易、政务办事的诉求，提供全面、丰富、个性化的功能服务。这就要求我们，不仅要做新闻信息的生产者和提供者，也要做各种社会资源的组织者、聚合者和匹配者。通过将分散的、碎片化的资源汇聚在一起，以智能技术为驱动，实现人、场景、信息更精准、更有效地匹配，缩短服务路径。同时，依托平台，不同资源要素有效互动、深度整合，不断创造出新价值，提供新可能，以良性生态聚拢更多用户，生长出更强大的服务能力。

第三，数据思维：从信息中枢转为数据总汇，发掘数据价值，是拓展服务功能的核心驱动。

在如今的信息传播变革中，数据已是最重要的驱动力，基于数据形成的算法，已不仅是一种技术，更是一种方法论，改变着传播的逻辑和规则。

在平台内，用户基于不同场景生成海量行为数据，通过整合、分析、开发，这些数据将成为理解用户的基础，也是我们拓展服务的指南。在完善的用户管理体系下，我们能够形成精准的用户画像，可以掌握个体偏好与真实需求，实现服务的量体裁衣。

此外，平台聚合的多种服务应用也会产生相关行业、领域的大数据。

基于政务服务、商务服务的专业数据和媒体平台数据有效结合，将为相关部门科学决策、精细管理提供依据，也为行业企业有效生产提供参考。对跨行业、跨领域数据的深度挖掘和综合应用，将极大提高社会运行效率，改善人们的生活状态。

围绕数据来拓展媒体的服务功能，不仅能服务用户个体行为，对公共决策也有极大价值，将成为主流媒体参与社会治理、更好发挥治国理政作用的重要抓手。

第四，开放思维：共建共治共享是拓展服务功能的有效路径。

拓展媒体服务功能，需要我们坚持以人民为中心，发掘数据价值，广泛聚合资源，做好深度整合，而共建共治共享是达成这一目标的有效路径。

作为人民日报，我们要充分发挥中央主流媒体资源汇聚能力和桥梁纽带作用，联动党政部门，联系社会行业，协调不同层级，真正与各级政府、地方媒体、企业、个人共建共治共享，打造兼具主流价值与创新活力的传播生态。

为此，我们正在加紧筹备推出人民日报视频平台。即将上线的人民日报视频客户端，将汇聚人民日报社内外的视频生产能力与传播资源，包括其他中央媒体、地方媒体、政务机构账号和优质自媒体账号，横向联动媒体与行业资源，纵向打通中央、省、市、县四级传播体系，打造首个以PUGC为特色的中央媒体视频平台。同时，人民日报视频客户端将拓展"新闻＋政务服务"功能，从服务百姓、服务政府治理、服务经济发展不同维度，整合社会资源，拓宽应用场景，进一步推进媒体的深度融合发展。

在这里，我们诚挚发出邀请，希望各政府部门、媒体同仁、行业企业、专家学者与我们携手，共同汇聚传播之力，为更好服务党和国家工作大局、履行社会责任作出应有贡献。

（作者为人民日报社新媒体中心主任）

新媒体如何画出网上网下同心圆

——从十万条"全民拍"里看变化

■ 李 俊

一、新媒体履行社会责任的"同心圆模式"

新媒体履行社会责任的标尺，是能否在网上网下画出最大的同心圆。

"全民拍"是新华社新媒体中心创办的新媒体应用。两年来，10万条来自基层群众的"全民拍"照片传递着民生冷暖，也为如何实现"同心圆模式"提供了一份"新媒体+"的生动样本。

同心圆是圆心相同半径不同的圆。在"同心圆模式"中，圆心决定了方位，代表了我是谁、为了谁；而圆的半径决定了大小，代表了能不能传得开、传得远、传得深入人心。

"同心圆"是习近平总书记提出的一系列新论断、新观点、新概念的重要组成部分，为主流媒体凝聚社会共识提供了重要遵循。

习近平总书记指出："凝聚共识工作不容易做，大家要共同努力。为了实现我们的目标，网上网下要形成同心圆。""人心向背、力量对比决定事业成败。我们提出坚持正确处理一致性和多样性关系的方针，就是着眼于形成最大公约数，画出最大的同心圆。""只要我们把政治底线这个圆心守住，包容的多样性半径越长，画出的同心圆就

越大。"

推动媒体融合向纵深发展，媒体融合、跨界融合、"新闻＋政务服务商务"融合本质上都是在画出凝聚共识的同心圆。"新媒体＋"就是守住核心价值的圆心、不断延伸半径画出同心圆的过程。半径越大、边缘越广，"新媒体＋"的覆盖面越广、影响力越大、生命力越强。

二、从 10 万条 "全民拍" 里看变化

习近平总书记指出，媒体融合发展不仅仅是新闻单位的事，要把我们掌握的社会思想文化公共资源、社会治理大数据、政策制定权的制度优势转化为巩固壮大主流思想舆论的综合优势。要抓紧做好顶层设计，打造新型传播平台，建成新型主流媒体，扩大主流价值影响力版图，让党的声音传得更开、传得更广、传得更深入。

"全民拍"栏目是新华社坚持"技术赋能"打造新型社会治理交互平台的尝试，是主流媒体打通社会治理大数据履行社会责任的一个成功案例，群众在消费维权、社会民生、生态环境、灾害救援等领域遇到问题，

打开新华社客户端 App"拍一拍"即可上传线索。经过"智能＋人工"协同，帮助解决群众的身边事、烦心事，因此荣获中国记协"新媒体公益 2021 十大案例"。

好的基层治理，一定是以人民为中心，民有所呼，我有所应。解民忧、纾民困，及时回应群众关切，持续改善人民生活也是各级政府履职的重要组成部分。那么，人民群众有哪些关切和期待？解决社会治理"最后一公里"还有哪些痛点？今天，我想从新华社客户端"全民拍"栏目已收到的 10 万条线索中与大家分享。

10 万条线索中，有群众自发用手机反馈的基层"疑难杂症"，线索涉及党风政风、劳动权益、消费维权、生态环境、物业管理等诸多备受关注的民生问题。据统计，仅 2021 年一季度，网友投稿线索数就达19768 件。其中党风政风占 12%，生态环境占 9%，消费维权占 12%。其中农民工讨薪问题最多，有 3282 件，占 16.6%。

在梳理过程中也发现，群众对基层治理的需求折射出 3 个变化，体现了社会进步过程中的新期待。

1. 变化一：看得见"大问题"，也听得见"小声音"。

"以前接听新闻热线，群众反映的大多数是涉及面广，关系复杂的'大问题'，而'全民拍'征集来的很多都是民生小事。"一位新华社"全民拍"栏目编辑结合自身从业经历进行了对比，不无感慨地说。这说明一方面基层处理"大问题"的能力提升了，另一方面群众的要求也在同步"升级"。

村里的工程扬尘太大、小区道路积水太多、公共设施年久失修……群众遭遇的不开心、不顺心、不安心都通过一台手机传送到云端。在极寒天气下，部分北方居民反映自家供暖不达标，"在家穿着棉袄盖棉被"；常态化防疫中，一些网友反映，地方防疫政策层层加码，甚至"对低风险地区抵返人员贴封条管控"……群众反映的这些"小事"牵动着党委政府的视线，得到了各地各级部门的重视。

作为公益行动的平台化举措，"全民拍"成为"我为群众办实事"的载体，在政府和群众之间架起了沟通联系的桥梁，栏目成功促成了近1/4线索的解决，阅读量和评论数以亿计，真正为群众办了很多实事。帮助农民工讨回700多万元工资，曝光的一大批基层环境污染线索，受到多位省部级主要领导同志的批示，一些中央部委和地方政府单位还形成专班，专门接纳"全民拍"栏目提供的舆情。

不少"小问题"也是新问题。近年来，我国城镇化水平不断提高，生产方式不断优化，诸如改造老旧小区、破解停车难等工作，在推进过程中不时出现"发展中的烦恼"。曾反映小区物业问题的"全民拍"网友对记者表示，经济社会的快速发展对社会治理提升带来很大挑战，这也需要政府在社会治理中更具创新性。

正如一位反映新能源充电车位被占用的"全民拍"网友所言，群众对"小问题"的关切意味着社会治理中发现问题的"眼神"要更精细，对待人民群众提出的基层治理问题要更精心，解决问题的措施要更精准。

2. 变化二："为小家"，也"为大家"。

2020年年底，"全民拍"网友曝光内蒙古自治区阿拉善盟曼德拉山岩画遭涂抹。内蒙古自治区根据曝光线索成立专项调查组，并发布岩画保护整改建议。

2021年2月，"全民拍"网友曝光海口一办事机构内部车位空闲，却禁止前来办事群众车辆进入。当地随即出台系列整改措施，取消该机构停车场预留车位、实行先到先停措施。

还有不少网友反映，自己所居住的小区垃圾分类管理不到位，没有严格落实垃圾分类的要求，希望有关部门能够责令物业整改，居民愿意配合。

除了自身基本诉求，越来越多的群众开始关心身边的事。

在10万条群众反映线索中，有将近半数涉及影响人群大、涵盖范围广等带有公共属性的问题。涉及生态环境、党风政风、教育培训的相关线索占比接近50%，这些建设性的留言不仅体现出人民群众参与公共事务的积极性不断提升，"全民治理"的趋势也正在强化。

在不少专家看来，这体现了基层治理正在发生变化，政府要做到履职尽责，推动治理资源下沉，还要做到共商共治共享，更好地体现人民当家作主的理念。

重点是明确"办什么事"和"谁来办"两个问题。一方面，要识别涉及社区秩序公共性问题；另一方面，基层党组织要引导和组织群众一同解决这些集体和公共利益问题，实现有效的社会治理。

3. 变化三：有"经济利益诉求"，更有"美好生活向往"。

纵览"全民拍"线索数据库，群众对社会问题的关注点发生着微妙的变化。以往，群众反映问题主要集中在征拆补偿、劳资纠纷等涉及经济利益的领域，而"全民拍"线索中，涉及生态环境、精神文化等方面的需求占到很大比重。仅生态环境一类线索占比就高达19%。

在"全民拍"线索中，有北京市民反映居民区垃圾站占用人行道和盲道，影响市容；有武汉网友投诉地铁图书馆不仅没有一本书，屏幕还一直亮着；还有群众反映湖南一文化馆工地噪声污染大，缺少环保措施。这些线索涉及居民生活的方方面面，得到了居民群众的热切关注，数千的评论和转发，体现了群众对美好生活的追求和向往。

值得注意的是，群众十分看重反映民情民意过程中干部的态度，一些由干部的官僚主义、形式主义作风引发的群众意见，不亚于所反映的问题本身。

一个个实实在在的问题，既表明人民群众对追求品质生活的美好愿望，也凸显出新时代的新期待。

群众反映的问题折射出其对美好生活的向往，说明群众的公共意识也在随着时代进步，同时也给基层政府的服务水平和治理能力提出了新的要求。

三、"手机上的新华社"如何画出最大同心圆

新华社社长傅华指出，身处新华社这样的政治机构，每一名新华人一分钟都不能站在党的队伍之外，一分钟都不能偏离习近平总书记指引的方向，一分钟都不能离开习近平总书记和党中央的视野，任何工作都要站在服务习近平总书记和党中央治国理政的立场和高度来谋划、来开展。

当前，新华社正在大力推进媒体融合向纵深发展，踔厉奋发、昂扬奋进，加快建设国际一流的新型全媒体机构。新华社新媒体中心是媒体融合发展的"试验田"，是建设"手机上的新华社"的主力军。如何发挥新媒体优势，画出凝聚共识的最大同心圆，是我们的职责所在、使命所系。

新媒体中心负责新华社面向新媒体的供稿线路、终端平台、社交媒体账号集群三大业务体系，一条新媒体供稿线路服务全国网站、新媒体，两个终端平台新华社客户端、新华社英文客户端技术先进、影响广泛，微博、微信、抖音、快手、视频号等新华社官方账号矩阵稳居主流媒体第一方阵，现场云服务全国 4000 多家机构和县级融媒体中心。"线、端、微、抖、快、视、云"覆盖用户超过 10 亿。

2022 年下半年，新媒体中心将从 3 个方面强化使命担当，为画出最大同心圆作出更大贡献。

一是全面掀起宣传报道高潮，全力做好习近平总书记思想和形象宣传，发挥"内容＋技术＋灵感＋美学"优势，为党的二十大营造热烈氛围，画好"圆心"。

二是全力推进"新媒体＋"工程，推动媒体融合、跨界融合、"新闻＋政务服务商务"融合，画好"圆形"。

三是奋力推进创新工程，决不错过任何一次技术有效赋能的机会，

决不忽略任何一个能够促进传播、赢得受众的新媒体形态，在元宇宙、区块链、5G 融媒等领域不断探索，把同心圆越画越大、越画越美。

（作者为新华社新媒体中心主任）

科技微光点燃未来梦想

■ 冷文生

我们一直思考什么是新主流，新主流需要解决的难题是用户失联。新主流从来不缺乏优质的内容，从来不缺乏正确的价值观。在新时代，新主流遇到了与失联用户怎么建设连接的问题，是我们在新征程上需要思考的问题。下面把我们的实践和大家一起分享。

科技日报社作为中央科技新闻宣传的主阵地，特色就是科技与创新。以什么样的服务与失联的用户见面？抵达自己的用户，服务应该是有所为有所不为。人民日报、新华社是主力战队全覆盖的态势，而科技日报社要选自己的特色，自己的有所为有所不为。我们的选择是按照习近平总书记部署的，科技创新与科学普及同样重要。

我们围绕习近平总书记的布局，把报社的子报、子刊、子网所有的媒体，分为两翼，一翼聚焦科技创新，一翼聚焦科学普及。

科学普及我们首先聚焦的是乡村的孩子，"十四五"全民科学素质行动纲要中特别强调，在"十四五"时期，实施青少年科学素质提升行动，激发青少年好奇心和想象力，增强科学兴趣、创新意识和创新能力。为了响应国家的规划，聚焦我们的特色，我们与社会力量一道推出了"科技微光点燃未来梦想"的主题活动。通过系列的情景大师直播课、线上课程，以及科普研学，聚焦乡村，用多种方式将优质的教育内容送到乡村。

这一行动计划，由下一代教育基金会和平安公益基金会联合发起、科技日报社支持。自 2019 年 6 月开展以来，已在河南、广西、云南、甘肃、贵州、重庆等 27 个省区市 1039 所乡村小学捐献了约 38.4 万本科学教材、10 万多套实验包，通过线上线下共计培训乡村学校校长、老师 1 万余人次，受益学生超过 31 万人。利用科学教育扶贫的形式，推进乡村小学、教师以及学生三方的科技素养能力全面提升，协助教育部门共同推进我国科技教育的发展。

2021 年推动了抖音春节专题。在春节期间，邀请科学家到贵州遵义的小学，给小学生现场讲解科学知识，并通过全网直播，扩大影响。同时开展研学营，除了把课程送下乡，还邀请乡村孩子走进科学博物馆，并在研学营当中开设一系列的科学研究课。整个活动形成了一系列科普视频，我们通过兄弟媒体、自身媒体，形成矩阵。此外，还有 8 节精彩的全场景大师课。

2021 年春节期间，很多孩子"宅"在家里，怎样度过有价值、健康的、有收获的春节，这是我们要破解的一个问题，我们开展的春节特别课活动，播放量是比较大的。

我们主流媒体需要借助兄弟平台，特别是商业化、专业化的平台，以产生化学反应，这不仅需要科技日报的记者采访的科学家，还需要科普达人、演艺明星，从而把优质的科普内容传递到"宅"在家里的孩子中去。

这一专题活动不仅仅停留在手机屏幕里，还走进现场。我们通过策划和实施，在 4 月 22 日走进贵州遵义将军希望小学，孩子们非常高兴，因为没听过白头发的外国科学家讲课，觉得化学是很新奇的世界。线上还安排两位科普达人，做了专项培训课，包括人工智能、趣味小课堂，同时给乡村教师培训科技创新、发明设计，通过教具、思维、科学教学方法，让孩子们的创新思维激发出来。

2021 年 4 月，英国籍的科学家走到孩子们当中，他讲课非常精彩，大家觉得非常新奇，而且在当时的国际形势下，有一种开放、包容、求真的非常优质的价值引领。

专题推进的同时我们也有反思，研学营让我们感觉仅仅把白头发科学家送下乡是不够的，我们还希望把孩子带到教育资源丰富的城市，于是开展了"我是山村娃，有一个科技梦"科普研学营活动。2021 年 5 月，我们邀请 100 名乡村学生，21 位乡村老师来到北京，走访科普场所、科技馆、故宫博物院、动物园、动物博物馆，开展了 4 场互动讲座，直播了两堂情景大师课，活动传播人群超过 9000 万。

科普研学营讲解了南极那些事，孩子们听得非常认真，南极有什么样的微生物，什么样的动物，什么样的气候，使孩子们对冰天雪地的世界有了认知，也教会了孩子们怎么样探索这个世界，效果都非常好。

活动项目进行过程中，发现许多学校，有很多优秀的经验，我们便开展活动，把各个学校优秀的经验汇聚到一起，同时在微博平台以及其他专业商业平台，开设了大型的交流活动。

这一系列的情景大师课，内容包括化学科学家、南极探险者、自然博物馆、十万个为什么、天空课堂，都是在网上反响比较热烈的话题，其中有两个项目，特别值得大家关注。一个是我们带着学生，走进一些关注度较低的地方，让他们看到在我们祖国有这样的地方。另一个是做一些科学实验，并结合社会热点进行相关解读，通过这些事情，与失联的用户进行联系。

在整个主题活动推进过程中，还生成了其他项目，如从 2022 年 2 月 26 日到 6 月 30 日，面对青少年朋友制作了 60 节科学视频，形成了系列的科普微视频项目。特别是科学与诗词、数学与万物、万物科技里面的天文历法、音乐与科学等内容，形成了科学与万物的连接。通过这种科学与万物的连接，实现了对用户的启发、传递。最终让优质的科普内容，通过好奇心，通过各种联动，传递到用户中。

（作者为科技日报社副总编辑）

越澎湃　越负责

■ 刘永钢

　　提升社会服务能力是媒体融合发展的题中应有之义。作为互联网新型主流媒体，澎湃新闻坚持内容为王，不断创新传播形式，壮大主流价值，实现"新闻＋服务"的良性互动，积极践行新型主流媒体的社会责任。

　　关于媒体社会责任，我们有两点认识。承担社会责任是媒体职责使命的本源，媒体应紧紧围绕自身的特色和特性来承担社会责任；媒体的影响力越大，越应当秉持更加负责任的态度做更多的实事。

一、延伸服务链条，积极履行媒体社会责任

　　媒体是记录者、传播者，也可以是帮扶者，可以对当事人或者特定的群体给予直接的援助和救济。澎湃新闻积极探索"新闻＋公益"模式，联合专业公益机构，进一步延伸媒体服务链条，切实履行主流媒体的社会责任。

　　2021 年 7 月，河南郑州等地遭遇历史罕见的特大暴雨，给当地群众的财产、生活带来了巨大损失。面对突发重大事件，澎湃新闻确定了 3 个基本点：一是及时准确地发布灾情信息，让公众有知情权，预防减少灾害；二是更加积极主动地引导舆论，让整个舆论不被谣言所主导；三

是做一些实事，为受到直接影响的百姓提供实实在在的帮助。

基于以上思路，澎湃新闻着重做好两方面工作。一方面，及时、准确、权威报道和发布相关灾情信息。另一方面，开辟两个救助通道：一是"寻找失联者"，聚焦当时家人朋友无法联络到的群体；二是开通"救助登记通道"。除了上述通道，澎湃新闻还联合上海慈善基金会、爱德基金会联合发起"防汛救灾驰援河南专项行动""驰援河南灾后重建专项行动"两个互联网公募筹款项目，仅在两天内就超额完成募捐目标，为灾区募得善款 1063 万余元，并在后续迅速将相关善款给到了当地受灾群众。

上述案例带给我们的启示是：除了建立救助通道之外，媒体可以发挥自身的专业和品牌优势，会同专业的基金会进行快速有效的公益筹款。我们认为，在重大灾害事件中，媒体除了是报道者、传播者，还是助力者。通过主流媒体的身份联合公益机构发起募捐，有力增强了募款行动的公信力、权威性和透明度。

二、多办好事实事，搭建多样化的服务平台

在坚持内容为王，不断提升内容质量的同时，澎湃新闻积极搭建服务平台，真真切切地帮助用户、帮扶弱者，解决问题，通过报道消弭不同舆论场之间的隔阂，形成积极的舆论氛围。

2022 年 3 月下旬，在上海抗击疫情的关键时刻，澎湃新闻率先推出"战疫服务平台"。上线之初该平台主要涵盖求助、辟谣、问询 3 个功能，在后续动态运行过程中，平台不断延伸服务边界，如聚焦群众关切的物资保障、物资质量等问题，联合上海市消保委开设"疫情期间消费投诉专线"；关注到因疫情期间交通不便，群众面临的急慢性病药、特效药等用药难题，开辟"药品求助专项通道"。这些都给予了市民实实在在的帮助和安慰。5 月份后，随着上海这波疫情迎来拐点，面对许多企业、个人

担心的企业生存和就业问题，澎湃新闻进一步推出"就业服务平台""助企服务平台"。这些平台、通道共同构成了"澎湃战疫服务矩阵"。再如疫情期间还推出"大白能量澎湃包"公益活动，为医护人员包括基层社区服务人员提供补给物资，以及其他筹款活动。这些行动让参与记者们越来越激情澎湃，觉得非常有价值。

截至 2022 年 5 月底，"澎湃战疫服务矩阵"收到有效求助 10580 余条，由记者直接推动解决以及转报线索 5800 余条，并刊发 250 余篇反馈报道。这件事让我们很多同事都感到很充实很欣慰，我们通过踏踏实实办好具体的一件件的事，真真切切帮好一个个的忙，践行了媒体的责任担当，实现了媒体的公共价值，拓展了媒体的服务能力。

三、坚守媒体价值，建立长效慈善帮扶机制

除了做好阶段性或特殊时段的帮扶举措，澎湃新闻还致力于推进常态化的社会服务，构建长效帮扶机制，让主流媒体价值得到彰显。

比如，澎湃新闻在 2018 年上线了消费者权益保护平台"澎湃质量报告"，在严肃的时政新闻基础上，增加了接地气的服务内容，曝光一批涉虚假宣传、侵害消费者权益的产品。通过跟进报道和平台化的解决方式，同时与国家市场监督管理总局、国家药监局、中消协、上海消保委等部门机构建立直接联系，以及同电商平台、企业联动等方式，为消费者，同时也为受到污名化攻击的厂商带来切实的帮助。

在长效帮扶机制以及公益理念构建方面，我们连续 15 年开展公益扶贫支教活动"雪域童年"，足迹遍布中西部所有省份，惠及学生人数超过 8000 人；连续 4 年组织责任者践行年会，探讨社会责任新生态；开设"公益湃"栏目，记录中国公益慈善事业发展，助力构建专业、科学、理性的社会公益生态。

再回到媒体本身，面对互联网格局下鱼龙混杂的信息迷雾，以及流

量驱动下的似是而非、真假参半信息多的现状，我们专门推出事实核查项目"澎湃明查"，并进一步上线"澎湃明查"中英文网站，利用专业化的力量、平台化的机制，努力将其打造成为一个重大的热点事件、公益事件的校准器，动员广泛的、专业的社会力量共同参与核查报道。

总之，履行媒体社会责任是媒体职责使命所在，也是媒体自身的生命线。我们将坚守主流价值，不断强化认识，强化责任担当，持续提升主流媒体的传播力、引导力、影响力、公信力。我们坚定地认为"勿以善小而不为"，任何一件小事都是实实在在的大事，努力做好每一件小事，积极做好每一件基础的事，认认真真、踏踏实实、守正创新，不断彰显媒体价值。

（作者为澎湃新闻总裁、总编辑）

芒果的新公益结构

■ 易柯明

　　事业的成功形式是模式，模式的成熟形成要看结构。芒果模式是什么？我想用对改革开放的经济学术理论贡献很大的一位经济学家林毅夫的主要理论"新结构经济学"来表述芒果模式，就是基于党媒国企之主流新媒体属性的"新结构芒果学"。如果我们要了解芒果模式，建议大家从结构角度研究它。比如平台结构、内容结构、产业结构、运营结构、管理结构、拓展结构等，其实芒果模式就是一个不断深化细化的"新结构芒果学"。那么看待芒果超媒、芒果 TV 的社会责任公益作为，也可以从"芒果公益结构"的维度来了解并理解。

　　阳光公益、青春同行，这是芒果公益结构之上的总体理念。我们用青春奋斗者同行的方式推动公益事业的具体融合发展。首先做好公益结构的中心平台，2021 年，芒果 TV 获得民政部指定，成为全国广电系统及湖南省内唯一的慈善组织互联网募捐信息平台。这是举媒体之炬、凝社会之力做慈善公益的关键性基础，有了这一基础就有了专业化的大方向。我们已经发起了 35 个指向明确、程序明晰的公共募捐项目，帮助了数以千万计的受众面。

　　平台中心结构引致内容主导结构。芒果内容生态从新闻纪录片，到网络综艺再到网剧全部的方向，形成了系统场域，包括方方面面，都养成了公益的血液，炼成了大爱精神。我们自觉在各种节目中，使用创意

环节和互动环节，让参加节目的艺人嘉宾，也让节目本身的赞助商都把公益作为价值观和一致追求，闪亮传递信念给节目受众，表达我们对社会的关爱之情。

我们的实践也形成了公益作为的结构化，可以从 4 个样本来观察。

第一个样本是承担社会责任的上市公司素质样本。芒果超媒作为上市公司，要面向公众公开社会责任报告。建议大家有机会可以查看芒果超媒每年春天发布的社会责任报告，我认为这是文创企业做得相当不错的、成果实实在在、特色非常鲜明的社会责任报告，是完整意义上的公益结构蓝皮书，而且里面的案例大都具有业界前瞻性。坦率地讲，如果一个公司做不好结构性总结，就说明运营和管理存在不足。而只有实际行动很出色在先，才能做出让自己兴奋、让公众信服的总结报告。

第二个样本是慈善核心平台样本。这个前面已经充分说过了，芒果TV 拥有中心化的芒果公益平台，这是标准化的慈善组织互联网募捐信息平台。实际上，芒果 TV 还拥有快乐看在线教育大屏视听平台，服务于学校、家庭、学子们，我们有数百个名师的资源已经入驻。芒果 TV 的投资者教育基地建设与频道建设，也是富于独创性的实际作用于社会经济建设和市场价值发展的公益增值平台。

第三个样本是主流媒体传播功夫样本。就是我们的宣传要做出功夫，比如芒果 TV 制作的抗疫防疫宣传、励志歌曲影响很大，效果很好；社会人心需要洋溢温情与热力，各种主打节目价值观始终健康向上、引领时尚，比如乘风破浪、披荆斩棘节目系的理念，响应了社会价值的主流昂扬。芒果的更多节目，都在创新考量我们怎样利用平台优势和节目影响力，把公益服务做得更有特色而又更加自然。

第四个样本是环聚艺人与作品的文化资源特色样本。芒果优秀艺人代表张新成是环保大使、动物保护大使。乘风破浪的姐姐们非常关爱留守儿童。披荆斩棘的哥哥们把他们的滚烫人生，融进了孩子们的音乐爱好和才艺生长。更多的签约艺人加入了爱心奉献大比拼，文娱新风必有我，社会暖心常见我。《哎呀，好身材》节目价值也从爱心行为线输送给了社会面，把 50 万元奶粉送给了社会需要的人。还有电商公益服务，湖南广播电视台公共频道的农电商项目、芒果超媒的芒果振兴云超市都是为乡村振兴服务，小芒电商的国货布局则是为国民经济更好的服务。我们可以说，芒果实现了良好的公益效果，引领了暖流的爱心风尚。

芒果诸多方面的爱心触点是说不完的，因为我们的公益脚步从没停止。芒果公益结构就像一棵大树，公益故事与案例则是一个个果实。由于时间问题，不能逐一再讲述，只是做个归纳：我们以平台中心结构、样本联袂结构，走上了芒果公益结构的高度品质化之路。最后，用 8 个字跟大家共勉，"青春永恒，大爱无疆"。这也是芒果人代表广大社会人所表达的公益追求。

（作者为芒果超媒副总编辑、湖南省网络视听协会秘书长）

发挥新媒体影响力 走好网上群众路线

——东南网·闽善行社会公益实践活动案例分享

■ 陈 岳

东南网创办于 2001 年，是福建官方新闻门户网站，由中共福建省委宣传部主管，福建日报社（报业集团）主办。为了更好地谱写福建发展成就，扩大网站传播力影响力版图，报社自 2011 年起，先后在福建省各地市设立了 11 个分站。各分站立足各地实际和发展优势，不断深耕、深耕各个宣传领域，积极推动新媒体融入地方文明建设、服务社会大众，推出了一些特色项目。2015 年 10 月，由东南网莆田站联合莆田市委网信办、文明办、志愿者协会等多个部门发起了"闽善行"网络公益活动，利用"互联网 +"资源，形成多部门联动，扩大社会面参与，成为东南网走好新媒体时代的群众路线，展现新媒体力量，深化新媒体服务功能，承担新媒体社会责任的一个缩影。

搭建平台，实现信息互联共享

公益活动的关键是搭建平台，实现信息互通。自 2015 年 10 月活动开展以来，"闽善行"依托东南网作为党媒官网的新媒体优势，在线上开辟"闽善行"网络专栏，组建"闽善行·行动"微信群，设置呼叫电话专线，实现求助信息来源的人性化和多元化。

2019 年 2 月,"闽善行"公益活动在线收到来自莆田市秀屿区贵州籍两姐妹的求助信息,东南网记者与"闽善行"志愿者深入实地走访,了解到求助者家庭条件十分困难,姐妹两人学习成绩都很好,却经常要为学费和生活费犯愁。新闻报道通过全媒体发布后,当地一个基金会联系到"闽善行"平台,通过无缝对接,实现了精准帮扶,两姐妹在高中和大学期间都得到了持续支助。

一则暖心新闻感动千万人。2017 年 7 月 27 日,福建莆田一位车主驾车时远远看见一位老人正要过马路,就停下来礼让。老人拄着拐杖,在斑马线上走了几步后突然停住,转身脱帽,面朝车辆方向深深地鞠了一个躬,鞠躬的姿势,让人感觉特别认真且郑重。当时老人腿脚不便,步伐缓慢,其走到中间车道时,又向驾车礼让的驾驶员鞠躬行礼。走到最外围车道时,又有两辆电动车停车礼让,老人也向他们鞠了一躬,先后鞠了 3 次躬。东南网记者第一时间联系当事人,在全网首发《莆田:车辆礼让斑马线 老人脱帽三次鞠躬致谢》引发全社会关注和热议。

落地活动，盘活资源借力发力

高速公路"一路帮"志愿团队、电力"义修哥"志愿团队、"莆田义警"志愿服务队等，都在各自领域开展志愿服务。东南网"闽善行"主动对接整合和盘活莆田市本地公益服务资源，"借力发力"开展网络公益活动，为当地弱势群体提供常态化帮扶。

"大家现在药都快吃完了，快递又没办法寄。""孩子出现发烧、炎症，急需药品……"2021年9月13日，莆田市多名白血病患儿家属在当地病友微信群里紧急求助。因为当地新冠疫情形势严峻，8名白血病患儿（其中4名在仙游）暂无法到福州接受救治，急需的药品也只有福州才有，目前已经面临断药风险。当晚9时，"闽善行"接到这些周转而来的紧急求助信息后，马上行动起来，连夜开会讨论，联系有关部门研究解决方案，最终制订了次日的送药方案。14日上午，东南网总站、东南网莆田站、福建省助困公益协会、"莆田义警"志愿服务队和当地志愿者，多方联动，从福州到莆田，再到仙游，开展了4小时爱心接力送药活动，解决患儿家属燃眉之急。东南网也对本次爱心接力活动进行移动直播，当天全网近300万网友关注，传播疫情下的爱与感动，也是"新媒体+公益"的真实案例。

1元理发、免费家电维修、募集大批抗疫物资支援一线、开展"酷暑送清凉·关爱环卫工"公益活动……"闽善行"一系列走实走心的线下活动为困难群体提供实实在在的关爱与援助。

公益寻人，全城寻人全网寻人

老人离家未归？小孩游玩走失？部分网络平台谣言泛滥，真假难辨。为充分发挥新媒体的力量，"闽善行"开展公益寻人，依托主流媒体的权威性报道，运用新媒体手段，发动全网的力量来找人。

收到求助寻人信息后，"闽善行"会第一时间向公安部门核实，并联系家属，保证权威的信息来源，然后通过官方平台发布详尽信息，同步推送到新媒体移动端、官方抖音号、寻人微信群，信息也共享"头条寻人"等第三方公益栏目，通过志愿者转发朋友圈，形成一张"寻人大网"，实现全城寻人、全网寻人。一旦寻到人，也将第一时间推送更新信息，避免占用过多社会资源。

据统计，截至 2022 年 8 月，"闽善行"栏目已刊发新闻报道 400 多篇，"闽善行·公益寻人"行动已成功找回走失人员 156 人次；"闽善行·精准助困"行动已帮扶因病、因灾致困群众 316 人次；"闽善行·爱心助学"行动已为 40 多名困难学子提供助学资金支持；"闽善行·智能养老"行动为老人提供数千人次志愿服务。

2019 年 3 月，"闽善行"志愿服务项目获得 2018 年全国学雷锋志愿服务"四个 100"先进典型最佳志愿服务项目荣誉称号；同年，"闽善行"网络公益志愿服务站入选"福建省学雷锋活动示范点"；2022 年 1 月 21 日，"闽善行"网络公益活动获评由中国记协新媒体专业委员会组织推荐的"中国新媒体公益 2021 十大优秀案例"。

作为主流媒体的新媒体，东南网将一如既往坚持主流媒体担当，发挥新媒体公益实践形式手段新、受众人群广、社会反响好、成果效益实等特点，以"闽善行"为新起点，全力推动志愿服务与"新媒体+"深度融合，为美好社会建设提供更多信息服务、智力支撑与舆论支持。

（作者为东南网副总编辑、副总经理）

以微博之力，践行新媒体社会责任

■ 王　巍

　　2008 年新浪在汶川地震后发起绿丝带行动，到 2012 年微动力成立，到 2015 年成立星光公益联盟，再到 2018 年首次发起扶贫合作，再到这两年新冠疫情救助和 2021 年河南暴雨灾情的公益救助，我们一点点摸索出了具有微博特色的社会公益形式。在这个过程中，找到了微博做公益的方向和定位。

　　微博是具有传播和连接特色的社交媒体平台，在微博上做公益，既能帮助公益活动发起，也能帮助公益活动传播，更能鼓励大家一起参与公益。微博公益有 3 个定位，即公益的传播平台、筹款平台和协作平台。

　　第一，微博是公益的传播平台，在 2021 年，我们有将近 1.3 万个公益账号，包括微博的公益博主、基金会的账号和其他类型的账号，发布博文总量突破 130 万篇，同时带来了近 1500 亿次的话题阅读量。这些数字不仅彰显了微博公益的传播力，更代表了广大微博用户对公益内容超高的关注度。

　　2018 年，微博成立了扶贫合作办公室。2021 年，我们把扶贫办公室全面升级为乡村振兴合作办公室。2020 年 3 月，我们发起"点亮美丽乡村"计划，邀请李子柒、香川秋月等网络"大 V"，走进四川省甘孜州德格县等地的贫困小学，不仅为孩子们送去帮扶物资，也向网友展示了甘孜的优质文旅商农资源，依靠"大 V"超强的影响力和微博的传播力，

带动当地的文旅农商产业的发展。

第二，微博是公益的筹款平台。早在 2016 年，微博就成为民政部指定的首批互联网公开募捐信息平台，微博的连接和传播作用，能够有效、公开、透明地帮助相关公益项目迅速获得筹款。10 年来，有 4000 万微博网友，通过微公益为 2.5 万多个项目累计捐款超 6 亿元。一位河南信阳的母亲，8 岁的儿子患了白血病，她白天在医院照顾孩子，晚上扮成小丑卖玩具，甚至有的时候带着儿子一起卖玩具。这篇微博在平台上出现后，我们迅速核实了微博真实性，组织了大账号，进行相关募捐筹款的推广，同时通过儿慈会发起白血病儿童的筹款。话题上线 8 个小时，带来 800 多万次的阅读量，8000 多次的讨论量，最终筹集了 30 万元的救助款，帮助患儿及时得到救助。

第三，微博是公益的协作平台。例如，网友在超话当中的求助，经过核实以后，通过微博政务账号，发起线上线下救助活动。我们在上海新冠疫情期间发起抗疫守护计划，联动线上线下的疫情救助以及紧急救助机构，响应了 200 多个微博用户的求助，整体话题的阅读量将近 5.8 亿次。

在 2021 年的互联网大会上，我们承诺每年拿出收入的 3% 的广告资源用于支持公益倡导和宣传。截至 2022 年 7 月，微博已累计面向 150 个公益项目投放价值 3.3 亿元的广告。未来，微博将不遗余力地发挥新媒体传声筒和放大器的作用，积极参与社会服务，履行社会责任，在公益慈善的道路上一如既往地走下去。以微博之力，让世界更美。

（作者为新浪微博 COO、新浪移动 CEO）

让传统文化"活"起来"火"起来

■ 张辅评

　　从新舞台带来新观众，到好内容获得好回报，再到兴科技更好兴文脉，抖音集团始终坚持以平台和科技之力，助力中华优秀传统文化在互联网时代成为"活水"。

一、新舞台带来新观众

　　打开抖音，一"屏"历史魂脉，一手文化阔澜。

　　众多传统文化领域的学者、匠人和爱好者，犹如一粒粒水滴汇入大海，随即而来的，是万众灵感的波澜四起。"新舞台"光芒四射，"新观众"络绎不绝，折射出一个全新的传统文化创作新景观。

　　在抖音，非遗手艺有了更多用武之地。2021 年 6 月至 2022 年 5 月，抖音上国家级非遗项目相关视频播放总数达 3726 亿，点赞量达 94 亿，平台视频覆盖率达 99.74%。

　　在抖音，博物馆成了没有围墙的"文化客厅"。2021 年 5 月至 2022 年 5 月，平台上博物馆相关视频数量同比增长 70%，点赞量超过 12 亿，播放量超过 394 亿，相当于全国博物馆一年接待观众人次的 72 倍。

　　在抖音，古诗词遇到了最轻盈的传播载体。2021 年 5 月至 2022 年 5 月，抖音已成为古诗词传播的重要载体，平台古诗词相关视频累计播放

量达 178 亿，同比增长 168%。

在抖音，书法也能跃然手机屏幕上。2021 年 1 月至 2022 年 1 月，抖音成为用户学习、欣赏、传播书法知识的重要平台，书法类内容累计播放量达 1074 亿，点赞量超 30 亿，书法类内容创作者增长 161%。

在抖音，戏曲走向线上"大舞台"。平台已有 231 种戏曲开通直播，覆盖戏曲种类超过 300 种，2021 年 2 月至 2022 年 2 月期间开播超 80 万场，累计观看人次达 25 亿，"百戏争辉、声声不息"已在线上实现。

在抖音，民乐把直播间当成了第二舞台。目前，平台民乐直播覆盖超过 87 种民族乐器，累计观看人次超过 61 亿，2021 年 6 月至 2022 年 6 月期间开播 178 万场，相当于每天有 4270 场民乐演奏会。

这些数字背后，离不开平台为赋能传统文化"活起来"所推出的多元扶持计划。

这些扶持计划针对性强、覆盖面广、"含金量"高，为打造一个百花齐放、专业健康的传统文化内容生态提供了有力支撑。"DOU 有好戏'计划致力于帮助 10 个院团、1000 位专业戏曲演员打造第二剧场；短视频版《唐诗三百首》持续邀请叶嘉莹、纪连海等多位名家学者，讲解唐诗之美。

二、好内容获得好回报

拓展"新舞台",触达"新观众",只是赋能传统文化的第一步。在此基础上,争取实现"好内容获得好回报"良性互动。

大众通过直播打赏进行文化消费,帮助相关从业者获得"新收入",参与传统文化的保育推广工作。

抖音既针对民歌、民族舞等领域推出优质主播激励计划,也启动"DOU 有国乐"计划,将在未来一年帮助 1000 名民乐演奏者月收入过万,让 100 名民乐非遗传承人获得开播收益。

如今,不少传统文化类主播凭借好内容获得好回报,一些人甚至找到了延续专业的新信心和新路径。

2021 年 8 月至 2022 年 9 月,包括戏曲、乐器、舞蹈、话剧等艺术门类在内的演艺类直播在抖音开播超过 3200 万场,场均观众超过 3900 人次,相当于每天都有近 9 万场中等观众规模的演出在抖音上演。平台内演艺类直播打赏收入同比增长 46%,超过 6 万名才艺主播实现月均直播收入过万元。

抖音电商也同样实现良性互动。立足全域兴趣电商,助力传统文化打开生意空间,建立起抖音独具特色的社会价值新赛道。在这每一笔"买"与"卖"的交易背后,都有生机旺盛的文化基因在跃动、流淌。

在"看见手艺计划""非遗购物节"等活动的助力下,文化传人成了文化达人,非遗好物成了"国潮"。2021 年,"看见手艺计划"帮助非遗传承人带货总成交额年增 15 倍。

知名作家走进直播间讲经典,文化典籍也被装进了抖音购物车。2021 年,"全民好书计划"助力平台上图书销售超 1.9 亿单;平台古诗词类书籍销量同比增长 588%,《唐诗三百首》等诗词类书籍销量位居前列。

三、兴科技更好兴文脉

读懂中华民族的灿烂文明，始终绕不过一卷卷古籍。然而，由于技术难度大、行业冷淡、人才缺乏，许多古籍沉睡藏书阁，一些甚至变得千疮百孔。

在平台之外，抖音集团将视角延伸至对古籍进行数字化沉淀和保护，既推动古籍实现数字转化，也助力古籍迈向藏用结合。

2021 年 6 月，抖音集团联合中国文物保护基金会成立专项基金，与国家图书馆合作，定向资助古籍修复、古籍数字化、古籍活化等项目。其中，包括修复《永乐大典》等 100 余册（件）珍贵古籍。

截至 2022 年 10 月，在专项基金的资助下，国家图书馆已完成古籍修复 80 余册（件）。

2022 年 3 月，抖音集团与北京大学合作研发古籍数字化平台，旨在加速中华典籍数字化建设。2022 年 10 月，"识典古籍"测试版正式上线。目前，平台已经整理上线了 390 部经典古籍，共计 3000 多万字。未来 3 年，平台还将完成 1 万种古籍智能化整理，并且对全社会免费开放。

未来，这一平台还将与抖音、今日头条等产品相连接，让优质古籍内容触及更多用户。

求木之长者，必固其根本；欲流之远者，必浚其泉源。推动传统文化资源"活起来"，始终需要平台好好根植于中华优秀传统文化这片沃土。

正是在这片文化沃土的滋养下，抖音集团将用心用情打造有文化的平台，以科技赋能传统文化资源，实现社会效益和经济效益的有机统一，让其承载的文化价值、文化理念更好地走进大众心中。

（作者为抖音集团副总裁、总编辑）

2022 中国新媒体联合公益行动暨优秀案例征集正式启动

2022 年 8 月 30 日下午，在 2022 中国新媒体大会"社会服务与新媒体力量"社会责任论坛的现场，2022 中国新媒体联合公益行动暨优秀案例征集正式启动。

自 2019 年起，中国记协新媒体专委会连续 3 年开展"中国新媒体联合公益行动"，组织带动了中央和地方新闻单位、商业传播平台等新媒

2022 中国新媒体联合公益行动暨优秀案例征集正式启动

体新平台履行社会责任、投身社会公益，创新运用新媒体形式手段和传播平台，覆盖扶贫、教育、救灾、助农、寻人、维权以及综合服务等领域。这些案例质量精、手段新、受众广、反响好、成果实，在此基础上，推荐年度十佳公益案例，进一步形成品牌影响力。

"乡村振兴智慧融媒公益云平台"
正式上线

  2022 年 8 月 30 日，在 2022 中国新媒体大会"社会服务与新媒体力量"社会责任论坛现场，由湖南红网新媒体集团打造的"乡村振兴智慧融媒公益云平台"正式上线。

  在论坛现场，"乡村振兴智慧融媒公益云平台"与"学习强国"学习平台有限责任公司、分享通信集团有限公司、步步高商业连锁股份有限

"乡村振兴智慧融媒公益云平台"正式上线

公司达成战略合作，并现场签约。

为更好响应 2022 中国新媒体联合公益行动，红网积极整合社会资源，聚焦乡村振兴战略、汇聚优质农业品牌、搭建智慧助农平台、链接农业产业生态，在"湘农荟"的基础上进行全面升级，倾力打造面向全国的"乡村振兴智慧融媒公益云平台"。

作为面向全国的"优质农产品采购营销大数据平台"，"乡村振兴智慧融媒公益云平台"将充分发挥"新闻＋政务＋服务＋商务"的整合力量，为提升农业品牌注入强心剂，为畅通农产供需搭建新平台，为农业农村高质量发展打造新引擎，为推进乡村振兴战略探索网络助农新模式，为农业农村事业绘制高质量发展新蓝图。

县级融媒体中心如何助力乡村振兴

■ 黄楚新

　　"郡县治，天下安"。自 2018 年县级融媒体中心建设上升为国家战略以来，我国县级融媒体中心建设全面开启服务和引导基层群众的时代新使命。党的十九大明确将国家"三农"工作重心转向全面推进乡村振兴，县级融媒体中心不断加强基层舆论主阵地、多元服务交汇点和社情民意集聚点建设，成为推进基层社会治理、推动乡村振兴的重要渠道。

一、县级融媒体参与乡村振兴的重要意义

　　基层治理是国家治理体系的重要组成部分，乡村基层治理是实现乡村振兴的重要基础，县级融媒体中心在参与、推动乡村基层治理中担负着重要角色。2022 年，中央各有关部门围绕乡村振兴工作陆续跟进出台了相关文件，聚焦县域是脱贫攻坚与乡村振兴实现有效衔接的重要空间，重点关注县域城镇建设、文化建设与数字化改革的价值潜能，并就推进乡村基层治理对县级融媒体中心建设作出全新部署。2 月，2022 年中央一号文件指出，要扎实有序做好乡村发展、乡村建设、乡村治理工作，助推农业农村现代化和乡村振兴，并针对农村精神文明建设、推进应急管理与乡村治理资源整合等问题，对县级融媒体中心提出新要求。4 月，国家网信办等部门先后制定《数字乡村发展战略纲要》《2022 年数字乡村

发展工作要点》，再次为构建适应城乡融合发展的数字治理体系、加强基层乡村网络文化阵地建设引领方向。5月，中共中央办公厅、国务院办公厅发布《关于推进以县城为重要载体的城镇化建设的意见》，明确以县域为基本单元助力城乡融合发展，鼓励包括县级融媒体中心在内的多元基层力量通过技术应用与创新进行示范带动，将智慧化改革贯穿乡村振兴全过程各方面，加快实现数字中国的全景蓝图。

在新时代背景下，以县域为单元，完善县级融媒体中心的建设与创新已成为实施乡村振兴战略、实现共同富裕目标的重要保障。在相关改策文件不断出台、细化和支持下，县级融媒体中心在充分发挥好"服务群众，引导群众"功能和作用的同时，需要进一步推动基层社会治理，联结城市、下沉乡村，做好国家城镇体系、治理体系触达基层的"桥头堡"。

二、县级融媒体助力乡村振兴的创新实践

作为推动乡村振兴战略的强劲引擎，县级融媒体中心通过把握其得天独厚的本地资源，根据不同地方的发展实际思考深度创新。近年来涌

现出媒体结合党建、政务服务、公益助农、文旅等多业态的发展模式，为国家治理体系的"末梢循环"注入活力，实现与乡村基层治理工作的双线贯通。在从管理宣传到治理服务的变革中，县级融媒体中心在机制、内容、技术、人才等方面还需要及时审视、纾难解困，打好县域媒体参与基层治理的"组合拳"。

（一）因地制宜　自主创新发展模式的多元协奏

"媒体＋党建"：主流价值的内涵外延。以人民为中心，为人民服务，是推进我国媒体四级融合体系建设的核心点。县级融媒体中心坚持党的领导，主动创新"媒体＋党建"模式，发挥党的建设作用，宣传党的政策方针，通过舆论引导和凝聚共识，统筹协调社会，服务全局工作，构建起基层主流媒体矩阵，让党和国家的"黄钟大吕"之声播撒到田垄阡陌。"一源多屏"的跨媒体融合传播让党的建设宣讲真正实现了"村村通"，有利于团结和引导群众集中力量办大事。在脱贫攻坚的关键阶段，贵州省桐梓县、盘州市融媒体中心自觉担当，发出《全省县级融媒体中心决战决胜脱贫攻坚"五心"行动倡议书》，为保障政策实施的高效性注入强心剂。在陕西省富平县，由县融媒体中心和县文化馆策划组织的理论宣讲工作志愿服务队定期下乡，进驻村镇的文化礼堂，用群众喜闻乐见的形式传扬党的创新理论与精神，《家人眼中的习仲勋》等红色故事化"书面语"为"家常话"，切实推动了党的理论和路线方针政策深入民心。江西分宜县融媒体中心在党建方面更是做出了特色。

"媒体＋政务服务"：共治共享的生动实践。我国媒体融合始终坚持通过更多的信息服务创新为人民服务的方式。建设县级融媒体拓展为人民服务的渠道，提升媒体为人民服务的水平，使媒体融合更好地为人民提供信息反馈渠道和更好的媒介服务体验。县级融媒体参与乡村治理中的"媒体＋政务服务"模式打造出精准化、精细化的基层政务服务平台，通过信息传播服务群众、社会及组织，将资源下沉到基层，让信息多跑路，百姓少跑腿，满足群众和新业态需求，共治共享助力乡村振兴。

2022年，山东省网信办为省内24家县级融媒体中心提供互联网新闻信息服务资质许可，将238种政务服务资源和形态下移，为县区融媒体的规范化服务运营带来支撑。在江西，全省所有市县区进驻省级"赣鄱云"中央厨房，近5000个政务媒体、服务平台站点拧成一股绳，协同发力。面对突发疫情，江苏省睢宁县融媒体中心依托"速来办"等平台建立群众诉求办理专班，开通便民服务热线，实时在线接收咨询求助，同时与江苏有线公司合作推出"免费看""停课不停学·抗疫助学"等栏目满足疫情期间群众收视需求。在浙江省长兴县、安吉县，融媒体中心推进风电、光伏等清洁能源和县域新产业的宣传推广和嫁接合作，预计"十四五"期间将为浙江省新增就业岗位超10万个，深度赋能公共服务的优质共享。

"媒体＋公益助农"：城乡鸿沟的弥合增速。从媒体社会责任性、权威性、公信力等特点出发，近年来，县级融媒体中心以传播力实现信息发散，以引导力实现社会公益，以公信力集结公益服务主体，将志愿者集结于公益服务平台，为群众提供公益性服务，同时，不断通过信息技术服务帮助农民跨越信息鸿沟，推动农产品外销，解决农民在信息传播过程中遇到的难题，促进实现农民群众共同富裕，逐渐形成了"媒体＋公益""媒体＋助农"等新模式。受新冠疫情困扰，辽宁省彰武县融媒体中心一方面创新媒体产品形态，推出"彰武防控疫情魔性宣传"系列短视频，累积获得1.4亿次全网点击量；另一方面还关注群众心理健康，联合县委宣传部、县文明办组建心理咨询师志愿队伍，开通疫情防控心理咨询公益热线，普及科学防疫知识，疏解群众的消极情绪与心理压力。为帮扶农村农民创业就业，拓宽移动时代农民的增收渠道，河北省磁县融媒体中心联合县人社部门开展"融媒＋电子商务"线上线下助农培训活动，面向全县返乡农民工、返乡大中专毕业生、退伍军人、农村青年妇女等群体，从现实维度引领农民群众脱贫致富、弥合城乡信息鸿沟、践行全面乡村振兴。

"媒体＋文旅"：文旅资源的智慧开发。在我国，县区的自然、文化、旅游资源十分丰富，截至 2022 年 3 月，国务院批准设立的县区级国家历史文化名城多达 47 处。县级媒体利用县域内的本地特色，在融合创新的过程中打造"媒体＋文旅"新模式，不断跟进本地旅游资源的智慧开发利用，充分挖掘文旅产业集聚元素，推进本地乡村文化旅游产业发展，达到共同富裕的双赢效果。河北省饶阳县融媒体中心与百度 App 推出"宝藏河北·'冀'往开来"系列直播活动，通过镜头向全国观众展示兼具燕赵文脉、革命传统的当地风光与人文魅力。在云南省迪庆藏族自治州，德钦县融媒体中心立足当地的民族、文化、宗教特色，在飞来寺和雾浓顶观景台安装了星光级 180 度全景一体式网络高清红外智能球机，进行雄美风光的"云上直播"，将梅里雪山、德钦县城的全景画面通过移动 App 端口实时向全国观众呈现、讲解，智慧化发掘文化旅游价值。

（二）对焦问题　推进乡村基层治理过程中的现实困境

经过近几年的探索发展，县级融媒体中心依托独特的地缘优势，不断从相"加"走向相"融"，完善自身在基层引导、服务、治理等方面的价值发挥。但碍于资源与体量限制，县级融媒体中心参与乡村基层治理在传播机制、平台内容、资金技术、人才队伍等层面力有不逮，这也限制了县级融媒体实现其巨大价值和社会影响力的持续性激活与转化。

运行机制落后。我国的县区数量约有 2800 个，县级媒体长期以来存在体制老旧、机构臃肿、缺乏新鲜血液等通病，媒体运行机制僵化，很多县级媒体不敢、不会、不想改革，"等靠要"观念固化，缺乏真正贯彻媒体融合的思维。因此，在我国历次媒体结构性调整中，县级媒体长期不被关注和重视，甚至成为裁撤的重灾区。在 2018 年全国宣传思想工作会议后，全国掀起了建设县级融媒体中心的高潮，面对新机遇，一些县区媒体赶上了县级媒体融合大潮的第一梯队，但历经了挂牌重组的新鲜感后，在融媒体内部实际工作中，部门协作关系往往大于融合关系，产生的协同效应有限。同时，由于欠缺完善的管理联动与内容供给机制，媒体集群优势不足的弱点也日渐暴露，县级融媒体中心的服务统筹能力并未完全达到预期。长远地看，仍位于四级媒体体系"神经末梢"的县级媒体创新积极性滑坡和疲软将会制约融媒体中心的功能发挥以及运转效率，进而导致基层服务和社会治理的效果大打折扣。

信息内容短缺。县级媒体的创新无论怎样风生水起，最终的信息采发和服务对象都离不开本埠范围。但县域信息资源有限，如果仅借融媒体中心进行边缘突破，获得省级甚至全国性的影响力十分艰难。这也导致很多县级媒体直接照搬照抄上级媒体发布的资讯，报道内容雷同度高，与本地受众的实际生活相脱离，大大钳制了媒体的创新生产动力。碍于县域信息数量匮乏、新闻价值不高，一些县级媒体选择直接将传统媒体内容机械平移到新媒体平台，有悖深耕服务的发展战略，用户的阅读和互动数据表现贫瘠。如果县级融媒体仅靠信息传播来吸引受众，很难以有限的媒体资源形成受众的黏着力与忠诚度，因此，对于进行融媒体中心建设的县级媒体而言，在内容发布上并不应单纯去做传统载体和上级媒体信息的"传声筒"，而应主动拓宽信息传播与公共服务的"双融合"功能，内容创新不能囿于新闻采写的产出，更应在本地政务、服务方面投入更大比重，与当地政府部门深入合作，增强服务功能的便民化、普惠化设计，丰富传播表现手段，让融媒体中心真正成为本地受众的资讯—服务全功能平台，最终实现县级融媒体传播引导能力、基层服务能力的提升。

资金技术匮乏。由于经济基础条件薄弱，县级媒体通常在努力保障运转中左支右绌，而融媒体中央厨房建设与技术运维需要大量资金，现实困境让基层媒体融合政策的推行与落地阻力重重。兼具社会服务和基层治理的融媒体中央厨房建设成本包含多屏终端等硬件及各类软件成本，普遍百万元起步，后续还需持续投入资金，而收益回报较慢，若只靠县级财政"输血"往往难以长久维持。融媒体中心在建设初期大多依靠财政拨款才得以启动，背负一定经济风险，江苏省邳州市融媒体中心办公室主任徐步介绍，集团成立之初广告收入并不尽如人意，通过研发部更新拓展经营渠道，才慢慢增加了广告收入，缩小了资金缺口。而如何更高效地进行开源节流，夯实市场基础，提高创收能力，是目前县级融媒体中心亟须思索的难题。同样地，技术平台搭建方面，在从数字嫁接转向自主建设的过程中，一部分县级媒体受经济条件影响直接移植入驻上级媒体或社交媒体平台，"在他人灶台上生火做饭"；对于进行 App 载体升级的融媒体而言，下载规模很大程度上依赖政府部门的行政摊派，如湖北省竹山县通过要求"干部职工安装全覆盖"来达到融媒体 App 的"临界规模"，而县级融媒体平台如何真正促活拉新、实现效果和成本的平衡，依然是有待攻克的难关。

专业人才短缺。县级融媒体中心的发展不仅局限于介质融合，更在于理念融合，而新型媒体人才队伍是媒介融合创新与执行中不可或缺的重要保证。但县级融媒体中心的专业人才不仅数量不足，而且专业能力培训、人员管理体制也难遂人愿，致使符合移动互联时代需求的全媒体人才存在大量缺口。从县级融媒体中心的现实基础来看，现有的融媒体工作人员大多来自县区的既有传统媒体单位，年龄结构老化，新鲜血液不足，知识结构不够丰富，缺乏互联网思维与全媒体操作经验，因而在实际工作中难以以老带新，常常动力不足。同时，融媒体时代对传统媒体记者的职业能力素养的要求更高，需要老记者、老编辑在秉持专业传统报道的同时，主动适网转型，培养立体鲜活的观念和能力，县级媒体的培训压力可见一斑。而县级单位招徕、留住人才的困窘由来已久，县级媒体留不住人、招不到人，导致专业技术人员断档严重。另外，大部分县级媒体内事业编制和企业编制人员共存，二者同工不同酬的双重标准容易打击员工积极性，造成"有人力无业绩"的现象，不利于县级融媒体的长远发展。

三、县级融媒体助力乡村振兴的发展趋势

在扎实推进乡村振兴的时代背景下，我国县级融媒体需要从主流媒

体的社会职能出发，在"十四五"及将来更长一段时期内，响应国家社会治理体系及社会治理能力现代化发展战略，明确战略定位、重点任务、阶段目标，与县域群众和社会拉紧纽带、同生共长，进一步诠释参与乡村基层治理的实践价值旨归。

（一）行稳致远　明晰战略定位

党的十九届五中全会提出，基层治理水平是国家治理体系建设的重要着力点。注重精神文明建设与乡村基层治理，对县域内的媒体资源进行高效整合，为党中央政策精神与基层人民群众间的桥梁筑牢基础，提高创新实践能力及影响力，扩大主流价值在基层的传播力、引导力是县级融媒体中心建设工作的重中之重。作为参与乡村治理、拓展公共服务的转换器和突破口，县级融媒体中心要明晰"立足本地，整合服务"的定位，扎根乡村、向上借力，结合本埠实际情况，汲取高层级媒体及社交媒体平台融合创新的经验路径，尝试"高层媒体建云，基层媒体加入"的方式，高效快捷地在"云端"实现上级资源的"微缩"建设应用和在地集约转化。2020 年 7 月，"学习强国"学习平台上线县级融媒专区，中央级主流媒体从内容生产、技术维护、平台供应、传播分发等层面为县级媒体中心提供了全方位的服务保障，这使得县级融媒体中心在参与乡村基层治理的过程中能够更好地发挥基层主流舆论阵地作用，及时对接供给资源，优化综合服务平台，在"单兵"基础上以"扩散"姿态来实践媒体融合为人民服务的最高宗旨，积极引导和服务基层群众。

（二）纲举目张　把握重点任务

新媒体时代，互联网的高度普及使得"人人都是媒体人"，人民群众希望媒体内容"反映自己心声"的需求日益增长，并得到较大程度的满足。对县级融媒体中心建设而言，应当重点结合当地政策规定、经济文化发展实际，把握县域群众的现实需求，在媒体内容供给上创新多元形态，贴近民生、民俗、民需。值得注意的是，未来几年乃至十几年将是我国农村数字化基础设施建设快速推进、各项数字化业务迅速发展的黄金期，5G、人工智能等新技术在乡村会与在城市一样有用武之地，这必将为县区和乡村依托数字化技术与渠道助推社会治理和产业振兴提供良好的契机和条件。因此，县级融媒体中心的平台建设应以促进改善县域群众民生为出发点，加快智能化模式创新，打造融合技术体系，将技术惠民、服务共享的数字化全媒体运作过程作为使命任务，积极开发平台内的便民板块应用进行创意策划、内容生产、信息传播，利用技术赋能提升县级融媒体中心参与乡村治理的水平，为更加便利、平等、普惠的基层公共服务构筑新图景。

（三）提质增效　树立阶段目标

县级融媒体中心的职能不仅不能囿于提供新闻资讯，更是媒体紧密依靠人民、深嵌乡村服务的"适配器"。伴随着国家治理体系和治理能力不断向基层和乡村延伸，县级融媒体中心以县区为中心，连通城市，下沉村镇，从新闻传播转向社会治理，应最大限度地整合新闻播发、政务信息及生活服务等功能，以夯实基层治理工作、加强乡村精神文明建设、提升群众服务水平为媒体融合发展新阶段的目标，最大限度地便利群众生活、匹配群众精神需求，不断依托融媒体系统提升内容差异性，填补基层治理和价值引导的"洼地"。在参与乡村社会治理的进程中，县级融媒体中心有责任通过创新管理机制、人才机制、奖励机制、协同机制提升自身竞争力，维护基层主流媒体在移动时代的权威价值，注重与移动平台、商务平台等多元社会力量共同参与乡村治理，实现数据互通，从竞争到合作，再到协同发展，共同建设更加尊重用户体验的县级"媒体大脑"，为县区公共服务共享和乡村基层治理提质增效。

作为贯穿乡村振兴战略全过程的重要组成部分，县级融媒体中心建设是完善基层治理、助推乡村振兴，改善民生福祉、实现共同富裕的有力抓手。随着体系化、强连接的全国县级融媒体平台阵地组建布局基本完成，在基层社会治理的赓续和乡村振兴的新征程里，县级媒体需要深刻思考融媒体中心建设同基层社会治理的关系，不断焕发和拓展适配与调整的内生动力，将县域媒体融合下的自主创新与社会服务作为基层治理的重要基石和乡村振兴的自觉行动，切实连通媒体融合的"最后一公里"，从而为新时代县级媒体提高助力乡村治理的能力和水平蕴蓄智慧、厚植力量。

（作者为中国社会科学院新闻与传播研究所

数字媒体研究室主任、研究员）

全媒体谱写新时代山乡巨变与乡村振兴的中国实践样本

■ 伍　刚

　　为记录好呈现好决战脱贫攻坚、决胜全面建成小康社会、实施乡村振兴战略的伟大壮举，充分彰显中国共产党担当使命、一诺千金的不懈追求，立体、鲜活讲述中国人民群众脱贫攻坚、共建美好家园、共享幸福生活的生动实践，深刻诠释我们党人民至上的价值理念、真挚厚重的人民情怀，央广网重点打造了《远山的回响》《云遇中国》等融媒体项目。

一、《远山的回响》

　　2020 年 11 月 9 日至 2021 年 12 月 23 日，中央广播电视总台央广网策划推出决战脱贫攻坚系列全媒体传播矩阵报道《远山的回响》专题，以每篇稿件核心人物为主角，水彩手绘的画面配合诗意的田园风光，设计格局清晰，风格大气精致。并在央广网各平台端口首页、首屏、首条推荐，在"学习强国"学习平台首页同步推送，今日头条添加"远山的回响"挂栏。2020 年 11 月 9 日 18 时，由央广网策划制作的《远山的回响》主题 MV《远山的回响：谱写新时代的山乡巨变》正式推出，词曲悠扬宏大，生动展示了"远山的回响"主旨报道精神内核，全面阐释了

全党全国决胜全面建成小康社会、决战脱贫攻坚的决心和信心。主题MV《远山的回响：谱写新时代的山乡巨变》刊发后，被"学习强国"学习平台首页头条位置置顶推荐。截至2021年12月23日9时，《远山的回响》第一季、第二季系列报道被中央网信办置顶推荐各大中央、地方重点新闻网站，商业平台等百家媒体转载，累计触达用户综合展现量5.5亿人次，央广网矩阵阅读量超过8444万次，"远山的回响"登上头条等新闻热榜第一名，百度热搜527万人次。央广网《远山的回响》荣获中央广播电视总台优秀节目奖二等奖。

《远山的回响》有三大特点。

一是突出"五性"，聚焦中国千百年绝对贫困攻坚阶段如何啃下最后的硬骨头，见证中国共产党第一个百年奋斗目标一诺千金兑现历史瞬间。2020年是决胜全面建成小康社会、决战脱贫攻坚之年。当前，脱贫攻坚战进入关键时刻，如何啃下最后的硬骨头，需要媒体真实地瞄准突出问题和薄弱环节，既要展现我国在脱贫攻坚领域取得了前所未有的成就，彰显了中国共产党领导和我国社会主义制度的政治优势，也要聚焦贫困地区的真实问题，关注群众如何发挥主体性，内生动力如何激发的生动实践。讲好扶贫脱贫的中国故事，为决战决胜脱贫攻坚提供强大的精神动力。央广网策划推出《远山的回响》正是以此为出发点，派出记者深入全国 10 个典型自然村进行蹲点式采访推出一组践行"四力"实地见证、深度观察新闻报道。央广网《远山的回响》栏目通过"五性"，即故事性、冲突性、纪实性、情感性、乡土性，真实、生动还原了发生在中国大地上轰轰烈烈的脱贫战役和老百姓致富奔小康的精神头，展现全国万众一心、众志成城，坚决打赢脱贫攻坚战，实现 2020 年全国全面脱贫的奋斗目标的决心和实践。报道用习近平总书记脱贫攻坚重要论述的关键词做"扣"，选取了习近平总书记考察走访过的 10 个典型村。贴近火热生活、走进群众心坎，创新开展全媒体传播，把镜头对准人民，把版面留给人民，深入挖掘先进典型和感人事迹，反映亿万群众平凡生活的温度与感动，接地气、聚人气、鼓士气，产生了广泛、深远的影响。为了帮助贫困地区脱贫，长期以来，社会各界以多种形式开展帮扶，思路清晰、手段多样、热情高涨。《远山的回响》聚焦于此，从教育扶贫、旅游扶贫、电商扶贫、产业扶贫等主题切面进入，以鲜活的故事和娓娓道来的讲述展现人物，记者在打出差异化、写出新鲜感的同时，描绘了新时代的山乡巨变，揭开献礼中国共产党建立 100 周年的序幕。央广网派出 10 路记者，深入习近平总书记考察走访过的 10 个典型村，记者通过蹲点式调研层层挖掘当地脱贫攻坚的感人故事，寻找"脱贫之后怎么办、好日子要如何干"等问题的答案，始终凸显脱贫地区干部群众"平凡坚守　不忘初心"的价值观。

二是既有告别千年绝对贫困倒计时的新闻时效性，又有思接古今面向未来的逻辑思辨性，推出习近平总书记经典金句原声时政专栏《每日一习话》，专家解读评论与《央广时评》媒体评论相结合，既有时代高度，又彰显历史深度。中央广播电视总台央广网实施全媒体传播工程，央广网发掘传统媒体和网媒融合潜力，用好中央广播电视总台独家时政报道资源，多点布局特色鲜明的栏目，突出习近平治国理政国家声音库暨习近平新时代中国特色社会主义思想声音平台品牌特色，以"习近平总书记关于脱贫攻坚系列重要讲话金句原声音频＋专家权威评论解读时政特稿10期《每日一习话·远山的回响》"为引领开篇，10期《远山的回响》深度报道同时配发央广网署名评论员10篇系列《央广时评》。央广网品牌栏目之间相互联动、相互映衬、共同发力，担负起思想舆论引导、传播的重任。《远山的回响》＋《每日一习话》——习近平总书记论决战脱贫攻坚系列"金句原声＋专家评论"解读，形成"锦上添花"的传播效果。《每日一习话·远山的回响老百姓的幸福就是共产党的事业》等多篇文章刊发后，被中央网信办推荐全网置顶推送。《远山的回响》邀请中央广播电视总台资深评论员撰写、配发10期评论文章，评论结合所报道的内容，既针对文中当地脱贫效果给予高度肯定，又对记者深入实地采访报道的扶贫经验、做法精彩分析、点评，与报道内容遥相呼应，升华报道主题，赋予了专题更高的站位和理论深度，升华提炼了核心主题，通过小切口透视大时代背景，通过深化传播引发共情、强化思想引领引发共鸣。

三是增强"四力"，带露珠、沾泥土、冒热气，蹲点体验式报道真情实感引发社会共鸣。在2018年召开的全国宣传思想工作会议上，习近平总书记强调："不断增强脚力、眼力、脑力、笔力，努力打造一支政治过硬、本领高强、求实创新、能打胜仗的宣传思想工作队伍。"习近平总书记的重要论述为新闻工作者提高本领能力指明了努力方向。央广网切实践行，推动宣传思想工作不断强起来，将"四力"融汇到《远山的回响》采访报道中。

从《远山的回响｜"临时家长"的操心事儿》《远山的回响｜县里有个"羊银行"》《远山的回响｜大湾女儿的"金算盘"》等多篇核心主题报道中可以看到，记者牢牢抓住了主人公在实现愿望的过程中遇到的"困难"，真实展现主人公与他人及环境的矛盾，体现了主人公与土地及乡村的羁绊与情感。文章笔触细腻、细节丰富、情绪饱满、人物立体，层层递进、打动人心。影响深远，好评如潮，引发了强烈的社会共鸣。

二、《云遇中国》

央广网《云遇中国》是以乡村振兴助农升级为主题，以媒体宣传、区域公用品牌推广、电商营销、新农人培训为合作形式的国家级媒体融合项目。"云遇中国"项目由政府和专业机构参与指导，集合强势平台资源，为县域发展提供可持续、可期待、可发展的助农升级创意产品及配套传播方案。围绕项目整体方向，央广网推出"云遇中国"一级频道，开设央广网原产经济带助农馆京东店铺，打造全国原产地慢直播基地，策划"云遇四季丰收节"大型直播活动，开展"秧苗计划"培育千名新农人等一系列创新举措。央广网"云遇中国"县域原产经济带振兴计划一经推出，项目整体曝光量达上亿次，微博话题浏览量破千万，获得广泛关注。目前，央广网已与黑龙江省庆安县、四川省盐源县、山西省武乡县、安徽省临泉县、河南省信阳市等全国 10 余个县域达成"云遇中国"项目深度合作，旨在通过建立品、效、能融合的长效机制，开创乡村振兴品牌全媒体传播新格局。

（作者为央广网副总编辑）

科技助力乡村振兴

■ 王晓雁

重庆市酉阳县有一个小山村，地处武陵山脚下，叫何家岩村，村子平均海拔在 700 米以上，梯田景观在当地小有名气。得益于山泉水的灌溉，何家岩出产的大米油润光滑，自明朝以来就进贡皇室。直到现在，稻米种植和初加工还是村里的主要产业。酉阳是国家乡村振兴重点帮扶县，何家岩地处大山深处，2015 年才摘掉贫困县的帽子。

2022 年 5 月，腾讯 SSV 为村发展实验室在村子里做了一个小探索：开发了"何家岩云稻米"小程序，把何家岩 100 亩稻田搬上了"云端"，只要点开小程序，选择自己喜欢的地块，只需支付 9.9 元，就可以认养 1 平方米稻田。土地由村民耕种，认养人平时可以通过"稻香何家岩"视频号慢直播等多个渠道，看到自己认养田地的生长情况，9 月，产出的稻米就会寄到认养人的手中。我们把这样一个活动放到市场上去，不到 30 个小时，一期总共 3.8 万平方米的稻田就被认养一空，来自全国各地的 5600 名认养人在"云端"上开始了认养体验。

借助这个小程序，只需要简单的操作，城市人切实地贴近了农村，也看到了这里的梯田美景，也许之后还会来村庄游玩；对于村民来说，在刚刚插秧的季节，就提前锁定了收益，之后也不用为销路而发愁。在小山村与外界的大市场之间，我们用技术搭建了一座桥梁，助力村子能站到更广的世界、更大的舞台。这个案例，是腾讯用科技助力乡村振兴

的一个小小缩影。

腾讯向来关注乡村议题。2021 年 4 月，腾讯进行了第四次战略升级，将可持续社会价值创新作为新的战略底座，成立了可持续社会价值事业部（SSV）。乡村振兴是腾讯推动可持续社会价值、助力共同富裕的关键领域，SSV 下设的为村发展实验室，就是公司助力乡村振兴的重要推动者、执行者。对于腾讯这样一家科技企业来说，参与乡村振兴，离不开创新和科技手段的加持。我们挖掘乡村的难点痛点，尝试运用技术能力，通过助力乡村人才培养项目和共富乡村建设项目等板块，和乡村治理、农村发展、农民生活深度融合，助力乡村的可持续发展。

在乡村人才培养方面，2021 年 5 月，我们与农业农村部签订"耕耘者"振兴战略合作计划，培养乡村治理骨干人才，促进乡村治理体系和治理能力现代化。这是全国首个由政府部门主导、社会力量出资、政企合作共同组织实施的乡村人才培训项目。2022 年 4 月，农业农村部印发通知，在全国范围内推行"耕耘者"计划，准备用 3 年时间，线下培训10 万人，线上培训 100 万人。我们开发了"为村耕耘者"微信小程序和培训管理系统，同时，针对乡村治理，开发了村集体积分制管理体系，其被认为是农民的"办公自动化系统"，获得了农业农村部的肯定。

同时，我们探索发起了"共富乡村建设"项目，项目的核心就是确保农民成为自己资源和劳动的受益主体，探索在数字技术的支撑下，在一个村庄，如何把政府的支持和市场的动能转化为全体农民致富和乡村发展的动力。何家岩村就是我们在共富乡村建设项目中的首个试点村庄。

"共富乡村建设"项目，分为3个模块：探索共富乡建机制、培养乡村运营人才、乡村数字化建设。在何家岩，我们基于微信公众号、视频号助力乡村内容运营；基于微信小程序对接农文旅市场，除了"何家岩云稻米"小程序，我们还为村庄搭建了为村花筑民宿商店、"稻香何家岩小商店"等小程序，助力何家岩村打通文旅变现、农产品变现的线上渠道；还开发打造了村集体后台管理小程序，帮助解决经营管理中资产管理、记账、分红、民宿餐饮服务管理等问题，把共富资产以数字化的方式更高效地管理和运营。

8月18日，"共富乡村建设"项目又增加了新的使命，昆明为村"共富乡村建设"项目签约仪式启动，昆明将与腾讯为村合作，在周边6个村庄开展"共富乡村建设"项目。我们将帮助村庄打造数字化应用的工具箱：在数字化基础设施方面，建设数字会议系统、直播间设备等；在内容运营方面，将支持村庄在文化研学、民宿餐饮、智慧认养等方向的数字化探索；还将以条件较为成熟的麦地冲村和雁塔村为试点，首批上线村庄经营小程序及后台。这是"共富乡村建设"项目在重庆酉阳之外的又一次探索和尝试。

可能很多人会问，搭建了这么多数字化平台，谁来运营？乡村振兴，人才是关键。因此2021年11月，我们与中国农业大学联合发起了乡村CEO培养计划，选拔村庄本土化的职业经理人，通过理论和实践培训、陪伴式培养，提升他们经营村庄的能力。我们希望搭建数字化体系建设以及培养本地人才这些举措，将建设乡村的能力更好地留在村庄、留在县域内部，从而实现地方发展的可复制、可持续。

不只是为村发展实验室，在腾讯内部，用科技助力乡村振兴已成为共识。8月下旬，微信团队联合腾讯为村举办的2022微信小程序应用开发赛落下帷幕，这是一项面向全球大学生发起的比赛，迄今已举办了5届。2022年，我们把主题定为"用科技创造社会价值与助力乡村振兴"，共有3883支大学生队伍参赛，涉及915所高校，共提交了2000多件小程序作品，绝大多数关注乡村议题，比如乡村文化旅游、农业技术、农村电商等方面。我们引导大学生将目光聚焦在乡村大地上，也让乡村的实际需求与问题被更多人关注。

在助力乡村发展的道路上，我们发现，不只是腾讯，越来越多的企业、机构都基于对共同富裕与社会价值的共识而积极投入；我们看到，一个社会议题要解决好，往往不能只靠单方创造，而是需要各方达成共识，在技术的推动下形成共享发展的模式，才能可持续，我们把这种过程称为共创。它是一种方法，还是一种最大的生产力，把社会各方凝聚起来，共同创造更美好的社会。

对于腾讯为村来说，科技助力乡村振兴是要持之以恒坚持下去的事。

最后，我谨代表腾讯可持续社会价值事业部为村发展实验室，期待与在座的各位一起携手共创，共同用科技为乡村发展注入更多活力。

（作者为腾讯SSV为村发展实验室内容生态总监）

CNMC

2022 中国新媒体大会
CHINA NEW MEDIA CONFERENCE

"科技赋新能　融媒向未来"
技术应用论坛

推进媒体技术创新发展
支撑主流舆论做大做强

钟志红

近年来，党中央国务院高度重视媒体融合发展工作。习近平总书记指出，信息化为我们带来了难得的机遇。我们要运用信息革命成果，加快构建融为一体，合而为一的全媒体传播格局。

一是加快网格建设，信息基础设施能力深入增强，我们实施全国宽带策略，连续多年组织实施网络急速降费行动。目前，我国网民数量为12.3亿人，全国上网率高达99.1%，网络服务成为人民群众用得上、用得起的服务，为把党的声音传得更好、更广泛、更深入打下良好的基础。

二是推进技术创新，一批以大数据、工业互联网为基础的实验区蓬勃发展，关键收集创新活跃，人工智能广泛应用，助力媒体智能化发展。

我们大力推动 5G 应用落地、行业创新案例不断应用。建党百年活动中 5G 超高速网络和技术给全国人民带来了一场视觉盛宴。

三是强化行业管理，市场发展环境日益完善，持续深化"放管服"改革，有效激发市场活力，开展互联网行业整治行动，集中治理人民群众反映强烈的问题。

当前，新一轮科技革命和产业变革加速演进，万物互联技术方兴未艾。工信部将以习近平新时代中国特色社会主义思想为指导，全面贯彻落实党中央决策部署，与各方一道共同推进媒体技术发展。

一是强化网络基础设施支撑作用，进一步推进新型基础设施建设。二是通过技术创新的演练作用，支持大数据、物联网、人工智能技术融合。不断深化融媒领域的应用，开启数字场景。三是发挥平台的合作供应作用，加强与主流媒体合作，发挥网络技术和用户规模技术，使优质媒体内容更精准广泛传播。四是加强行业监管规范保障作用，强化各方协同联动，完善网络综合治理格局，促进新媒体高质量发展。支撑主流舆论做大做强，让正能量更强劲、主旋律更高昂。

（作者为工业和信息化部信息通信管理局一级巡视员）

未来电视已来

张 严

　　本次论坛围绕新技术驱动下媒体深度融合发展新进展、国内三流媒体融合转型新趋势进行探讨，凝练经验、共促发展，具有很强的现实意义。在 2022 年 7 月 15 日召开的全国广播电视和网络视听工作年中推进会上，时任中宣部副部长、国家广电总局局长徐麟强调，要增强前瞻性，加快推进"未来电视"战略部署。借此机会，我围绕"科技赋新能 融媒向未来"主题谈一下对"未来电视"的粗浅认识和思考，与大家交流分享。

一、是什么

　　"未来电视"是一个广义的视听概念，代表着视听产业的未来发展趋势、未来发展图景。它不止于电视，是新的理念模式，是系统性革命性的迭代升级，关系着广电的未来发展方向。它至少具有"五化"特征：一是呈现方式多样化。"未来电视"呈现载体不只是电视机，可能是生活中随处可见的各种显示介质，包括各种手持终端、可穿戴设备、室外大屏、公共广告显示设备等各类显示载体，凡需要获取信息显示的地方，都有视像显示屏存在。二是视听体验沉浸化。包括超高清、沉浸式、三维声、VR/AR、MR、XR、互动视频、自由视角、全息成像等多种体验方式，观众可以自由选择视听服务。三是应用场景全景化。"未来电视"不只是看电视看节目，而是在生活中需要视听的各种场景中应用。它将触手可及，全方位融入人民群众的数字生活。四是服务形态智慧化。"未来电视"将实现现实世界和虚拟世界的紧密融合，节目内容自由选择、实时交互、需求定制、智慧分发，高度人性化，将带来丰富的互动体验，不断满足消费者多层次的需求。五是服务供给协同化。"未来电视"将带动行业上下、内外大协同、大融合，形成网络互联、业务互通、数据共享的全新制播体系、服务体系和管理体系。

二、为什么

习近平总书记指出，要加强各领域发展的前瞻性思考、全局性谋划、战略性布局、整体性推进；要把创新作为引领发展的第一动力，把发展的基点放在创新上，以创新求发展，以创新谋未来。为什么要加快推进"未来电视"战略部署？这是彰显广电部门使命担当的必然要求。

一是中央有号召。当前，舆论生态、媒体格局、传播方式发生深刻变化，全程媒体、全息媒体、全员媒体、全效媒体已经出现，信息无处不在、无所不在、无人不用。党中央提出，推动传统媒体和新兴媒体融合发展、主力军全面挺进主战场，这是巩固宣传思想文化阵地、壮大主流思想舆论的重大战略部署。提高主流媒体的影响力和竞争力、构建主流媒体内容生产体系和舆论传播格局，必须加快进行"未来电视"的战略布局，建成全媒体传播体系，不断提升传播力、影响力。

二是群众有期盼。中国特色社会主义进入新时代，人民对美好视听生活的向往总体上从有没有转向好不好，呈现多样化、多层次、多方面的特点。加快发展"未来电视"，努力构建具有先进技术支撑、满足人民群众需求、展现广电新价值的大视听发展格局，是广电新的历史使命。我们要顺应数字产业化和产业数字化发展趋势，紧跟信息技术革命潮流，加快发展更清晰、更有趣、更丰富、更智能、更安全的视听服务，不断满足人民群众日益增长的美好视听生活向往。

三是市场有需求。从互联网、移动互联网到物联网，信息革命浪潮浩浩荡荡，新媒体冲击愈加凶猛，传统广电媒体话语权降低、受众严重流失、广告收入断崖式下滑，因循守旧、故步自封只有死路一条。曾经作为手机代名词的诺基亚和胶卷代名词的柯达殷鉴不远。近10年来，广播电视领域技术创新的实践和融合发展的应用，可概括为呈现高清化、传播立体化、服务智慧化。"未来电视"的基础条件已初步具备。当前，4K/8K等超高清技术的发展已逐渐逼近人眼视觉极限，5G网络已覆盖全国所有地级市、县城城区和92%的乡镇镇区，人工智能、大数据等信息技术推动经济社会从数字化、网络化向智能化跃升，广播电视变革进化的技术基础和社会需求已接近临界点。抖音等短视频与知识付费已然成为新潮流，深度伪造、元宇宙等最新技术和概念的火热揭示了未来已来。广电元宇宙将赋予行业发展新动能，沉浸式全场景服务将成为新趋势，产业链条延伸将对内容提出新需求，高新视频业态将加速构建产业新生态，6G技术将成为互联网领域新赛道，新终端新场景应用需求将成为新蓝海。广电媒体因技术而生、因技术而兴。只有插上新技术新应用的翅膀，广电媒体才能抢占先机、赢得主动，才能抓住未来的机会。

三、做什么

"未来电视"没有现成和固有的发展模式，我们要以抢占制高点、赢得主动权的信心和决心，提前研判、提前布局，聚焦内容和网络等重点领域，加强技术路线、发展模式研究，开展沉浸式视听、新型显示、仿真交互、算力算据算法弹性协同、智能高效传输覆盖网络、内容鉴别保护等关键技术和标准研究，以科技赋能推动行业重构。

一要守正创新，让主流价值驾驭信息科技。信息科技是一把双刃剑，我们要用主流价值导向驾驭算法，全面提高舆论引导能力。要坚持正确的政治方向、舆论导向、价值取向，把主流价值导向贯穿内容生产领域全链条，借助移动传播和先进技术，不断巩固壮大主流思想舆论，弘扬主旋律，传播正能量。

二要破壁跨界，推动文化和科技深度融合。要紧抓信息革命机遇，依托 5G/6G、人工智能、大数据、区块链等新一代信息技术，让文化资源与科技手段找到恰到好处的结合点，突出个性化定制、精准化生产、智能化推送，将"嵌入式""沉浸式"宣传融入新平台新应用，倾力打造技术先进、样态新颖的融媒体产品，切实让新技术、新应用、新业态为正面宣传赋能。

三要革故鼎新，让科技创新赋能主流媒体。要把握虚拟内容形态制作播出、集成播控和传输分发演进的发展趋势，促进内容生产；要加快从云、边、端实现跨屏、跨网络、跨行业和跨区域的技术底座的构建；要加快从多元显示放映终端牵引万物互联、虚实结合，促进生态构建；要切实做到以用户为中心，从用户需求出发，创新应用场景、增强互动体验、丰富内容形态；要借助 AI 前沿技术策划各类内容，运用 AI 技术挖掘内容、分析观众和用户偏好，做到喜好匹配和精准推送，同时注重通过内容引导观众和用户；要做好视听大数据分析，采集观众和用户有效信息，做好多种场景、多种形态行为分析，在相关各领域研究视听应用数据，形成引导观众和用户的真正数据分析报告，支撑内容生产制作；要加强各方协同，充分发挥广电视听产业内容优势和用户黏性，引领行业新发展。

（作者为中共湖南省委宣传部副部长，

省广电局党组书记、局长）

视听媒体微服务，助力媒体行业转型升级

■ 邓向冬

微服务在互联网行业已经得到了广泛应用，媒体界里有国外的奈飞最早使用微服务，国内的爱奇艺、芒果 TV 也已经在尝试微服务技术和架构。

当前的媒体转型面临着一些问题，例如：一些媒体的业务还比较单一，缺乏多元化的业务支撑；在媒体生产管理领域，各业务板块难以灵活地进行编排；我们的运营体系和节目制播体系存在一定脱节等。如果采用国外研发的微服务技术，他们往往又各自为政，无法互联互通。在这样的情况下，视听媒体就需要能够快速部署、灵活编排、开放共享的统一的微服务规范。

为了研究视听媒体微服务，广播电视规划院联合多家单位一起承担了 2019 年国家重点研发计划——"视听媒体微服务关键技术研究与应用"，参与单位包括广播电视科学研究院、湖南广播电视台、中国传媒大学、爱奇艺、芒果 TV、上海交通大学、深思云天、华栖云。这个项目的研究成果已经在湖南广播电视台、爱奇艺、芒果 TV 进行了应用。依托这个项目，我们有了符合自己媒体视听业务的微服务架构，分为 5 层。第一层是基础设施适配层，包括对云、虚机、容器等的适配；第二层是微服务的治理能力层，包括微服务的注册、发现、管理等；第三层是媒体业务服务层，包括媒体的主要处理业务；第四层是平台服务层，包括

业务的生命周期管理、流程引擎、微服务交易管理等；第五层是应用集成层，包括门户管理、低代码平台等。这个体系主要是针对媒体行业，包括媒体的大文件、缓存、音视频处理，还有制作、播出、传播、分发、短片管理等业务需求进行了专门设计。

为了灵活地调用各个微服务模块，系统需要构建在统一的架构上，所有的模块要遵循统一的接口。为了实现这个架构和接口，我们申请了广电总局的行业标准，并已获批准，目前已经完成了征求意见稿。同时我们还向国际电联（ITU）提交了国际标准提案，已经过3次小组会讨论，即将在研究组大会上进行表决。

同时依托科技部的项目，我们研发了3项关键技术：一是高效连接技术，主要是为了完成快速的扩缩容，在业务量变化的时候能非常快速、灵活地伸缩，降低运行的成本。例如，我们的一个项目，或者一个业务产品，初创时期用户量非常少，只要非常低的成本就能开展业务，后期随着用户增多，可以随时部署新模块。二是动态协同技术，即各个模块能够动态协同工作。三是微服务的实时追踪可溯技术，主要是媒体领域微服务的用户模型、业务模型、流量模型等都与互联网电商等不同，对具体技术的要求也就不一样。例如，阿里淘宝已全面采用微服务技术，但与它的模型相比，我们媒体业务处理的时长往往很长，需要进行追踪控制。

目前，湖南广播电视台和芒果 TV 已经开发完成了 200 多项微服务模块，每个模块可以实现一种功能，例如，AI 审片、编辑、配音、转码等。这两百多项微服务一共覆盖了七大领域，包括：制作、传输、洞察、规划、运营、运维、监控安全。应该说这是一个已经做得比较完善的微服务模块体系了，能够支撑大多数的媒体业务。

在实际应用方面，一是在湖南广播电视台的内容资源服务平台进行了微服务化的应用；二是芒果 TV 应用在面向多终端、多模态的微服务化智能推荐系统和广告审核系统；三是在中国传媒大学的教育服务体系中，搭建了基于微服务的学校教学平台和智能校园服务平台。

另外，一些地方电视台也呼吁我们发起一个视听媒体微服务的创新联合体，共同构建一个生态社区。这个生态社区更像一个微服务的应用超市，大家根据需求可以到超市里进行选择、购买、租用等，大家开发产生的模块也可以在这个社区进行交易。

总之，视听媒体微服务具有松耦合、易扩展，能快速部署的特点，对于媒体提升生产效率、降低运行成本、开展新兴业务都意义重大。2021 年湖南推广的 5G 智慧电台在很大程度上已经改变了广播电台的原有理念和生产方式，而微服务技术也像 5G 智慧电台一样，将为媒体行业提供更经济、更便捷、更灵活的技术支撑，赋予媒体新的能力。

（作者为国家广播电视总局广播影视信息网络中心副主任）

做数智时代创新引领的主流媒体平台

■ 蔡怀军

习近平总书记指出，文化和科技融合，既催生了新的文化业态、延伸了文化产业链，又集聚了大量创新人才，是朝阳产业、大有前途。人类历史经历了 3 次工业革命——机械化、电气化和信息化工业革命，目前正在经历第四次工业革命——数字革命。湖南广电有湖南卫视、芒果TV 的双平台优势，要把握机会，做数智时代创新引领的主流新媒体平台。我们主要有三大逻辑。

一、价值逻辑

双平台释放价值，双平台不是简单的工具型媒体，而是价值型媒体。要有互联网思维，提升用户体验，加强数字能力。2022 年我们推动双平台深度融合，芒果 TV 稳居视频行业第一，效果非常明显。我们成立了综艺立项委员会、电视委员会、广告资源委员会。此次融合还进行了重构，形成 34 家工作室，建立了从团队到工作室到创新工作室到子公司的提升路径，有了好的竞争、好的效果，获得好的节目，持续鼓励团队拥抱新技术，创新方式给用户提供了更鲜活的体验、更好的价值思考。

二、市场逻辑

一是科技文化融合创造文艺新样式。媒体平台拥抱新优势，将社会价值观输送到基础侧、产品人才和模式 3 个方面以推动科技和媒体的新融合。我们将工匠精神和高科技融合，采用一镜到底的技术，将电影级别创新到纪录片《中国》中，创造高质量效果，给用户带来沉浸式体验。

二是打造互联网人才的聚集高地。我们最核心的资产是培养了行业互联网＋内容的复合型人才队伍，有 127 名技术工程师，公司通过举办创新算法大赛吸引超过 2000 名国内外顶级人才。2022 年，公司技术团队在推荐领域和音视频领域团队比赛中多次获得冠亚军。另外，我们扩大了知识产权服务，提供了 643 项专利和 200 多个版权。

三是加强对新技术、新模式的研究。2019 年芒果 TV 成立创新研究院，和上海科大联合成立全国第三家 AR 实验室，做了初步尝试。2022年 8 月我们与华为签订战略合作框架协议，就科幻剧场、IT 衍生进行合作。我们认为新技术应用一定要依附于产品和模式，有正确的价值逻辑和应用规则。2022年的跨年演唱会我们将呈现新的技术。

三、生态逻辑

文化与科技要全面融合，还要求我们把科技成果深入文化创造、生产传播和消费的每个环节，催生新的产品业态。在2022年的半年报中，我们发现投资者最关心的是我们的可持续发展能力，尤其是他们对新业态产生很大兴趣。小芒电商是我们的一大探索，是完成长视频闭环的重要组成部分，成为商业变现的一大支撑点。2022年以来，小芒电商围绕新潮国货推出了多场主题晚会，以长视频的讲故事能力为品牌赋予更长期价值认知。以青春调性扩产全层，打造美妆、潮玩多个赛道，在年轻人群中的影响力不断扩大。2022年上半年我们GMV已经超过了202　年的2倍，同时积极进行融资，推动"芒果生态"的协同发展。

除此以外，还推动艺人经纪、娱乐板块等不断发展，推动文化技术和市场力不断延伸。无论形式再怎么变化，相信万变不离其宗，湖南卫视、芒果TV将以技术应用为驱动、生态布局为动能，为推动技术和内容的高质量发展做出贡献。

（作者为湖南卫视党委书记，芒果超媒总经理、总编辑，

芒果TV党委书记，总裁）

云智双融——融媒建设的新探索

■ 曹　峰

　　封面传媒科技在省级和县级融媒体中心建设上取得一定成绩，也有一些成功案例，我们重点对市级的融媒体中心建设进行了探索和思考。

　　建设路径方面，我们的定位是主流舆论阵地，要加强正面引导，反映群众心声，助力基层治理。同时，也是综合服务平台，为市政方面提供多元信息，联通公共服务，更多地方便群众生活。还是权威信息渠道平台，可以整合区域资源，服务城市发展，展示地方特色。

　　有4个关键点，第一，阵地建设，要处理好媒体融合和数字化转型的关系。第二，节点延伸，要处理好市级融媒体中心建设与省级和县级融媒体中心建设的关系。第三，发展数字生态，要处理好智媒服务和城市发展的关系。第四，市级融媒体中心建设一定要有自己的特色，技术系统与内容产品要体现我们的地域特色、民族特色、传播特色和发展特色。

　　封面传媒科技提出了自己的融媒体发展建设解决方案，要实现两个融合的目标。第一，实现媒体内部贯通的小融合，特别是融合生产，实现差异的传播。第二，实现跨媒体整合的大融合，分清业务层次和服务层次。业务层次包括，深度融合转型背景下的媒体融合，核心阵地数字化转型和媒体内部的贯通，就是省、市、县三级融合打通的问题。还有策、采、编、审、发各个环节的融合贯通以及大宣传格局下的服务融通，尤其是党建、理论学习、精神文明建设、教育公益等信息和服务的融合，

这是我们常说的业务的扩能。服务层次即服务的扩容，主要是面向数字时代的生态融洽，包括我们的智慧城市、电子政务等公共数字化服务平台的连续的融通和泛在式的传播。

我们对市级融媒体建设的思路是"两横一纵"。"两横"是横向关融通，要建立"报、端、屏、网"的数据和业务枢纽，分层次连接改务新媒体和三方的平台，同时市级融媒体跨平台的数据联通、服务融通、业务融合和资源的整合，实现"新闻＋政务＋服务＋商务"的基础能力。"一纵"是指发挥承上启下的节点作用，主要是联通省级平台，赋能县级融媒体。以上是封面传媒科技提出的市级融媒体建设的解决方案，我们将其模块化，可以看到有业务层、平台层、中台层、基础设施层的架构，以及管理平台，包括用户管理、权限管理、数据管理、日志管理等。

市级融媒体建设的技术设计要点包括以下4个方面，一是多云适配的混合云底座，这是融合的基础。二是智能互联的双中台架构，这是智慧的枢纽。三是开放灵活的综合赋能平台，这是拓展的平台。同时还有实践认证的业务运营的系统，也就是要解决流程打通运营管理、业务融合、资源融合的问题。四是丰富多样的前端应用模块，也就是泛在传播和综合服务，主要是解决多元传播、综合服务和灵活呈现的问题。

我们的技术创新包括以下几个方面：主要是双中台引擎创新，包括技术中台和数据中台，即规划应用和规划数据，这两个中台相辅相成，共同支撑智媒云上层应用和产品矩阵。技术中台是通过规范运维研发标准、共享底层技术能力，实现快速的应用发布、维护和对系统可用性的支撑。数据中台主要是通过打通数据的壁垒，统一数据的模型，实现数据价值最大化和业务的迭代创新。

智媒审核云辅助我们的内容安全，独创审校一体模式，也支持自定义知识库、多机账号自主分配和部署方式灵活多样。智媒审核云效率很高，每秒可以审核 4000 多字。同时，加强媒资库的建设，即智能媒资管理平台，它集成了 AI 引擎，对媒资内容进行结构化的分析，提供机器加人工混合的编目方式，实现多模态的检测，提升媒资管理和全面视频化的生产效率，为传统媒体的智能化转型提供服务的支撑。

融媒技术的赋能应用方面，我们有几年的工作经验和案例，包括我们的工作运行机制、生产流程再造、绩效考核办法都是比较成熟的。同时，我们梳理了媒体融合类岗位 30 余种，技术运营类岗位 40 余种，包括全序列的组织架构，"拿来就可以用"。同时我们提供转型培训，包括我们自发研制的专业的课程师资、专门的培训场地和专项的系统支撑。封面传媒和四川省委网信办共同创办了四川省网信人才培养基地，和成都工业学院联合创建了智慧媒体与软件产业学院，招收"2+2"本科生，即 2 年在学校学习，2 年在封面传媒科技跟班学习。我们主要培养 4 类人才，包括全能型记者、专业型编辑、进阶型的运营和综合型的技术。目前我们的融媒建设已在北京、新疆、黑龙江、辽宁、江苏、海南、四川等多个省市落地。融合案例包括国家数字封面科技经济创新发展试验区、三星堆文物数字化、数字艺术空间、绵阳科博会云博览项目以及与四川省教育考试院联合打造的全国云招考平台。

（作者为四川日报报业集团经管会委员兼封面科技董事长）

融数赋智，助力媒体产业创新融合发展

■ 陈志萍

用 5G 讲好中国故事　见证时代巍峨

当下，以 5G 云网、智能终端、超高清视频、XR、人工智能等为代表的新一轮技术革命在全球范围内不断演进，正在推动新一代媒体传播和媒体内容生产朝着智能化、数字化、可视化、移动化的方向发展。新技术的发展，为媒体行业的用户分析、内容生产、分发传播、体验互动等带来了全新可能。

在过去的一年多里，中兴通讯与媒体合作，取得了丰富的"5G-新媒体"应用经验。

香港回归祖国 25 周年之际，我们和新华社一起实现了业界首个 5G+XR 新媒体整体解决方案，在大型专题报道《文化瑰宝耀香江》和《香港故宫文化博物馆建成背后的故事》里，将平面媒介和数字空间相结合，带领观众沉浸式的感受闪耀香江的历史瑰宝和中华文明。

在 2022 年 7 月，在"国宝回家——宁乡首届青铜文化艺术节启动式"上，我们用 5G+XR 技术，在国内首次数字化的展示四羊方尊，让文物"活起来"，游客不仅可以全方位的了解四羊方尊的历史，还能通过互动的形式学习了解四羊方尊的制作过程。

2022 年 4 月，随着神舟十三号载人飞船返回舱的落地，神舟十三号

航天组员为期 6 个月的"太空出差"正式结束。中兴手机 Axon 40 作为神舟十三号归航新华网报道的独家官方指定用机，与新华网共同见证了航天勇士的凯旋归来。

在湖南广电，我们参与了首批搭建"可移动的 5G 边缘算力网络"的行业实践，可移动式 5G 基站算力网络让摄制人员实时监看、制作、存储，降低了拍摄成本，创新内容生产新动能。

一路走来，中兴通讯助力媒体行业向新传播、新体验、新生产、新架构、新融合"五新"变革。

融数赋智，5G+ 数字星云助力媒体产业创新发展

作为数字基础设施提供方，中兴通讯为媒体行业提供 5G+ 数字星云数字新媒体整体解决方案。

基于 5G 精准云网，我们为媒体提供大带宽、低时延、高可靠、全场景的连接，以及形态多样、能力多样的算力，来构筑坚实的数字基础；中兴通讯数字星云 ZTE XRExplore 引擎可以支撑媒体行业多快好省地进

行内容创作、媒体呈现和应用开发，打造数据流通、设备互联总线，支撑多类型终端接入、多形态媒体呈现；提供实时云渲染、视频云、三维重建等技术能力组件，帮助媒体行业节省技术投入；提供低代码应用开发工具，帮助媒体行业快速开发创新应用。

我们将以数字星云理念与媒体产业的各位伙伴一起共同探索新型媒介和新传播，建设新型主流媒体平台，坚持技术创新，升级媒体生产力，打造传播新场景，开拓文化新产业，积极布局媒体＋业务，拓展融合发展。

技术创新，坚持将最难的事情做到最好，提升媒体生产力

我们坚持技术创新，坚持把最难的事情做到最好，帮助媒体提升生产力。

在云网方面，基于 5G 网络，中兴通讯为媒体工业内容生产架起数字化桥梁，提高采编回传速度、在新影棚打造方面提供极简算力并为直播业务提供小颗粒切片保障。

在新闻采编方面，2021 年十四届全运会期间，中兴通讯以 5G CPE 和 MIFI 等终端设备助力新华社一线记者灵活的即拍即传，加速发稿时间，强化采编能力。

在媒体基础设施方面，中兴通讯为媒体产业夯实基础设施和算力基础创新，解决媒资数据中心绿色节能问题，极简运维，节省投资，同时加速视频处理速度和渲染能力，帮助媒体进行高效信创。

除此以外，我们还通过视频中台拉通融合视频业务，为媒体内容生产锻造高质量视频服务能力。

在 5G 智媒时代，中兴通讯应用 5G 技术简化内容生产流程，加速智能化进程，虚拟拍摄突破时空阻隔，让沉浸式生产灵活自如、提高生产效率。5G 云监看帮助编导拓展拍摄边界。

在业务创新方面，中兴通讯也在帮助媒体产业进行虚实融合的创新探索。

躬身入局，场景驱动共筑行业新潮流

我们躬身入局，帮助媒体探索行业新潮流。从平面到智能化、数字化，5G、XR、大视频、物联网成为越发重要的传播手段，亦有成为下一代传播介质的趋势。如何布局下一代传播媒介，从而带来新型内容生产模式、升维的用户体验、创新的报道形式是重要研究和布局的方向。近年来，我们以 5G 为核心为媒体产业探索新型的传播能力，突破时空阻隔，为复杂业务场景提供多角度、强叙事的报道能力，为用户提供更强的交互体验，提升报道效率。

文化产业数字化，XRExplore 平台打造"媒体 +"新时代

我们积极参与媒体行业融合发展，助力文化产业数字化。

XR 技术正在重构信息交互形态、空间和价值，为文化产业带来新体验、新表达和新传承。

中兴通讯将与媒体产业紧密协作，支撑文化产业信息交互形态创新和产业要素价值升级，XRExplore 平台支持多类型客户端，统一的 XR 能力引擎，为文旅、文创、博物馆、商业体等多行业领域能力进行开放。

在永不落幕的数字化文化空间，您可以拥有属于自己的虚拟分身、在 3D 空间创建属于自己的数字展馆来一场中国传统文化的时空穿梭、沉浸式倾听艺术大师的讲学授业、突破时空阻隔，结交新的知己，发现心仪已久的数字文创 IP……

携手行业，共建开放、合作、共赢新生态

未来，中兴通讯将不断攻坚关键技术、为媒体行业提供更先进、更易用的数字底座和技术组件，赋能媒体行业全面创新；与媒体行业客户共同探索创新业务，在业务探索实践中来验证技术、沉淀方案；积极参与媒体行业生态建设，与行业客户、合作伙伴共智共赢。

更懂你、更低碳、更省心、更可靠，中兴通讯坚持向下扎根，向阳生长，与媒体产业伙伴共同努力，一起讲好企业故事，讲好中国故事。

（作者为中兴通讯副总裁、品牌部总经理）

云智一体、助力主流媒体新征程

■ 周　搏

百度作为一家拥有强大互联网基础的领先 AI 公司，具备完整的云、大数据、人工智能、物联网等涵盖 I/P/SaaS 层级的全栈自研技术能力，旗下百度 App、好看视频、爱奇艺、YY 直播、希壤元宇宙涵盖了新闻资讯，短视频，直播，中长视频等各类媒体传播形态。百度自身的强媒体属性，使得我们充分了解媒体行业的业务需求，并提供自身丰富的媒体能力和经验。从我们的理解上，技术赋能媒体变革主要包含基础效能、业务运营、客户服务、企业运行四大方面。

第一，基础能力的效能提升。其一，新型主流媒体建设，对头部媒体的"数字化底座"能力提出更高要求；其二，各级融媒体中心建设，在能力统一搭建、数据融合共享方面，同样亟需基础能力的提升。

第二，业务运营方面的效能提升。一方面，媒体时代面临海量媒资内容管理和媒资价值挖掘，亟需改变传统媒体内容管理方式。另一方面，海量内容生产需求亟需以智能化的方式变革原有生产方式。

第三，客户服务效能的提升。无论是传统媒体领域面临的存量客户保有、用户黏性、每用户平均收入（ARPU）提升，以及新媒体领域的线上获客 / 活客、公域 / 私域客户运营，需要考虑从客户服务、营销以及整体运营的视角来整体提升变革。

第四，企业运行效能的提升。企业各业务板块的内部协同打通、员

工日常办公、沟通、会议的高效开展、企业内部各条线知识库以及内训课程等，均是媒体数字化转型需要修炼的关键内功。

首先，在基础能力方面。百度智能云在芯片、深度学习框架、大模型、AI 应用以及硬件平台均实现自主研发。通过多云多芯的建设能力，可与不同生态合作伙伴拉通适配，突破多厂商、多算法、异构算力的技术壁垒。这也是主流媒体需求度较高的基础能力。

其次，业务运营的智能化方面。一是如何认识这个世界，即如何更高效地与人进行协同，例如智能化能力，包括智能分析、审核、语音识别、人脸图像识别以及各类的拆条、切条等。二是如何呈现这个世界，这里包括数字人、元宇宙，包括智能化内容生产。无论是认知世界还是呈现世界，智能化技术正在渗透到媒体领域的各个环节，推动媒体的时代进入智慧媒体阶段。

再次，客户服务虚实结合。一方面是"虚"的部分，即线上化部分，百度智能云曦灵数字人平台已经在媒体、金融、运营商、互娱等行业有了应用。百度希壤是元宇宙也是头部几家元宇宙平台之一。同时输入法皮肤也是重要的传播入口，比如在线上活动、形象展示，百度输入法已拥有 3.2 亿个用户，及大量的个人贡献者以及乐队的夏天、乘风破浪的姐姐等机构贡献者。另一方面，是实的部分，包括智能音箱、XR 设备等。同时，互联网视频公司也在向硬件内容和传播介质拓展。总的来说，传播与交互媒介虚实结合进化，需考虑赛道、技术提前布局，包括搜索、多模、交互、推荐，以及 AIGC（AI Generated Content，人工智能生产内容）等。

最后，企业运行方向。如何把基础效能、业务运营、客户服务环节的信息串联、传播，以及如何进行内容安全、版权管理等，从企业运行角度来看，需要有完整的媒体协同平台。百度智能云新一代媒体办公平台，可从生产、发布、客户服务全流程提供整体解决方案，并通过本身的 OA、会议、邮箱等功能，全面赋能企业效能提升。

百度智能云媒体行业基于以上 4 个方向提出"云智一体，四效提升"智慧媒体整体解决方案，包括基础能力、业务运营、客户服务和企业运行 4 个板块。目前已经与超过 200 家媒体客户与合作伙伴开展商业合作，包括央级和头部省市级媒体客户，涵盖广电、报业、IPTV、新媒体等方向。未来，也非常期待和媒体同行及合作伙伴共同携手，在媒体领域贡献百度的力量，共同推动媒体行业的数字化与智能化变革。

（作者为百度智能云媒体业务部总经理）

融·见格局，智·创未来

■ 周　建

索贝公司成立 20 多年来，以专业技术力量和敬业精神，在重大项目中获得累累硕果；特别是在媒体融合时代，积极开发新技术应对重大事件（比如国庆阅兵、冬季奥运会等），索贝都圆满地完成任务，做好行业排头兵。

在全国融媒发展进程中，省级平台和县融的建设已经全国开花，索贝作为省级平台建设标准、县级平台建设标准的参编单位，并且正在参与市级融合媒体相关标准的制定工作，目前已经承建全国超过 10 家的省级平台，超过 500 家的县融平台，在融合的过程中有丰富的建设经验，对融媒体平台的建设有非常深刻的理解。

针对融合媒体业务，不仅仅是要融合，而且还要有深度，要可持续发展，所以在融合发展层面不仅仅是要把我们单位自有的内容进行融合，更多的时候是要面临和兄弟单位的内容融合。如何做好与兄弟单位的融合？为此索贝经过多年实践开发出低代码对接技术框架，可以实现在数据整合对接工作中快速简单地完成，并且可根据实际情况完成流程调整，不依赖厂家源代码，不依赖专业维护人员，不影响全局，从而打造出一个适合用户自身情况的融媒体平台。

作为一个媒体单位，获取互联网数据这个动作并不难，关键是获取哪些？获取后怎么用？在原创内容缺乏的中小型融媒单位，利用好权威或

机构的大数据信息，智能化的完成稿件编写，实现发布内容的智能填充，加快生产效率，提高生产质量，达到事半功倍的效果。

经过这些年融媒的发展，让我们深刻地认识到，融合一定要有深度，很多地方都在建设融媒云平台，那么什么样的媒体云平台才适合我们的应用呢？在建设媒体云平台的时候应该充分考虑媒体特性。经过我们深入研究，结合索贝对媒体业务的理解，2022 年我们隆重推出了容器云媒体平台。媒体行业大部分应用还依赖 Windows 操作系统的综合管理问题，解决媒体行业专属板卡、高并发、高带宽网络需求问题，解决各种应用的弹性扩缩问题，解决流媒体文件应用问题，解决多云纳管问题，真正做到让媒体应用去定义云资源，最终打造出一个适合媒体行业的云原生技术平台。

当然媒体的深度融合离不开智能的辅助，索贝媒体智能实验室致力于解决实际应用场景的智能能力，智能化场景模版的开发和研究，比如，镜头识别语言、新闻摘要提取、文本分类等媒体行业专属智能能力；进而开发出智能场景模版来完成：智能审核、智能拆条、智能赛事、智能新闻编辑等实际业务，让智能辅助更贴近用户，更能够解决实际问题，不是为了智能而智能。

如何管理好、用好、用活视频内容，是我们用户始终追求的方向。管理平台检索的高效性、准确性就变得尤为重要，因此对视频内容的结构化处理就是基础。视频的结构化处理将对视频内容信息进行完整标注。规范化的按照 4 层编目数据做标签提取。丰富的标签信息对节目的快速检索有很好的促进作用。通过结构化处理的视频可以大大提高检索效率和二次生产的效率。

当然，将 AI 技术应用于具体的场景，解决业务问题，是 AI 赋能的目标。通过对视频的智能处理，可以实现智能美白、马赛克、磨皮效果，进而提高视频的质量。

在智能赋能的过程中，一个个特定的场景应用让智能辅助接地气。智能工具打破物理空间限制，让所有的生产者随时随地都可以用到这些工具。模板化生态，让更多的非专业人员也能够轻松驾驭，快速的创作出优质的内容，让融媒生产的内容有深度。

索贝完成了国庆 70 周年大阅兵的短视频智能剪辑工作。什么时候才能实现新闻视频的自动剪辑呢？我们都知道，在日常报道中新闻会议的报道是比较常见的，并且是有脚本规律的，无论编辑是谁，编辑的逻辑的一致的。针对这种日常重复的工作，智能平台通过学习，可以将会议现场采集的视频内容智能分析后，结合编辑脚本，实现智能剪辑，让智能落地辅助日常生产。

在融合发布 App 平台的建设方面，索贝公司也积累了丰富的经验。我们真正实现了开发者生态建设，让所有的参与者都能够基于平台开发出多种多样的组件，不仅仅满足自己使用，同时可以投放市场，给整个生态复用，组件数量已经超过 200 个。同时提供高并发后端技术支持，自动化打包技术，在 App 生产实现智能赋能，支持多租户模式，对 4K/8K 长视频完美适配。

如何让融媒体平台的技术成果展现出来，让深度融合看得见，投入有价值？我们 2022 年推出裸眼 3D 和沉浸式可视化技术，采用实时三维渲染技术以及 AI 算法，实现模板化、可交互控制的方式，打造出新的应用场景、新的呈现方式，给我们带来了更加美好的视听体验。

XR 也是目前广泛使用的技术，但是，场景制作复杂、成本高，难以用于日常节目，并且在光照、阴影处理上存在一定缺陷，影响画面真实感，这些都是我们面临的问题。为此索贝积极投入，解决光影问题，解决场景模板化问题，最终在湖北台的合作范式获得了工信部、国家广播电视总局认可。

媒体业务融合不仅要有深度，还要考虑未来发展，超高清是明确的发展方向，国家的相关政策也在持续颁布，那么如何让融媒平台能够紧跟时代发展，是我们共同面对的问题。

综合国家政策要求，较长时间内，高清和超高清共存是必然的，那么有没有一种在现有大部分地方已经完成高清改造的基础上，少量的投入即可完成超高清、高清制播一体化的解决方案？那就是 SUVC 分层解码技术——一种自主创新的编解码技术。通过 SUVC 分层编码技术，可实现统一文件管理，高清、超高清业务按需读取，最终实现高清、超高清制播全域协同。

融合媒体时代，信息多元化，更加强调高效、灵活，能随时随地的进行创作、生产与发布，并且随着网红经济、元宇宙等互联网新形态的快速出现，能否顺应时代发展，打破物理空间的限制，提供这些互联网热点的生产制作能力呢？

很多优秀的节目都来自演播室的专业制作，演播室制作能不能打破物理限制？索贝 2022 年推出了 MetaXstudio 数字孪生演播室，通过物理演播室和数字孪生演播室 1∶1 设置，相互通讯，可以打破物理限制，实现决策辅助，虚拟预演。在特殊应急情况下，做到异常判断和应急处理，做到孪生替换。孪生作品还可以在互联网发布预热，最终虚实结合打破物理限制实现无限制作。

　　索贝作为专家级数字创意的制作技术及呈现方案供应商，将继续实践："以技术为媒介赋能，以呈现为创意赋能，让精彩无处不在。"

（作者为成都索贝数码科技有限公司解决方案总监）

智晓助——新一代涉政智能风控平台

■ 李　君

　　人民日报社传播内容认知全国重点实验室，聚焦主流价值观精准传播、内容智能审核、网络空间内容态势感知 3 个研究方向，通过人工智能技术，把舆论宣传上的导向作用、旗帜作用、引领作用，转化为可计算、可感知、可认知、可运用的 AI 技术体系，用技术赋能主流价值观传播，凝聚社会共识，维护国家政治安全、意识形态安全和文化安全。实验室为了解决内容行业痛点问题，最新研发了基于人工智能的内容风控"大脑"：新一代涉政智能风控平台——智晓助，为传播内容安全提供技术支撑。

　　实验室利用人民系丰富的业务经验和数据积累，在 AI 技术应用领域取得一系列技术突破，自主研发面向涉政内容的文本内容审校、知识推理、视觉目标核查等核心关键技术。新一代涉政智能风控平台——智晓助主要包括涉政文本内容风控、视觉目标合规检测、涉政人物视频伪造检测和内容安全雷达等模块。平台具有完全的自主知识产权，为内容行业提供更精、更全、更深、更广的内容风控解决方案。

　　在涉政文本内容风控方面，实验室基于人民日报党的十八大以来的数据，构建权威的、持续更新的治国理政知识库。平台提供表述规范性检测、每日跟踪表述规范、自动检测不规范和错误表述等服务，同时提供标准规范建议和参考来源信息。

　　在视觉目标合规检测方面，依据相关管理规范对旗帜、地图等视觉目标的规范化要求，针对多变、遮挡等技术难点，构建针对性的数据集和算法库，实现图片、视频特定目标的全面核查。在人物识别方面，构建了实时动态更新的国内人物、国际人物、"落马"官员、敏感人物等数据库，研发跨模态、多元融合的识别算法，根据人物的图像信息，整合职务、时间、地点等进行综合研判，实现对目标人物的精准识别。

　　在涉政人物视频伪造方面，主要面向政治人物恶搞、虚假发布会、场景篡改等类型，通过构建涉政人物参考信息库，深度融合特定人物外貌特点与动作习惯等生物层次，提高对涉政人物的检测精度。构建人物语音信息、视觉特征、肢体动作特征数据库，并进行综合检测。系统具有较高的检测精度和处理速度，目前平台在视频伪造检测方面处在行业领先水平，平台的政要人物库涵盖主要国内外政要信息。

　　在内容安全雷达方面，平台实现了对境内外影音网站的实时监测，实现图文、音视频的跨模态检索和挖掘，第一时间有效应对突发事件。安全雷达支持视频帧截图加文字关键词的跨模态全网搜索和溯源。

　　新一代涉政智能风控平台提供"云服务＋本地化"部署的多种服务

方式，可以有效、安全地满足不同用户的业务需求。

实验室期待与业界同行一道开展科研攻关，聚焦国家重大战略需求，强化国家战略科技力量，共同守护民族复兴伟大进程。

（作者为人民日报社传播内容认知全国重点实验室专职副主任）

Power by XINHUA——
新华全媒体生态引擎

■ 徐姗娜

新华社媒体融合生产技术与系统国家重点实验室聚焦人工智能先进技术在新闻生产全流程应用，开展媒体生产技术、应用基础研究，推出一系列立足前沿、引领实践的科研成果。

2022 年 7 月，在工信部主办的首届算力大会上，新华社国家重点实验室发布了最新研发的新华全媒体生态引擎，这是面向地市级融媒体中心建设的蓬勃需求，推出的"技术＋内容＋运营"综合解决方案，希望打造资源通融、内容兼融、宣传互融、央地共融的生态系统，改变融媒体建设运营单兵作战模式。新华全媒体生态引擎推动内容生产全流程与算法、场景价值链深度融合，帮助地方融媒体中心从"策、采、编、播、发、管、馈、评"8 个节点进行流程再造，赋能数字化内容生产加工，为地方融媒体建设提供支撑。

一是将知识工程融入算法，赋能学习运用党的创新理论。二是依托主流媒体流量池，赋能传播力提升。三是发挥新华社创意策划能力，赋能重点选题策划。四是助力形成纵向联通架构，赋能省市县一体统筹。五是融合数字经济业态，赋能经营收益提升。六是运用多模态内容分析审核技术，赋能全流程内容安全审核。七是融合开箱即用的综合解决方案，赋能技术安全保障。八是协同多层级网格化生产体系，赋能网上通

讯员队伍建设。九是建立"政企民"数字化协作桥梁，赋能社会治理升级。十是面向本地需求创新增值服务，赋能区域经济发展。

接下来重点介绍一下新华全媒体生态引擎的两个特色产品。

第一个产品是习近平新时代中国特色社会主义思想智能问答平台——"问道"学习知识云。该产品结合用户实践场景从具体问题出发，贯通理论和实践，帮助用户灵活运用习近平新时代中国特色社会主义思想武装头脑指导实践。解决广大党员干部群众在学习、理解、领会思想过程中面临的联系实际理解难、解决问题活用难、权威来源求证难的痛点。围绕"如何得来""是什么""为什么""怎么做"4个方面，构建知识体系，创新算法模型，一站式聚合习近平总书记重要讲话原文、新华社核心报道、受权发布、理论解读、实践报道和政策措施等内容资源，让用户深刻理解思想理论的来龙去脉，掌握指导实践的巨大力量，切实落实习近平总书记强调的"深入实施马克思主义理论研究和建设工程，加快构建中国特色哲学社会科学学科体系、学术体系、话语体系"，让党的创新理论"飞入寻常百姓家"。

第二个产品是多模态媒资搜索引擎，我们发现搜索媒体素材是媒体人员最多的操作,我们推出图片、音频、视频相互融合的高效检索工具,打破语义鸿沟,帮助解决全媒体时代的搜索难题。采用基于向量和图的搜索与计算技术,解决高效检索和高效分析问题,实现基于内容语义的检索,在多模态数字内容管理上实现突破,具有速度更快、内存更小、精度更高的优势。这个搜索引擎将为地方提供更大的数据治理能力。

新华全媒体生态引擎是刚诞生不久的产品,我们欢迎大家提出宝贵建议,探索合作空间,新华社国家重点实验室将与大家共同推动"科技赋新能　融媒向未来"。

[作者时任新华社媒体融合生产技术与系统国家重点实验室主任,
新华融华媒体科技发展(北京)有限公司董事长、总裁]

三维菁彩声（Audio Vivid）支撑"百城千屏"高质量发展

■ 姜文波

　　我汇报的主题是三维菁彩声（Audio Vivid）支撑"百城千屏"高质量发展，这里有两个关键词，一个是新的传播方式——"百城千屏"，另一个是音频编码技术——三维菁彩声。

　　自 1958 年以来，我国电视发展共经历 3 次重大转型升级：一是彩色电视替代黑白电视，二是数字电视替代模拟电视，三是超高清电视替代高标清电视，当前正全面迎来了 4K/8K 超高清电视的发展。

　　2021 年 2 月，为实现"科技冬奥·8K 看奥运"的目标要求，以央视春晚为契机，中央广播电视总台以超高清制播呈现国家重点实验室为依托，联合国内企事业科研单位，开展 8K 超高清电视频道播出试验和春晚直播，在总台内部 IPTV 网进行 8K 超高清电视频道播出试验。为了让全台员工都能欣赏到 8K 超高清电视纤毫毕现、绚丽多彩的画质，我们在总台 4 个办公区都设置了超高清大屏进行展示。为了让更多普通民众能亲眼看到 8K 超高清电视，通过四大电信运营商专线，将 8K 超高清电视频道信号送到全国 10 个城市 36 块公共大屏，向公众展播，"广场看春晚"成为 2021 年央视春晚的热点事件。

　　2021 年 5 月 7 日，为加快 8K 超高清电视发展，总台启动 8K 超高清公共服务平台创新试点工作，以开播 CCTV-8K 频道和"百城千屏"传播

体系为目标，全面推进总台 8K 超高清制作播出、总控交换、编码传输、IP 分发、终端服务全链路科技创新应用，构建集内容、平台、渠道、服务于一体的 8K 媒体生态体系，更好地满足人民精神文化生活新期待。

基于总台 8K 超高清电视频道和 8K 超高清公共大屏播出试验，工信部在调研的基础上，于 2021 年 7 月设立科技创新专项——《建设面向 8K 超高清视频制播关键技术和应用推广公共服务平台》项目，予以推进"百城千屏"超高清公共大屏推广，该项目由总台牵头承担。

2021 年 10 月 19 日，工信联合中宣部、交通部、文旅部、广电总局和总台六部委联合发布通知，开展"百城千屏"超高清视频落地推广活动。活动以"点亮百城千屏　炫彩超清视界"为主题，支持有条件的城市设立超高清公共大屏，通过展播超高清 4K/8K 内容，发挥弘扬社会主义核心价值观主阵地、主渠道、主力军作用，弘扬民族精神，呈现中国文化，提升超高清视频产业的渗透性。

2022 年 1 月 24 日，总台 CCTV-8K 超高清频道开播和"百城千屏"超高清传播平台上线启动，通过中国有线网络和歌华有线电视网及广东有线电视网开始向家庭提供 8K 电视服务；"百城千屏"超高清传播平台在全国 25 个城市展开，共有 120 多块 8K 公共大屏直播了春晚和北京冬奥赛事，为世界超高清产业发展树立起中国标杆。

为实现"科技冬奥·8K 看奥运"的目标要求，我们计划"百城千屏"8K 超高清电视采用环绕声或三维声音频播出。我们遇到的第一难题是：2022 年 1 月，根据当时我国视听产业技术现状，8K 视频解码只有华为 8K AVS3 海信芯片具备 8K 解码能力，音频也只有杜比环绕声和三维声可以选用。由于华为不能获得美国杜比公司的专利授权，我们只能采用无须专利授权的立体声 MPEG-1 Layer2 音频技术，作为"百城千屏"8K 电视的伴音。我们遇到第二个难题是：在公共文化广场或室内公共空间，不可能播放大音量的电视伴音，广大观众通过"百城千屏"公共大屏看电视，只能看到 8K 超高清视频，无法听到电视伴音。

音频技术是超高清电视 6 个主要技术参数之一，音频技术包括单声道、立体声、环绕声和三维声。随着超高清等新技术的不断演进，人们对"真实""沉浸"的音视频体验不断提出新的要求，"超高清视频 + 三维声音频"是超高清发展的方向。

我国音频技术研究相对落后。我国广播电视及新媒体目前主要采用单音道、立体声和环绕声，核心技术受制于美国杜比公司。超高清时代，加快我国自己的环绕声和三维声音频技术研究和应用，快速追赶国际先进水平，成为视听媒体界和电子信息产业界的一项重要任务。

电视包括"视频 + 音频"，音频信号是嵌入在视频中同步传输、同步解码和同步播放的。

为解决观众在广场观看"百城千屏"8K 超高清视频可听到伴音的难题，我们提出了异构网络的视音频控制方法，发明了异构网络视音频同步传输技术，也就是将视频和音频信号分别传输，实现了不同网络传输的音频与视频时延控制在 -90ms~+120ms 之内，满足国家标准《电视广播声音和图像的相对定时》（GB/T 22150-2008）的要求。

针对美国杜比公司对华为等企业的技术封锁，为解决 8K 超高清电视及"百城千屏"采用三维声或环绕声技术的难题，总台联合华为、三节等公司发明了三维菁彩声技术，包括三维菁彩声采集制作、编码传输和解码渲染，形成了具有自主知识产权的三维菁彩声解决方案。

三维菁彩声技术采用 HOA 高阶声场技术和混合 AI 编解码架构完成三维菁彩声编解码，创新了三维声数据结构，实现 5.1+4H 音箱渲染和双耳渲染呈现。研制了广播级编码器，实现支持多种协议封装和信源格式能力，在 8K 播出系统中输出三维菁彩声音频流；研制了三维菁彩声分发传输服务器，完成了音频流的封装、推流及流媒体服务等功能，实现通过互联网为用户提供双耳渲染的三维菁彩声音频服务。

我们构建了三维菁彩声编解码传输、渲染呈现解决方案，依据 ITU 标准在检测实验室进行了性能评估测试，结果表明，该技术在相同码率下，编解码质量与国际主流技术 MPEG-H 相当，填补了国内技术空白，打破了美欧在音频技术领域的垄断。

我们采用异构网络视音频同步传输技术，研制了基于微信小程序的"百城千屏随身听"系统。在 2022 年春晚和北京冬奥会期间，全国一共部署了 125 个 8K 超高清公共大屏，观众通过手机收听到大屏播放的 8K 电视立体声伴音信号。

我们采用异构网络视音频同步传输技术和三维菁彩声技术，研制了基于"云听"客户端的"百城千屏"音频同步传输及呈现系统，进一步优化了同步方法，提升了保障同步精度要求的能力和手段。

2022 年 9 月 10 日，我们将以中秋晚会为契机，通过"百城千屏"超高清传播平台直播"8K 视频 + 三维菁彩声音频"中秋晚会，开启三维菁彩声技术示范应用，推动中国音频技术研究与应用进入新的发展阶段。中秋之夜，北京、上海、重庆、广东等 22 个省市 50 多个城市公共文化广场的 270 多块超高清大屏将同步直播中秋晚会。在广场看中秋晚会，观众不仅可以通过"百城千屏"看得到中秋晚会美轮美奂的 8K 超高清视频，还可以通过总台"云听"客户端同步收听到悦耳动听的三维菁彩声，体验中秋晚会现场的震撼效果。

今后，我们将继续按照习近平总书记"四个面向"的指示要求，持续推进媒体与新一代信息技术深度融合发展。

在音频技术研究方面，我们将继续以超高清视音频制播呈现国家重点实验室为平台，联合国内外企事业科研机构和媒体机构，聚焦三维声音频采集制作、编码传输、渲染呈现关键技术，持续推进三维菁彩声技术研究和技术迭代，不断优化三维菁彩声的音质、空间感、方向感、距离感等技术指标。

我们将始终坚持以用户为中心的工作理念，针对公共大屏、家庭、汽车、手机、收音机等视听应用场景，积极推动菁彩声在广播电视、新媒体的广泛应用，满足广大受众的多样化视听需求，促进我国视听产业高质量快速发展。

（作者为中央广播电视总台超高清音频制播
呈现国家重点实验室主任）

全媒体信息计算赋能未来传播重构

■ 张 运

一、未来传播格局重构的机遇与挑战

媒介是社会的使能器。未来传播正向着人类社会、物理世界、信息系统、虚拟空间组成的四元环境迅速演进，在这个四元环境中，由智能信息系统所支撑的新型媒介技术应用，形成人类社会、虚拟空间和物理世界交织的媒介环境，进而引起传播形态的变化，这种变化进一步影响社会发展。未来传播格局重构的过程是媒介与社会同构的新逻辑、新机制建立的过程。技术催生的新型媒介，借助由算法编织的复杂信息传播网络，以社会操作系统的模式实现社会关系的重构、组织形态的再造、产业结构的重塑。

未来传播重构的挑战在于：信息传播渗透社会所有层面和人类思维空间，其中既包含消息的传输，也包含情绪的传递。传播渠道精细多样、用户自主选择媒体，传播者和接收者自由转换，多样化、多维度、立体交叉的传播格局产生了新的传播规则和传播效应。

未来谁掌握了四元环境中的信息传播规律，谁就将占据先机。如何应对挑战？我们认为首先要从传播场景感知开始，进而去探寻其背后的传播理论阐释，探索信息传播的规律和控制方法，由此进入到编织传播场景以重构社会关系的阶段。

我们提炼出 3 个核心问题。首先，人机融合环境影响人的认知与决策行为，用户研究和洞察始终是痛点问题。其次，数据和算法影响和控制传播场域，要想解决传播重构中的关系构建问题，就必须掌控传播的流向、结构和态势。最后，在场景编织中需要解决分层、分类、分群的不同场景构建和内容精准化生产问题。传播意图引导下的先进生产平台和工具对于提升传播的入脑、入心效果尤为重要。

二、全媒体信息计算如何赋能未来传播重构？

随着人工智能和大数据技术赋能信息传播的各个环节，传播过程中的非结构化数据转为结构化数据，使得内容知识、传播规律、行为认知等抽象问题可计算、可预测、可建模。因此，可以搭建由现象到数据再到理论及关键技术之间的计算模型体系，支撑未来传播重构研究，从而回应媒介与社会同构时代中的重大现实问题。

以冬奥赛事全球传播应用为例，跨群体认知计算从多个数据模态和认知类型计算受众对冬奥赛事认知加工的过程，实现测量指标、传播内容与群体特征之间的映射。基于此构建的冬奥赛事全球传播模型，为冬奥赛事传播效果提供理论指导。

多场景群体传播计算从信息特征、群体属性和社交网络结构等传播要素出发，计算这些传播要素对于信息传播能力的影响，计算传播热度、广度等在跨平台、跨时空维度的变化，从而探索信息传播的普适性和差异性规律，研究信息传播系统的可控性和控制方法。

全媒体表征计算，是指定制化内容生产中的全媒体语义表征计算模型。通过构建传播意图知识图谱，实现意图知识引导下的跨媒体内容解析和内容生成，最终实现人在环路的全视角跨媒体内容生产模式，满足不同传播场景中的内容精准化生产需求。

三、我校国家重点实验室主要研究方向及标志性研究成果

我们在 4 个研究方向上，取得了一系列研究成果。

1. 媒体融合传播理论研究

针对互联网群体传播规律难以把握的难题，我们采用学科交叉的研究方法，分析群体传播背后的机制、模式，并尝试探索普适性法则。目前已经在传播主体多元化的群体传播理论及可计算模型等研究中取得重要进展。

互联网群体传播理论应用于网络视听传播态势预测，已取得较好的成果。对于热点事件的情绪地图分析，不仅可以呈现各个地区的群体情绪，还挖掘了其后的动因。

2. 媒体融合的服务模式

我们融合人工智能技术手段，创新视听创作模式，建设完成了红色资源公益传播矩阵，完成"红色云展厅"等多个项目的创作，在人民日报客户端等主流媒体上线，助力党史教育和核心价值观构筑。

无障碍信息传播研究，致力于全媒体环境中不同社会群体媒介权利

保障。我们首创的光明影院公益服务模式实现了全国所有特殊教育学校全覆盖。实践探索及理论成果推动了无障碍信息传播的技术标准制定。

3. 媒体融合共性关键技术

我们成功研制出我国第一套 5G NR 广播系统，在广西开展外场测试，为我国 5G 广播研究和应用部署提供了科学依据，也为 5G 国际标准做出了重要贡献。目前正在定制支持最大 3Mbps 左右的轻量化 CPE 终端，以支撑应急广播等业务部署。

面向保底通信安全保障重大国家需求，自主研发的宽带短波通信系统首次实现了远距离短波视频传输，攻克了低功耗、抗干扰工程难题，成果已在新闻传播、国家安全等多个领域得到应用。

为解决传媒行业中小微企业和部分基层媒体单位生产模式效率较低的问题，我们将智能音视频处理等关键技术，和众智、众创的业务模式融合到媒体内容的生产管理中，自主研发的"蓝海云"推动了智能传媒内容生产规范化、标准化和流程化。

为解决直播活动进行中信息不可回溯、视频剪辑耗时耗力的问题，针对长时间直播过程中内容丰富、主题多样、传播复杂等特点，研发了面向直播活动的即时新闻智能生产平台。

红色经典影像智能修复云平台解决经典胶片影像人工修复成本高、效率低的问题。通过建立工业标准的自有算法模型，我们参与了《雷锋》等多部影片修复。

我们致力于跨域融媒云的标准化研究，构建微服务架构体系，以"共享厨房"模式为 PGC 和 UGC 用户提供安全、可管、可控的广播级专业化智能服务。目前正在为雄安融媒体中心提供微服务架构顶层设计，并推动媒体融合架构的标准建设。

4. 国际传播

我们实现了基于语义的新闻内容分析，支持精准高效跨语言检索及实时情感计算。通过实时监测全球 40 多个国家、28 个语种、1000 多家境内外媒体报道的新闻大数据，构建多语种全球媒体报道数据库。我们一直紧密跟踪国际传播中的热点问题，集中力量进行科研攻关，研究成果已经为精准国际传播策略提供了重要参考。

每次媒介的变革，都是人与人、人与媒介、媒介与社会相互关系的一次重构，中国传媒大学媒体融合与传播国家重点实验室的目标是：建立起全媒体信息计算和传播重构的基本理论框架与关键核心技术体系，为扩大主流价值影响力版图和构建国家战略传播体系提供智力支持和科技支撑。

（作者为中国传媒大学媒体融合与传播国家重点实验室副主任）

圆 桌 对 话

智媒体　新服务

- **主持人：宋建武　中国人民大学新闻学院教授**
- **嘉　宾：曾　雄　长沙市广播电视台（集团）党委书记、**
  台长、总编辑、董事长
  赵　轶　湖北长江云新媒体集团总编辑
  祁乐乐　浙江省安吉县融媒体中心党委委员、副主任
  傅丕毅　新华智云科技有限公司董事长
  崔　滔　东软集团华中大区总经理

主持人： 我们这个圆桌对话的主题是"智媒体　新服务"。我想这个话题的关键在于，智慧媒体跟我们今天的媒体向社会提供的服务之间是一个什么样的关系？而且，从技术应用的角度，我们如何用智能技术去驱动服务，同时通过运用在服务中取得的数据，来使我们的媒体更智慧。

大家知道，长沙广电，就是曾雄台长所领导的机构，在"我的长沙"App 的运营中，在政务和服务有机融合的方向上，做了很多很好的尝试。那这个客户端是如何在政务服务和本地服务中，运用智能技术来驱动媒体发展的呢？我们请曾雄台长分享。

曾雄： 长沙广电的媒体融合主要依托"我的长沙"平台。我们在 2021 年专门牵头成立一家科技公司——数智融媒科技有限公司，由它负责运营"我的长沙"平台，这是长沙市唯一的政务服务移动端，也是我们融合打造的新闻资讯触达端，现在已经有 840 多万注册用户。通过沉

"智媒体　新服务"主题圆桌对话

定用户数据，我们希望实现"三个融合"。第一，媒体与大数据融合。通过城市大数据的沉淀、挖掘和分析，提高媒体智能化水平。第二，媒体与城市服务融合。把城市服务功能汇聚到平台上来，现在有 1818 项城市服务，不断贴近用户服务场景，通过了解用户办事行为，实现"服务带资讯，资讯带服务"，最终实现"城市服务＋融媒体"的智能化。融合平台的智能化水平体现在可以对用户数据和办事行为数据进行判断。比如向办了驾照服务的有车用户推送周边交通信息等，通过用户办事行为预判未来，进行智能化推荐。第三，媒体与社会民生融合。市民用户的衣食住行、生老病死等身边问题都可以通过我们的办事平台来解决。平台也根据用户的办事行为来不断优化我们的融媒体产品。现在我们已经做了一些融媒体产品，比如"我要找记者"，用户可以通过平台一键联系到记者，来采访报道你身边的新闻。与人社局开拓了一个应用场景叫"我要找工作"，与文明办联合推出了"文明随手拍"，是 UGC 模式。通过大数据沉淀、挖掘和分析，不断提升平台对用户需求的了解和掌握，实现城市服务和融媒体内容的智能化推荐，构建一个为老百姓办事的城市平台，不断优化推出新服务，应用场景也越来越多。

主持人：曾台长的分享中提到，"我的长沙"在运营中获得了丰富的数据，而且这些数据是现在互联网大厂以内容分发为主要应用类型的垂直类数据所不能涵盖的。我相信，假以时日，随着"我的长沙"平台的成熟，其自身智能化水平的提升，以及服务本地百姓的功能的完善，能够使我们的主流新媒体更智慧，同时也能使我们本地人民生活更便捷、更幸福。

"长江云"是我国第一个省级媒体平台，从媒体融合的实践看，"长江云"模式也是建构我国省级媒体平台与县级端口关系的基本模式。"长江云"总编辑赵轶女士对于如何运营平台，以及通过平台所支撑的各个端口向用户提供服务，很有心得，现在请她分享。

赵轶："长江云"是湖北省移动政务融媒体平台，覆盖全省、市、县的 121 个客户端，每个市、县的主流媒体都是客户端的运营单位，所以探索智慧服务相当于有 121 个军师。对于智能化应用，我觉得可以从两个层面去理解。

一方面，智能化应用带来的是人工智能、大数据对内容生产环节的优化。2019 年"长江云"成为全省县级融媒体中心的省级技术支撑平台，把智媒体技术赋能到各个县市。

另一方面，"长江云"成为智慧化媒体，更好地拥抱社会化应用。我们湖北省有个自治州叫恩施州，和我们合作做了智慧食堂项目。通过云服务可以进行食堂扫码用餐，在用餐的同时，记录菜品的内容和分量。我们想在年底给每个在食堂用餐的小伙伴们出一份年度健康饮食榜单，帮助大家更好的健康饮食。比如说，我们长江云在咸宁推出了"崇军汇"产品，专门服务退役军人。他们去当地商场、超市、小卖部都可以享受价格优惠服务。这样的数据累积下来后，能帮我们了解退役军人群体的需求，为他们提供更好的服务。类似的例子非常多。我们 121 个军军为我们提供他们的想法，我们通过我们的技术团队实现后在全省客户靠进行快速复制，帮助他们更好运营、服务社会。

主持人：感谢赵轶女士，"长江云"有很多很有价值的探索。接下来有请安吉新闻集团的祁乐乐同志。安吉新闻集团是我国县级融媒体中心在综合服务方面项目做得最多、涉入本地社会运行的深度也是最深大一个。它在城市治理、本地服务等多个方面都有很多很好的尝试。它拥有全国范围内县级融媒体中心里最强大的技术团队，他们是怎么做到的？有请祁乐乐同志分享。

祁乐乐：我来自一个县级媒体——安吉县融媒体中心。我们觉得，媒体变革时代，智媒体建设最主要的是媒体的思维重塑。安吉从 2014 年开始走上媒体融合道路，是全国最早的县级融媒体中心之一。这些年，一路走来感受很多。我们秉持的是"融合、创新、跨越、共生"理念。2022 年 3 月，我们进一步强化了"万物皆媒、媒有万能、媒生万物"的发展理念，同时强化了"至嬗之媒，追求至善至美"的价值认同。安吉县融媒体中心不仅用新闻赋能文化，还在"新闻＋数字化""新闻＋县域治理""新闻＋区域公共平台打造""新闻＋民生共富"等社会服务领域，都发掘出更多的能量。从默默无闻的小小县融媒体中心走到现在，我们智媒体建设包括智慧城市的建设，可以说，作为一家县级媒体，我们已经走在了全国同行的前列。我们把所有的安吉县城乡社会治理方面，特别是数字化服务的场景建设、运营维护，包括每年运维的"一张网"全部拿下，产业收益远远超出原来的"文创＋文化"。短短的 8 年时间，集团的营收从 1.2 亿走到 2021 年的 4.09 亿，2022 年将突破 5 亿。也非常希望，有机会在智媒体建设的道路上，与全国的各界同行共同努力、互利共赢，把产业做大。

主持人：如果我们大家去过安吉，知道安吉余村（两山理论的诞生地）的话，你打开余村智慧治理的平台，那个系统就是安吉新闻集团开发的，而且不止一个余村，全县几百个村都是通过这样的系统完成农村社会治理的。它的系统不仅在农村社区，而且在城区也适用。可以说，其全方位介入本地城市运营。安吉新闻集团也在这个过程中使自己成为智媒体。

前面发言的 3 位是智媒体发展的主要应用者，是技术产品的需求方。他们需要技术在特定的场景应用，这就给技术公司提出了一些任务和要求。接下来有请新华智云的傅丕毅董事长。新华智云是做软件服务的企业，在我们的业界中，有很多新华智云的用户。如何响应新服务背景下的智慧应用软件的开发需要？有请傅丕毅先生给大家分享一下。

傅丕毅：新华智云是新华社旗下新华网控股的媒体人工智能公司。我一直认为我们的技术首先应该服务于媒体的采编业务。目前为止，我们的技术有没有服务好媒体，这是一个问号而不是句号，甚至不是逗号。新华智云成立以来，全国的用户，包括媒体机构和有媒体功能的机构加起来将近 2000 家了。但扪心自问，我觉得新华智云虽然是最懂内容的技术公司，但对于媒体的采编业务来说，我们的服务还有很多值得完善和提升的空间。

在这里我觉得还是应该透过现象看到本质。衡量一个技术到底好不好的标准，或者说是最重要的标准，甚至是唯一的标准是什么。从我们媒体机构来讲，衡量一项技术对媒体到底有没有用的重要标准，就是能不能帮助媒体生产出好的作品。我觉得这是一个最重要的甚至是唯一的标准。以这个标准去衡量我们很多的技术产品、衡量很多的技术公司的能力。如果是这样的话，我们还可以继续再问下去，那能够提供一个或者是有哪些条件能够说明这是一个好的作品，这是一个好的媒体产品？我认为从本质上来讲有两个条件：一方面，写作或制作的人越来越多，量上来讲，才能提升质。这是什么，这是今日头条、腾讯新闻，这是现在的互联网传播平台。互联网传播平台带来很关键和很重要的传播技术革新，对我们内容行业来说一个很重要的影响，就是生产内容的人越来越多了，我们又称之为智媒体。这样的技术对内容行业来说是很重要的。

另一方面，像大菜师傅一样，这个技术能不能让素材越来越丰富。也就是我们媒体机构说的，我们的媒体库资源能不能越来越多。在座的可能有很多来自基层。我们跑很多业务，新闻口的记者很多，跑公安口的稿子很多，因为公安口新闻资源很丰富，跑共青团资源口的新闻资源不是很丰富。新华社一直致力于使媒资库丰富起来。比如说，我们通过MGC机器自动化生产系统，把媒体摄像头变成记者，这些大自然中本身发生的、丰富的、能够用来传播的媒资，如果没有技术帮助很可能是沉睡的。但是，如果有了技术，我们就能让媒资越来越多，让生产的人越来越多，让生产的素材越来越多，我觉得这是我们技术公司应该干的方向。

主持人：傅丕毅董事长给出了看问题的另一个角度。这个角度我也非常欣赏。我觉得，傅董事长发挥了论坛圆桌的长处，就是大家要有一人意见的交流甚至交锋。从傅丕毅董事长所表述的思路，我想到的是，我们今天的媒体，已经不再是以过去传统的闭门生产模式来生产传统概念中的新闻内容，我们还要考虑今天的人民群众需要的是什么？我想，他们不仅需要权威的新闻内容，还可能需要更多的对他们的生产、生活有用的信息。傅丕毅董事长说，他更多地考虑怎么让媒资库丰富起来，我也很赞同。这确确实实是一个重要的衡量标准。我觉得从这个方面来说，如何按照中央对媒体融合的指导，建设开放平台，让参与内容生产的人多起来，才能真正让内容数据库更丰富起来，这恰恰是互联网的优势和互联网的特点，这也是媒体融合的要义。所以，我觉得这个方面可以"条条大路通罗马"，大家各自在不同的方向上进行尝试。

大家知道，东软集团是目前国内最大的软件公司之一，有国内最多数量的软件工程师，在各个方面都有非常强大的开发能力，尤其是在服务智慧城市建设这个方面有系列产品，在服务媒体方面也有特色产品。今天有请东软集团华中大区总经理崔滔先生分享他们的思考。

崔滔：东软作为成立了 31 年的企业，它的主营其中一大部分是智慧城市。东软成立之初到现在一直致力于中央、省、市、县各级政务系统开发，也是天然智慧城市承建方，包括数字中国建设。我们东软在智慧城市方面有四大板块：第一个是智慧城市，第二个是智慧医疗，第三个是智能网联企业，第四个是企业数字化转型。在这四大板块里，企业、政府里，事实上都有融媒体体系。我们东软在整个智慧城市建设中的口号是"优政、惠民、兴业"，今天可能还要加上"融媒"。技术领域来说，无论是智慧城市还是融媒体，它的技术是日新月异的。但服务于什么？它服务于老百姓。在智慧城市建设过程中，更多打通的是数据流。数据流为谁服务？为人民服务。提升执政效率、提升老百姓获得感。种种这一切，如果把整个政务系统、智慧城市，最终的政务系统加上媒体融合，可能未来的老百姓获得感更强。包括应急事件的处置上，包括官方的媒体上，及时、准确上大大提升效率。所以东软提出的口号是"媒体 + 政务"。政务系统里，东软深耕了近 30 年，比较了解政务系统。如何打通政务是我们一直探讨的问题。同时，东软又懂媒体。

"政务 + 媒体"，是天然地服务于老百姓的一个方向。可能东软更多的是 To G、To B 的，但媒体是 To C 的。各方面的能力，包括科技赋能、融媒向未来，东软作为技术企业这方面有一定积累。

但是另外一个维度，技术打破不了管理的一些壁垒。如果从政务系统来说，包括我们的媒体、融媒体，跨部门怎么办、跨区域怎么办，这个可能不是技术和科技公司能解决的问题，而是一个技术赋能到媒体、赋能到政府共同来解决的问题，从而大大提升整个主流媒体宣传、导向上的先进性、准确性和及时性。

主持人：感谢本次圆桌对话的各位参与者，大家今天都是言简意赅。我想大家各自都有一句话要跟大家分享。先有请曾雄台长，您最后想跟大家分享什么心得呢？

曾雄：我们在媒体深度融合方面，就是牢牢把握"媒体 + 政务服务"，积极拓展更多应用场景，探索打通更多商务模型，建设运营好"我的长沙"平台。未来，长沙广电将继续开放合作、深入探索，真正把城市服务与媒体深度融合起来。

赵轶：其实我想分享的是宋建武教授说的一句话，这次在长沙碰到宋建武教授是第二次了。来湖北调研的时候，宋教授说，媒体融合不仅是融媒体，更是要融社会。我觉得智媒体更是这样。智媒体给我们更多技术、智慧能力，让我们有更好的状态拥抱社会。

祁乐乐：我特别想跟在座的县级媒体同行分享一点感悟。智媒体也好，媒体融合也好，技术不是万能的，因为我们在基层，技术肯定比不上中央和省级媒体，我们的人才资源也不一定比得上。但不改变肯定是不行的。我们有一点跟我们的大咖、媒体前辈是一样的，就是我们一定要去研究、把握媒体传播、媒体融合、媒体变革的规律，同时要遵循这个规律。我们要说干就干，不能等。在第一轮县级媒体融合改革过程中，我印象中，有一些县级媒体的同行走过一些弯路，原有的优势丢失了，新的优势还没有形成。我们不能仅仅局限在新闻板块，我们一定要拥抱刚才宋建武教授，各位领导，中央、省级媒体，包括一线同仁说的"新的蓝海"。"新的蓝海"是什么？我个人认为就是要重构我们的大众媒体，拓展新的应用场景。在这方面，县级媒体大有可为。党中央已明确指出，县级媒体要进一步加快媒体深度融合。国家治理体系中，中国传统的治理理念是"郡县治天下安"，这正是我们县级媒体独有的一个优势。

傅丕毅：新华智云是以机器生产内容为特点的公司，我把要求我们技术团队的 12 字方针跟大家分享，即"海量生产、秒级生成、受众喜欢"。

崔滔：东软一直致力于信息技术、新技术赋能于融媒体的发展，希望未来东软利用 30 年的积累助力媒体向其他行业的深度融合。

主持人：谢谢崔总，感谢大家的参与和配合，谢谢大家。

"智媒体　新服务"倡议书

各新媒体单位和广大新媒体工作者：

　　近年来，信息传播新技术多点突破、快速革新，智媒体、云服务不断涌现，有力拓展了社会治理和服务的载体渠道。建设人人有责、人人尽责、人人享有的社会治理共同体，需要汇聚各方资源，凝聚各方力量。新媒体在传播主流思想价值、畅通社会治理参与渠道、提升社会治理效能等方面具有独特优势，作用日益凸显。

"智媒体　新服务"倡议仪式现场

在加快推进媒体深度融合发展的过程中，我们倡议：

让我们不忘初心勇担新使命，始终坚持正确政治方向，坚持以人民为中心的工作导向，做强新型主流媒体，为壮大主流舆论、增进社会共识贡献新媒体力量。

让我们踔厉奋发展现新作为，不断强化互联网思维，构建全媒体传播矩阵，打造"新闻＋政务服务商务"综合信息平台，努力为人民群众提供更丰富更便利的优质服务。

让我们笃行不怠澎湃新动能，不断强化技术驱动引领的意识，用好5G、大数据、云计算、物联网、区块链、人工智能等现代信息技术手段，让先进技术为智媒体新服务提供新引擎、注入新动能。

千里之行始于足下，让我们以本次论坛为起点，以内容为舵、技术为帆、服务为桨，携手驶向智慧融媒的美好未来！

中国记协新媒体专业委员会

2022 年 8 月 30 日

CNMC

2022 中国新媒体大会

CHINA NEW MEDIA CONFERENCE

"马栏山上话国潮"

文创盛典

持续擦亮媒体艺术之都金招牌

陈　澎

　　"天上长沙星，地上长沙城。"近年来，长沙市委、市政府以习近平新时代中国特色社会主义思想为引领，坚持传承好、挖掘好、发扬好、运用好中华传统文化资源，持续擦亮世界媒体艺术之都、东亚文化之都等金字招牌。长沙，国潮文创热情张扬，国潮消费奔涌不止，正成为新国潮消费的造"星"之城，涌现出太平老街、坡子街、黄兴路步行街等国潮开发地，茶颜悦色、文和友、墨茉点心局等迅速出圈、火爆全国，"夜观光""夜文娱""夜美食"不断奏响长沙"不夜曲"。马栏山出品的《了不起的匠人》《登场了！敦煌》构造国潮文化 IP 产品群，纪录片《中国》、短剧《理想照耀中国》、音乐节目《声生不息》展示最美"中国红"；4K 修复《毛泽东在 1925》等一批红色影片传承纯正"中国味"。

新潮与复古碰撞，传统与时尚激荡，古老与现代融合，马栏山上，国潮产业正当时。

站在新的起点，对长沙来说，不仅网红，还要长红。马栏山作为长沙国潮文化"走出去"的重要窗口，更应站在新国潮的"潮头"，更好助力长沙高质量发展。一是汇聚中国元素。马栏山作为文创产业的"排头兵""桥头堡"，就得有"中国味"、就要有"中国样"。要善于运用新国潮理念，在守正创新中将中国文化、湖湘符号转化为"马栏山出品"最鲜明的特色与亮点。二是拓展产业链条。要坚持创新为核、技术为要，在苦练产品内功的基础上，讲好国潮故事，从视觉美学、技术工艺、购买体验、营销方法等多方面做功课，促进传统文化与潮流文化的深度融合，推动"马栏山出品"更具"中国风"与"世界范"。三是厚植人才沃土。要坚定不移优生态、耕沃土、搭平台，让更多有文化、爱生活、善创新的年轻人在马栏山集聚起来，让创新创业成为马栏山最具张力的表达，让创新实干成为马栏山人最靓丽厚重的底色，推动马栏山文创走出国门、走向全球。

马栏山不仅是长沙的、湖南的，更是全国的、世界的。无论当下还是未来，你们都是马栏山踏浪前行的强劲动力！热切期待你们一如既往关心马栏山、支持马栏山、推介马栏山，同马栏山一道，共谋合作新篇，共绘兴业愿景，共创美好未来！

我们定当不负期望，以马栏山为"核"，加快打造"最国潮"的文化标识、"最醒目"的文化地标、"最强劲"的产业引擎、"最文明"的典范之城！

（作者为长沙市委常委、宣传部部长）

建好湖南马栏山　繁荣文创新产业

张　严

湖南文化产业底蕴深厚，以"广电湘军""出版湘军""动漫湘军"等为代表的湖南文创产业叫响全国，是湖南具有比较优势的产业。为厚植优势，湖南乘势而上，2017 年，马栏山视频文创产业园正式挂牌。2020 年 9 月，习近平总书记考察马栏山，指出湖南文创很有特色，并对"文化＋科技"融合的路径和模式给予了充分认可，极大地鼓舞了湖南文创人的信心和干劲。习近平总书记的殷殷嘱托为湖南文创发展指明了方向，提供了根本遵循，擘画了蓝图。

建好马栏山是坚持以习近平新时代中国特色社会主义思想为指导，推进文化强国建设、推动视频文创产业高质量发展的生动实践。近年来，马栏山人以"快马加鞭"的"马栏山速度"，奋力奔跑、实干前行，驶入发展"快车道"，交出亮眼"成绩单"。目之所及，精明增长，绿色生态，产业集聚，活力盎然。入驻企业已达 4400 多家，2021 年实现企业营收超 500 多亿元，形成了以高新视频为特色，内容制作、存储、播发、交易和监管等全链条的数字文化产业生态。

今天的马栏山早已不是简单的地理名词，不仅是国家级广播电视产业园、国家文化和科技融合示范基地、全国版权示范园区、国家级文化产业示范园区创建名单，更是享誉全国的"文化符号""文化现象"。马栏山"IP"效应不断放大，是全国知名的网红园区，引领湖南视频文创产业，占据着中部地区乃至全国高地的核心主阵地。

文化是民族的精神命脉，文化自信是一个国家、一个民族发展中最基本、最深沉、最持久的力量。2020 年 7 月，工信部等 5 部门联合发布《数字化助力消费品工业"三品"行动方案（2022—2025 年）》，提出"挖掘中国文化、中国记忆、中华老字号等传统文化基因和非物质文化遗产，加强新生消费群体消费取向研究，创新消费场景，推进国潮品牌建设"。国风国潮的流行，是新时代中国人文化自觉和文化自信的显性体现。马栏山作为全省乃至全国视频文创产业的前沿阵地，要坚定不移地走好"文化＋科技"融合发展路径，以科技汇聚起科文融合发展的强劲动能，当好国潮文化和创意文化的引领者，持续挖掘中华优秀传统文化，创造性转化、创新性发展，推出更多具有时代元素和现实意义的"国潮"文化创意产品。

湖南的发展离不开媒体同仁的持续关注和报道，马栏山的发展也离不开媒体同仁的鼎力支持。在喜迎党的二十大到来之际，提出 3 点期待。一是强化思想引领，唱响时代强音。做强正面宣传，营造强大传播声势，以优异成绩迎接党的二十大胜利召开是媒体人、更是党媒人义不容辞的责任。希望各位媒体同仁紧紧围绕迎接、宣传、贯彻党的二十大这条主线，扎实做好宣传思想和意识形态工作，进一步营造喜迎二十大的浓厚氛围，以实际行动迎接党的二十大胜利召开。二是坚持守正创新，讲好湖南故事。希望各位媒体同仁始终坚持守正创新，唱响主旋律，传播正能量，深入链接湖南各项事业发展及马栏山文创产业，以不同角度、不同形式全面展现党的十八大以来湖南经济社会发展取得的巨大成就，不断推出思想精深、艺术精湛、制作精良的好新闻、好节目、好作品，生动讲好新时代湖南和马栏山精彩故事。三是凝聚发展共识，激发磅礴伟力。希望各位媒体同仁以优秀的宣传文化作品全面反映湖南贯彻"三高四新"战略定位和使命任务的生动实践，充分展现三湘大地发展精神风貌，把精气神进一步振奋起来，激发湖南人民团结奋斗的信心和力量，为奋进新征程、建功新时代提供坚强思想保证和强大精神力量，献礼党的二十大。

（作者为湖南省委宣传部副部长，
省广播电视局党组书记、局长）

深耕"文化＋科技"
打造"具有全球影响力的数字视频
产业链基地和媒体融合新地标"

邹犇淼

2020年9月17日，金秋如阳春，这一天是马栏山最温暖、最明媚的一天。习近平总书记亲临考察马栏山视频文创园，面对一张张青春洋溢的面庞，习近平总书记殷殷寄语："文化和科技融合，既催生了新的文化业态、延伸了文化产业链，又集聚了大量创新人才，是朝阳产业，大有前途。"临别时，习近平总书记又声声叮咛："一定要牢牢把握正确导向，坚持守正创新，确保文化产业持续健康发展。"

牢记习近平总书记嘱托，坚持守正创新，发展文化产业，是马栏山最光荣、最神圣的使命任务。湖南省委、省政府，长沙市委、市政府高度重视马栏山发展，将马栏山作为实施强省会战略的重要平台，提出打造"具有全球影响力的数字视频产业链基地和媒体融合新地标"的宏伟目标，集全省之力，在政策、资金、项目上倾力支持马栏山高质量发展。

中国新媒体大会是全国新媒体盛会，引导新兴媒体发展方向，推动传统媒体和新兴媒体守正创新、融合发展，共同构建全媒体传播体系。2022年是中国新媒体大会第三年在长沙、在马栏山举行。3次大会successfully举办，为马栏山搭建了广阔的展示舞台，提升了园区的知名度和产业吸引力，一大批优质企业竞相落户，为园区发展增添了更为强劲的动力。在此，我们深表感谢，感谢中央网信办、国家广电总局、中国记协的厚爱关心；我们深怀感恩，必将踔厉奋发，笃行不息，以更快的速度、更好的发展，回报各级领导的殷切期望。借此机会，向大家汇报3点思考：

第一，建设"具有全球影响力的数字视频产业链基地和媒体融合新地标"，马栏山有什么？

从硬件看，马栏山位于文化名城长沙市核心主城区，区位条件最佳，距机场、高铁站均在25分钟车程之内。我们秉承"园区、社区、校区、城区、景区"五区融合的理念，打造最美的浏阳河第八道湾。新建5A级写字楼约97万平方米，全国一流的综艺演播厅3万平方米。2022年在全国疫情多点散发的情况下，我们通过织密防控网络，实施网格管理，实现了《声生不息·港乐季》《披荆斩棘第二季》等一批优秀综艺节目的安全录制。联合国家电网，建设高标准IDC机房，做强"电力""算力"支撑。建设2000余套人才公寓，现有998套投放市场。引进长沙市最好的教育资源，竭力为人才落户提供"一站式"服务。建成1476亩的绿地公园、滨河步道和绿色廊道，点亮每个创意瞬间，标准化体育场馆让"文创达人"化身"运动健将"。

从软件看，习近平总书记点赞"湖南文创很有特色"。湖南文创高地在马栏山，文创发展也在马栏山。比如，作为广电湘军代表的湖南广播电视台，稳居省级广电第一，入选中国 500 最具价值品牌；作为出版湘军代表的中南传媒和湖南出版，均为全球出版业十强企业，湖湘网络作家名列全国前茅；作为动漫湘军代表的金鹰卡通，是同类频道中覆盖范围最广、收视人口最多的全国性亲子平台；作为影视湘军代表的潇影集团，先后 15 次获华表奖，知了青年公司制作的系列反映中华优秀传统文化的纪录片，点击量数亿次，传播海内外。新引进华为、字节跳动等企业超 3000 家，已形成内容制作、存储、播发、交易和监管等全链条"生态圈"。

第二，建设"具有全球影响力的数字视频产业链基地和媒体融合新地标"，马栏山要什么？

湖南省委常委、省委宣传部部长杨浩东指出，马栏山要努力将园区视频文创产业做到"规模最大、种类最全、质量最高、成本最低、速度最快"。这是我们践行强省会战略，实现高质量发展的具体路径。在此，我们诚挚希望与全国新媒体企业、影视企业、科技企业等在以下 5 个方面寻求合作，共创共享共赢。

一是内容制作方面。谋求在电影电视、综艺节目等内容产业领域合作，共同探索和开发版权内容的最大价值，引导内容制作企业守正创新，推出一批精品力作。

二是后期制作方面。加大后期制作领域投入力度，加速影视工业人才培养，解决影视工业软件国产化问题，整合重构制作流程，打造中国技术、形成中国标准、讲好中国故事。

三是虚拟现实方面。抢占元宇宙"新赛道"，加快影视虚拟化制作，推动视频技术多场景应用，推进数字孪生与实体经济结合，催生新的业态和物种。

四是动漫游戏方面。以动漫游戏原创能力为依托，探索"内容原创 + 共享制作 + 互动社区 + 技术创新"的模式，培育一批优秀动漫游戏企业，布局云游戏等新业态。

五是网络直播方面。立足优质 IP 运营能力和人才培养，引导规范直播向专业化、技术化方向发展。构建"视频＋场景＋电商"的新模式，探索"国货出海、文创出海"，实现"文化内容出海＋跨境进出口贸易"结合。

第三，建设"具有全球影响力的数字视频产业链基地和媒体融合新地标"，马栏山能给予什么？

投资中部，首选长沙。文创高地，"中国 V 谷"。一个企业选择在一个地方落户，有 3 个"灵魂之问"：一是"政策好在哪里"；二是"生态强在哪里"；三是"服务优在哪里"。下面，我逐一回答这 3 个问题。

一是马栏山的政策到底怎么好？省市为支持马栏山发展，出台了一系列政策。不少企业分析，马栏山"政策组合拳"在全国同类园区中，最具"获得感"。我们归纳为"两大基础支持、五大要素支持、两大延伸支持"。

"两大基础支持"主要是指支持企业做大做强，营造创新创业环境。比如，园区企业成功在主板上市，我们给予一次性补助 200 万元；对经园区认定的企业研发投入，每年最高可补助 1000 万元；对优秀青年创业项目最高奖励 50 万元。

"五大要素支持"主要是指创新创意和知识产权保护开发、文化和科技融合发展、公共技术服务平台建设、优秀人才引进、引导金融创新支持等。比如，对企业的科研成果转化投入，园区最高补贴 1000 万元；引入领军人才，可最高给予 200 万元、200 平方米购房补贴及最高 1000 万元的项目资助；对园区天使投资机构，每年最高补贴 150 万元。

"两大延伸支持"主要是指鼓励企业提升园区品质、品牌影响力，鼓励企业加大"文化出海"。比如，鼓励园区企业通过"走出去和引进来"的方式，举办大型论坛和赛事，最高给予 100 万元奖励；对年度出口额超过 100 万美元的企业，最高给予 200 万元的奖励。

二是马栏山的生态到底怎么强？实事求是地讲，在科技创新领域，相比北京、上海、深圳，我们还有一定的追赶空间。但湖南有句谚语

"好饭不怕晚"，只要我们"咬定青山不放松"，念念不忘，必有回响。当前，我们构建了"115"技术支撑底座，努力夯实技术创新基础。

第一个"1"指的是视频产业云平台。我们投资 2.2 亿元，通过"公有云＋私有云"，构建马栏山"混合云"，并实施 5G、WIFI6、100G 光纤网络全覆盖，实现视频制作的"云化"，改变生产方式、降低生产成本、提高生产效能。

第二个"1"指的是马栏山华为云音视频产业创新中心。这个中心的成立，是华为对马栏山产业生态的认可，是华为在音视频领域的重要探索。该中心致力于利用马栏山丰富的场景应用，打造综艺节目全流程生产线、影视云制作生产线、轻量级制作生产线和虚拟音乐演艺制作生产线。目前，华为已经在马栏山摘地，建设区域总部和音视频创新研发中心。

"5"指的是 5 个主要的研究机构。分别是 5G 高新视频多场景应用国家广电总局重点实验室、中国联通下一代互联网宽带应用国家工程实验室马栏山研究院、马栏山计算媒体研究院、天河区块链研究院和马栏云想视频技术研究院。我们建立"企业出题、科研机构答题"的揭榜挂帅机制，与国防科大、湘潭大学等高校达成合作，加快在算法、算力等方面研究，探索元宇宙、人工智能、区块链等领域的创新，力争形成一批具有硬核竞争力的"马栏山创造"，实现在科技端的后发赶超。

三是马栏山的服务到底怎么优？营商环境好不好，企业家说了算。马栏山重点在 3 个方面努力，让企业家和创业者说"好"。

第一，强化制度供给。我们主动落实省市支持马栏山发展的一揽子政策，102 项行政审批事项实现"园区事园区办"，文化审批服务全程帮代办，"多规合一"办件均在 24 小时内办结，企业入驻奖补、房租补贴即申即审，企业"入规"奖励、高新企业入驻奖励"免申即享"，不断提高市场主体的获得感。

第二，强化要素供给。围绕"资金与人才"两大企业"痛点"，创新金融支持模式，构建多层次、多渠道的文创金融服务体系，为企业提供全过程的金融服务，金融机构为园区企业授信 1650 亿元。成立基金管理子公司，设立两只子基金，基金规模达 5 亿元。搭建校企合作运行机制，鼓励省内外高校精准匹配企业用人需求，创新建好马栏山新媒体学院，探索"立体学习＋实训基地"等人才培养新方案。

第三，强化服务供给。加大"放管服"改革力度，更加注重提供优质的"保姆式"服务，强化事中事后监管，给企业提供便捷、高效、舒心、安全的服务环境。重大项目实行领导挂牌联系制度，以"一个项目、一名领导、一个团队、一抓到底"的保姆式服务方式推进项目建设，采取"一事一策""一企一策"的办法重点跟踪、重点服务。

中国新媒体大会上，我们将与 360 数字安全科技集团、黑威兰台影视文化传播等 12 家企业现场签约。签约的项目，囊括了内容制作、技术研发、虚拟拍摄、产业研究等领域，是马栏山深化"文化＋科技"融合发展的又一重大成果，必将助力马栏山进一步延长产业链，丰富产业生态。我们郑重承诺，一定为各位企业家提供最优质、最高效、最便捷的服务，为企业健康发展保驾护航。

再强的寒流，也会在高原面前折腰；再大的风雨，带走的也只是风景的尘埃。只要我们始终朝着未来的方向，以团结为"伞"，以奋斗为"火"，以事业为"峰"，不管寒气如何逼人，都吓不倒我们，更压不夸我们！我们相信，在"红色基因"流淌的"浏阳河第八道湾"，"风景这边独好"。

一曲老歌《浏阳河》，唱进伟大新时代。一群青春"媒体人"，必将让《浏阳河》越唱越新，让马栏山日新月异。在此，我们恳请全国新媒体界的朋友一如既往地关心、支持、推介马栏山；我们期待更多的优秀企业和人才在此串珠成链、集链成网、结网成势，以奋斗之我，奋斗之人生，无愧于时代，无愧于人民！

（作者为马栏山视频文创园党工委书记）

从马栏山指数之产业创新指标
看大视听产业发展趋势

杨明品

马栏山指数产业创新评估聚焦创新

习近平总书记强调："抓创新就是抓发展，谋创新就是谋未来。"创新是引领发展的第一动力，也是大视听产业发展的动力之源，因此马栏山指数今年拓展和聚焦到产业创新领域。

马栏山指数"产业创新指标"立足视频文创产业创新发展的前沿实践，以契合发展方向、新近出现的创新案例解析为基础，研判视频文创产业创新的前沿态势，致力发现数字化时代视频文创产业创新发展的制高点。

在研究实操层面，按照前沿性、导向性、创新性、典型性、实效性的原则，基于相关部门的优秀案例库，经专家推选，选取一定数量的典型创新案例，并将其划分为视听产业园区、视听新媒体平台、视听内容产品和新型视听服务 4 个类别，对其在产业创新强度、产业创新广度、产业创新深度和产业创新效度上的情况进行量化分析。

产业创新强度主要评估视频文创产业对技术、人才、资本、数据、政策等资源要素组合利用而更高效率、更低成本创造新产品或服务的能力。

产业创新广度反映相关主体在创作或成果展示中跨界跨圈或聚合邻接资源和满足邻接需求形成"视听 +"的情况。

产业创新深度是评估产业围绕某个垂直领域或赛道不断向深开石以提升产业链各环节价值的能力。

产业创新效度致力评估贯彻落实国家相关战略决策，以及在文化、经济、社会等方面产生的效果。

研究尽可能准确地发现最具创新价值、立于行业前沿、具有代表性的案例，以典型案例量化分析为基础，不断接近视频文创产业的创新逻辑，发现发展新态势和新走向。

视频文创产业创新的强度、广度、深度和效度

这 4 个维度，是 2022 马栏山指数产业创新指标的 4 个二级指标，具体又分为 36 个三级指标。通过测算发现：

视听产业园区的产业创新指标值为 1.20，这说明相较于未创新的 0 值，视听产业园区呈现出强劲创新的发展态势。具体而言，园区产业创新强度值最大，为 2.56，其次是其产业创新深度，而其产业创新效度和广度值则比较小。

比如，马栏山视频文创产业园的创新强度值为 3.09，创新深度值为 2.08，而创新广度值为 0.77；成都网络视听产业基地的创新强度值为 3.30，创新深度值为 0.94，创新广度值 0.14。这说明视听产业园区侧重在创新强度和深度上发力，尤其注重资金投入、技术应用、创新资源融通等，并且多数园区主业突出，深耕特色垂类领域，在园区内部逐步形成产业链、生态链。

视听新媒体平台的产业创新指标值为 0.69，低于产业园区。其产业创新深度值最大，为 1.16，产业创新广度值最小，为 0.48，说明视听新媒体平台在垂类深耕和产业链创新拓展方面力度较大，而在跨界融合、跨圈发展方面力度较小。

比如，麦咭 TV 的产业创新深度值为 2.19，而创新广度值仅为 0.44，其借助《偶来逗一逗》《麦咭 TV 六一晚会》等亲子 IP 完成种草带货达人的转变和快速变现，围绕《疯狂的麦咭》IP 推出电商平台"麦咭亲子生活馆"，在线下建设沉浸式亲子教育体验馆，通过线上＋线下深耕母婴亲子垂类，不断在产业创新深度方面发力。与此同时，中广天择 MCN 短视频运营平台、吉林沐耳 FM 等视听新媒体平台也表现出相似特征。当前视听新媒体平台创新相对于在广度上跨界延展和生态建设，更侧重于垂直领域的深掘，着力做强产业链。

视听内容产品的产业创新指标值为 0.69。这一类别与视听新媒体平台呈现出类似的创新态势，都是产业创新深度值高，产业创新广度值低，并且其创新深度（1.56）和创新广度（0.27）之间的差距较大。

如，酷狗国风音乐的产业创新深度值为 2.75，产业创新广度值为 0.27，其围绕国风音乐特色，创新国风赛事体系，与中央广播电视总台音乐之声、云听 App 联合开办国风音乐节目，与"国风新语"设立《乐舞雅集》，与国风游戏 IP 合作，不断深耕国风音乐。河南台传统文化节目的产业创新深度值为 1.94，产业创新广度值为 0.44，其围绕"中国节日"和"中国节气"打造了一系列优秀视听作品，并以原创内容 IP 拓展产业链，向文旅、文创领域延伸。这也说明视听内容产品创新虽然更侧重在内容创意赛道深耕，但在创新广度上也开始发力，以内容 IP 为核心向其他领域探索拓展。

新型视听服务的产业创新指标值为 0.67。其中，产业创新深度值最大，为 1.35，产业创新强度、广度、效度值较为均衡，都在 0.5 左右。说明新型视听服务创新的着力点在于垂类深耕，而资源要素投入、跨界融合以及创新效果上较为均衡，并不突出但都有所体现。如，上海空中课堂在线教育平台、优酷视频精细化营销、百视通乐龄申城 G 生活老年人项目等创新案例，都表现出上述特征。

推动视频文创产业创新的主要因素

为探寻视频文创产业创新的背后机理，课题组采用模糊定性比较分析法（fsQCA）加以测算，研判视频文创产业创新强度、创新广度、创新深度和技术应用速度对创新效度的影响。

根据测算，四类案例主要存在 6 种影响创新效度的组态。即：提高产业创新深度可以提高 4 类案例的创新效度。提高产业创新强度有助于提高视听产业园区、视听内容产品的创新效度。提高产业创新广度有利于提高视听新媒体平台、视听内容产品、新型视听服务的创新效度。提高技术应用速度有助于提高视听内容产品和新型视听服务的创新效度。

同时，研究发现有 8 个因素对视频文创产业创新发展具有重要介值：

其一，技术创新始终是推动视频文创产业创新的底层逻辑。新一代信息技术蓬勃发展，促进视频文创产业各环节发生革命性变革，不断拓展视听产业生态。

其二，内容创新是视频文创产业创新的本质要求。国潮回援成为产业创新深度和创新广度提升的重要动力。

其三，机制体制创新是视频文创产业创新的基本保障。要以激发人的创新活力为核心，不断提高视频文创产业创新的敏捷性，增强核心竞争力，做优做强市场主体。

其四，流量变现是视频文创产业创新的催化剂。视听会员、广告、版权、直播带货、冠名费、IP 授权、服务赋能等变现渠道呈现多元并发态势，变现时间逐步缩短。

其五，平台间通道链接是视频文创产业创新格局变革的推动力，主要体现在硬件通道、链接通道、内容通道和数据通道方面。

其六，分层是视频文创产业创新螺旋式上升的必经之路。在获得大量流量后，需要根据流量对用户进行精细管理，以实现资源分层、赛道分层和价值变现。

其七，跨界融合是视频文创产业突破的实现路径。分层带来的信息茧房需要通过跨界、融合、重组突破，体现为创新主体强强联合以及视听创作分发等环节的互相赋能，越融合，越要专业。

其八，集聚集群是提升产业创新效率的重要途径。通过将视频文创产业各类主体集聚在产业园或者大型平台，形成品牌 IP 甚至 IP 矩阵、IP 生态，最大化溢出效应，促进视频文创产业创新纵深推进。

（作者为国家广播电视总局发展研究中心副主任）

"敢为人先"——用建设元宇宙长沙为抓手推进长沙元宇宙全产业链发展

周苏岳

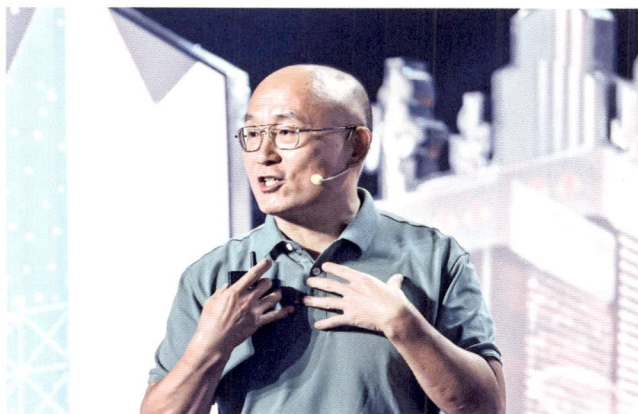

一、元宇宙的定义

元宇宙是数字化生存的新阶段，大约历时 40 年。元宇宙由数字化科技推动，将全面改变经济、社会形态及产业生态。积极拥抱和快速融入是面对元宇宙的最佳态度和姿势。

清华大学新闻学院教授、博士生导师沈阳认为，元宇宙是整合多种新技术而产生的新型虚实相融的互联网应用和社会形态，它基于扩展现实技术提供沉浸式体验，基于数字孪生技术生成现实世界的镜像，基于区块链技术搭建经济体系，将虚拟世界与现实世界在经济系统、社交系统、身份系统上密切融合，并且允许每个用户进行内容生产和世界编辑。元宇宙仍是一个不断发展、演变的概念，不同参与者以自己的方式不断丰富着它的含义。

二、长沙元宇宙产业发展的 7 点建议

第一，以马栏山为基地，建立元宇宙产业联盟。

第二，在马栏山开发元宇宙产业园。

第三，以华为音视频创新中心的 4 条产线构建元宇宙数字资产生产生态。

第四，以马栏山视频先进技术研究院承建的视频超算云原生平台构建元宇宙基础设施产业链。

第五，以中国 V 链数字资产交易中心为平台构建 NFT 为核心的元宇宙经济生态。

第六，以自主可控三维实时渲染引擎构建元宇宙生存体系，并在文创、工业及医疗 3 个场景先行先试。

第七，以韩国首尔为对标启动元宇宙长沙项目，围绕市民娱乐、市长政务咨询、沉浸式教学培训、公共空间安全活动 4 个方面展开。

三、马栏山视频先进技术研究院在元宇宙方面的行动计划

马栏山视频先进技术研究院正在元宇宙相关的关键技术上加速突破，内容、工具、基建、硬件等多个业务板块齐头并进，努力形成完整的元宇宙拼图。

第一，构筑元宇宙算力底座。在底层算力的建设上，研究院具体承担了马栏山视频超算中心的建设。该超算中心将承担起各种大规模 AI 算

法计算、机器学习、图像处理、科学计算和工程计算任务，为元宇宙的发展提供强有力的算力支持。

研究院牵头承研的"视频超算关键技术研究与应用示范"项目已经列入湖南省 2022 年十大技术攻关项目，针对元宇宙视频产业数字化高清化算力瓶颈和调度难题，基于国防科技大学"天河"超算，突破视频高性能计算方法、数字人虚拟仿真、渲染加速方法、按需分配方法等核心关键技术，建设云原生视频计算能力生态，并在数字人、虚拟拍摄、视频增强等重大应用形成典型示范，带动全国元宇宙视频产业跨越式创新发展。

同时，研究院还与合作伙伴一起打造规模领先的新一代基建底座，加速元宇宙底层算力的发展。相关项目计划投入规模数亿元。依托数字底座、超级算力，研究院在元宇宙方面的探索能够逐渐落地。

第二，打造三大元宇宙场景。通过马栏山视频超算系统的建设，马栏山视频先进技术研究院将拥有底层引擎基础扎实、元宇宙未来需要的游戏化能力、场景内容提供商三大优势。下一步，研究院将充分发挥自身优势，在打造娱乐社交场景、红色文旅场景、数字医疗场景等元宇宙场景方面发力。

在打造娱乐社交场景方面，研究院将在元宇宙的娱乐社交场景中去探索，通过参与"元宇宙——长沙"项目建设，构建元宇宙的规则、了解用户端的需求。

在打造红色文旅场景方面，研究院将试图与红网等单位联手，发挥湖南红色文化富矿优势，参与红色文化体验空间，通过 AR、VR、AI、雷达感应、LBS、环幕影像等互动技术，融合多种体验方式，打造极具时代感的党史学习与红色文化体验项目。

在打造数字医疗场景方面，研究院计划与湖南大学超算中心、国内顶尖的脑科学研究的科研院校合作，专注于脑机接口、数字药物、梦境介入治疗等应用的成果转化。

第三，设立元宇宙产业基金。研究院将与马栏山管委会联合发起设立规模1亿元左右的元宇宙产业基金。该基金将助力在技术、终端、内容制作、平台、用户等虚拟现实进行设备端的相应布局，并探索大数据、软硬件等底层技术革新，以实现全链路技术输出和多领域技术协同。这项基金将是国内首只专注投资元宇宙相关产业的基金，具有标志性意义。

第四，布局元宇宙人才培养。针对元宇宙人才的培养，研究院计划和省内传媒相关院校合作，聚焦在人才队伍的组建、转型和培养上，推出"制作人培训生""元宇宙实习项目""校招培养计划"等多个人才培养方案，从大学生到成熟职场人全覆盖，对业务产生不断扩大的正向回馈。

（作者为马栏山视频文创园首席专家）

华为云，使能媒体产业创新

黄 瑾

　　我给大家分享的是华为云使能媒体创新。使能媒体创新需要很多技术，我今天重点探讨其中 3 个。第一，云上渲染；第二，AI 盘古大模型；第三，云上数字内容生产线。

　　首先看云上渲染。大家知道，《阿丽塔·战斗天使》的特效非常好，阿丽塔的一只眼睛比《魔戒》中咕噜全身的像素都高。而这背后，《阿丽塔》平均每一帧需要 100 小时来渲染，总计用了 4.32 亿个小时的渲染时间，是《阿凡达》的 3 倍。所以，渲染能力是创造高品质数字内容的基石。

　　华为云借助云上海量算力、高效存储、快捷网络和弹性调度，可以短时间内扩容到 1000 个节点以上，实现万核渲一图，可以极大地缩短影视后期制作的周期和成本。如《流浪地球》用 5000 万美金的费用拍出了媲美好莱坞花费几个亿美金的大片，其中就有华为云和伙伴的贡献。

同时，我们将 AI 与渲染结合，在同等算力情况下，可以将渲染工期降低到原来的一半甚至 1/4。目前，我们正在和神幻九州做联合创新，希望这个技术成熟后可以服务更多的设计公司。

另外，云桌面服务让普通电脑也可以享受云端高规格硬件带来的渲染能力和体验，并且很好地支持了异地团队协同办公，通过存储共享减少数据拷贝，大幅提升制作效率。

再看 AI 创新，AI 是媒体创新的关键能力之一。如果没有理论的突破，未来很长一段时间，AI 仍然非常依赖于海量的数据和暴力的计算，也就是随着算力越多，数据越多，AI 的效果越好。

大模型是当前 AI 的一个重要的根技术，华为云盘古大模型是在几千颗 AI 处理器的集群上训练几个月得到的超过 1000 亿参数的 AI 模型，ModelArts 是一站式的 AI 开发流水线。华为云把 AI 盘古大模型和 ModelArts 流水线结合在一起，降低了 AI 开发的门槛，同时让开发出来的 AI 模型，适应环境的能力更强，AI 模型精准度更高。

简单介绍一个小的创新。这是我们最近推出，基于盘古多模态大模型的能力。只要你上传一段视频，盘古多模态大模型可以从视频、人像、语音、文字等多个模态自动输出对应标签，之后就能做场景编目、智能检索、归档及推荐等。因为盘古大模型已经学习过了 100 亿对以上的数据，支持万级以上的数据标签，很容易快速自动形成客户需要的标签体系。传统的方法可能需要 3—6 个月时间才能完成一套自定义标签体系，我们很快就能建立起来。

这个服务开始进行客户试用，例如在马栏山，我们与天合制造做联合创新，通过 AI 多模态智能标签识别，实现对视频的智能剪辑，加速天合制造在综艺、短视频领域的生产效率提升，包括智能生成封面、视频拆条、人脸替换、目标擦除、智能剪裁等。这些服务逐渐成熟后将更好的支撑视频领域的创新和发展。

第三个是数字内容生产线。华为云希望打造好云上数字内容生产线，支持大家的创新，让数字内容创作者可以快速创作、高效协同，大幅提升制作效率。

在马栏山就有一些创新应用：

华为云与多豆乐合作的方小锅三维数字人，是对多豆乐公司整体从 2D 动画向 3D 动画的生产转型，将多豆乐的十几个美工人员释放出来，可以从事更高层的原画创新，多豆乐也进一步基于华为云媒体基础设施构建自己的元宇宙世界。

我们与小飞侠进行云上后期综艺制作生产线的验证，将传统的线下多轨综艺制作搬到云上，完成了 40 轨以上的综艺后期剪辑工作。

华为云最新研发的真人 3D 视频（体积视频）已在与多家头部企业与 VR 设备完成了对接，达到更加沉浸、实时的互动观影体验。

现在有两类体验非常重要，第一类体验是数字世界的沉浸式体验。越来越多的数字化沉浸式体验进入到大家的工作和生活中，例如：

1.云上虚拟会议可以提供包括会议、培训、峰会宣讲，让参会人员能够以数字人的方式进入虚拟场景，尝试全新的沟通体验。

2.通过云上虚拟展厅将实际的物理展厅搬到了云上，随时随地可以参观，也能够提供更加互动式的观展交流，远程接待海外客户非常有用！

第二类体验是虚实融合的交互式体验。

业务和体验的创新需要技术的支撑！华为云希望在根技术和平台上发力，和伙伴一起，使能媒体创新！支撑大家的创意快速落地！

今天探讨了云上渲染、AI 大模型、数字内容生产线，但是这些还不够，我们希望能依托马栏山·华为云音视频产业创新中心，联合本地及全球合作伙伴，共同构建更加完整的产业链，不断在实战中优化和创新，助力马栏山打造具备全球竞争力的"中国 V 谷"。

（作者为华为云计算技术有限公司副总裁）

计算媒体 SaaS 平台与产业应用进展

高春鸣

　　计算媒体是通过人工智能计算辅助制作的媒体。计算视频是计算合成的，通过剧本设定人物形象、人物的说话、场景描述等，输入计算媒体平台，输出短视频。

　　媒体的人工智能辅助计算生产，是数字文创与人工智能行业的梦想。早在 20 世纪，国外就开始了研究，哥伦比亚大学、卡内基梅隆大学、斯坦福大学均发起相关的研究项目，但更偏向理论研究，2000 年前后没有可实用的进展。2012 年人工智能深度学习一飞冲天。2021 年 1 月，OpenAI 发布了新模型 DALL·E，融合了图像识别和神经语言程序学，在 GPT-3 的基础上以文字生成图像。2022 年 5 月，谷歌发布 Imagen 模型，基于海量图片重组，生成创意图片，相关竞争日趋激烈。

问题是 DALL·E 这类模型，生成的是图片，视觉观感远远不够，商业价值有限，而且它是一次生成的，无法在线演化。中国科学院数字所陆汝钤院士于 20 世纪 90 年代开展了辅助动画生成的探索性研究，我本人的团队坚持近 20 年，研发出一个剧本指导的视频生成架构，通过智能计算流水线，自动生产视频，并可随剧情持续演化。

图 1 展示了一个多模态数字人的生成过程，通过摄像机阵列"计算建模"，一个真实感数字人可在 1 小时内计算产生；接着"人脸 AI"赋予喜、怒、悲、哀各种表情；"行为驱动"赋予走跑跳、手势、语言伴随动作；"语言智能"赋予数字人知识与逻辑，可像真人一样对话聊天。最后，"语音识别与合成"和计算机视觉可使数字人做自然交互。

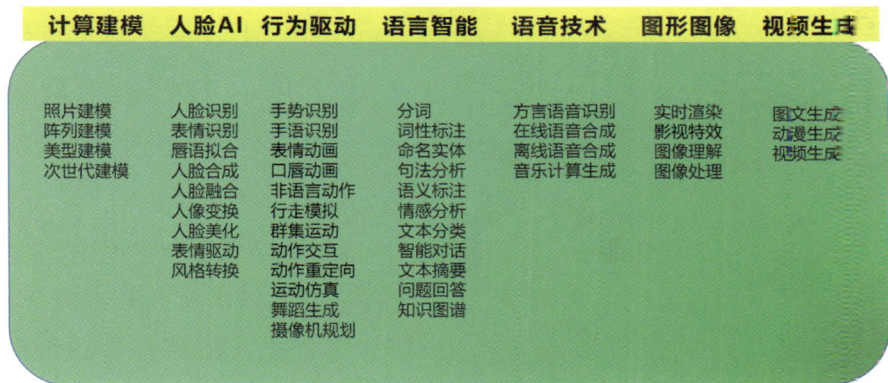

图 1　计算媒体 SaaS 平台功能界面

图 2 展示了一个计算流程，剧本输入后，平台通过自然语言文本处理、语义分析将人物与场景分离出来，分别进行人物角色计算、场景构造计算，并将人物活动、场景合成，形成视频流推流到巨幕、计算机、手机、电视、VR/AR 终端。

图 3 是实现汉语到手语的双向互译流程图。图 4 是教考一体机、同声手语一体机、手语导航信息一体机。手语识别实现手语的实时识别并转换为文字或语音；汉语到手语的翻译，实现汉语到手语的自动翻译，将建

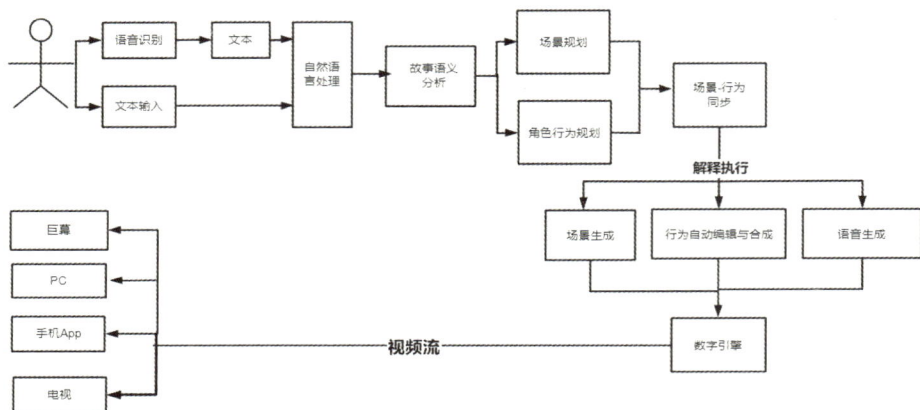

图 2　岳麓·行为多模态大模型

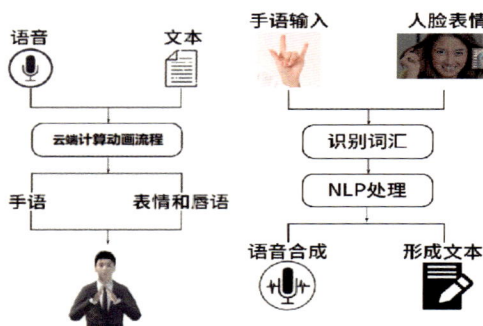

图 3　双向互译流程图

图 4　教考一体机、同声手语一体机、
手语导航信息一体机

听人语音 / 文本自动翻译成"手语 + 字幕 + 表情 + 唇语"。特别是双向翻译计算流程均在 1 秒实时响应，在国际上首次实现手语—汉语双向实时翻译。

目前正在产业化的一个垂直领域是展示展陈。采用数字人做虚拟讲解员，展示内容根据访客兴趣采集可以实时生成。摄像机阵列对真人进行高精度 3D 扫描，形成高精度的人脸模型、身体模型及高分辨率贴图，实现高精度三维人体重建及模型参数化，重建精度达到毫米级。实现从动作、手势、表情、皮肤纹路、牙齿等仿真外观的真实感虚拟人。可实现虚拟讲解员动作驱动、表情控制、非语言行为的多模态生成与编辑。通过采集分析访客画像、兴趣点、知识水平等，实现兴趣指导的展示内容生成。

马栏山计算媒体研究院提供数字人光场建模、行为驱动、手势合成、语言智能、场景生成、智能手语并融合上述技术计算生成数字虚拟人动画视频。

马栏山计算媒体研究院是独立法人非营利科研机构，拥有湖南省新型研发机构、长沙市智能音视频合成处理人工智能开放创新平台、河南大学"湖南省人工智能与计算媒体研究生培养创新基地"、北京理工大学"多模态交互与媒体计算联合实验室"等研究机构，与华为昇腾人工智能、中科院自动化所、科大讯飞签有战略合作协议、开展实质性科研。承担包括湖南省科技厅重大专项（科技创新重点工程）"智能化融媒体关键技术开发与应用示范"等省市重大科技项目。

（作者为马栏山计算媒体研究院院长）

东方文化潮起来

李武望

　　我们可能是马栏山最"慢"的公司，7年时间只做一件事情，就是围绕中华优秀传统文化进行挖掘和传播。我们所有拍摄的主人公里面倡导一个观点，一生做好一件事以及慢就是快。我们可能也是马栏山最"笨"的公司，经常会有人跟我说，今年选秀挺火的，今年脱口秀挺火的，但是我们只围绕一件事，就是中国传统文化的深挖。

　　自2014年开始创业，我们公司门口就放着"世界向前、我们向上"这8个字。我一直在想：文化能为大家提供的价值是什么？我认为最核心的价值应该是"向上的力量"，这也是我们存在的理由。感谢我们的慢和笨，用7年时间，打造出了一批有口碑的文化内容和国潮IP。

　　这是我们持续打造的一个IP，叫《了不起的匠人》，从2016年开始制作到今天已经不只是一档节目了，更是通过垂类电商、社群运营方式，直接为匠人带来经济收益。我们的"村落100计划"，存档中国古村落的内容《了不起的村落》；在美食、地域文化方面，我们打造了《江湖菜馆》《上菜了！新年》《江湖搜食记》《街头大厨》等项目，把新视听、新技术融合到内容创新中。

我们从文化开始延展，为了让更多年轻人了解传统文化，爱上传统文化，我们用"文化＋综艺""文化＋真人秀"的方式，打造了《登场了！敦煌》《登场了！洛阳》，以及9月2号上线的《闪耀吧！中华文明》。

在这7年里面，我们聚集了一群国家级非遗传承人，赋能老字号重焕活力。很多手艺人因为我们的节目和我们的持续运营，有了一个新的收入。我们签约了很多国家级的非遗手艺人，那么签约了国家级手艺人可以为他们做什么，以及我们做了什么？后面我将详细说明。

比如《闪耀吧！中华文明》。这档节目拍摄了几十个博物馆，建立了200多个博物专家的资源链接。后来，这些博物馆除了跟我们有内容上的合作，又有了新的合作。所有博物馆的诉求只有一个，怎么"让文物活起来"？用内容的方式活起来只是一种方式，还有没有方式让文物走到人们的生活里面去？那是"活起来"的一种更好的呈现。

所以在挖掘中国传统文化的同时，我们在思考，今天我们每个人是活在现在，其实也是活在东方。怎么把东方文化和现在的生活结合起来？也就是今天的主题——"国潮"。

在7年的过程中间，我们认为东方潮才是第一生产力，东方潮才可以："从内容开始，又不只是内容"。我们去思考一个问题，作为以内容为驱动的公司，在国潮的产业架构里面能够发挥什么作用？我想有两点：一是怎么用东方文化赋能产业？二是怎么挖掘东方文化去创造新的产品？这就是我们的价值。

当我们做了7年文化内容以后，突然发现我们手上拍摄的非遗手艺人已有近千位，每个手艺人4K影像素材将近10小时，而且很多国家级非遗传承人已经离开了。这一刻，我们发现自己做出了"内容已经不止于内容"的价值，它有了资料的价值，有了数字存档的价值。于是，我们在园区的帮助下和华为一起搭建了中华文化数字平台，全面向数字化做升级，我们围绕博物馆、非遗手艺、老字号、城市文旅和在地美食分别搭建数字基因库。

这是我们过去怎么把一个内容往国潮产业上延展所做的一些事情，当我们去做一个纪录片、一个文化内容的时候，可能视频播完就结束了，但是我们在前段时间已经开始持续出《手艺的中国》《小顾聊绘画》等图书，预计2022年会出版20本，出版也会成为我们的内容媒介。同样的，展览也会成为中华文化内容的载体。

《了不起的匠人》从原来只是一个纪录片，现在有自己的抖音直播账号、小红书账号，我们也和匠人一起联名开发产品，比如榫卯产品等等，都是我们和手艺人一起联合开发出来的。

我们的价值就是，围绕中华文化，从内容开始，但不只是一个内容。我们也会让很多手艺人和我们的品牌结合在一起，让中国文化和消费产业关联起来。比如，我们联合手艺人打造他们的产品文创，为手艺人创造品牌代言的机会。比如，匠人王震华为迈巴赫汽车做代言，团扇传承人李晶为惠普打印机做代言。所以说围绕手艺人、围绕中华文化可以创造无限可能。

原来手艺人做一个物品可能需要3个月、半年甚至是3年，现在我们通过数字文创艺术让非遗的作品变成数字的藏品。何福礼老师是数次进故宫修文物的中国顶级竹编匠人，我们跟他合作的数字藏品，一秒售空，他也特别开心。因为这样的合作，比他去做一个真正的物品节约了很多时间，而且也获得了很大的收益。基本上，一个匠人合作几款作品，他一年的生活费就可以完全得到保障，这样他就有更大的精力创作更精细的作品。

《长安十二时辰》相信大家有看过，里面所有盔甲都是温陈华打造的。我们联合他打造了一个新的 IP "中华 108 将"。这个国潮 IP 的打造，不是从做内容开始，而是从数字文创开始，是一个元宇宙下的一个产品。

我们跟河南淮阳一起合作的一个国潮 IP "泥泥猴"。在河南淮阳有个非遗玩具叫"泥泥狗"，这是一个传承 3000 年的玩具。通过挖掘乡土玩具打造成新的文创产品，而且它一出生不是先做一个实物出来，是直接在数字平台上进行发售。让乡土玩具也可以潮流化，而且我们赋予了它新的意义，比如说符合当下年轻人情绪的"桃花"。

同样的模式还有和国家级花丝镶嵌大师杜建毅合作的数字藏品，同样在数字平台上进行发售。

上述创造性转化的案例，其实最核心的就是搭建中华文化的数字平台。左边抓住马栏山这一策源高地，右边抓住创新中心产业链的应用衍生，中间一直在做的，是通过把中华优秀传统文化符号，包含匠人非遗、古村落、博物馆、地域文化等，选取有代表性的、有商业价值的符号，进行多元化解构，创意提取、设计，以更好的进行品牌合作和产业应用。

只有这样做，我认为才可以真正实现东方文化潮起来。并且是通过马栏山这个文化与科技融合的大平台，通过内容传播等路径，实现国潮 IP 的价值，完成产业应用转换。

（作者为知了青年文化有限公司创始人）

5G 高新体积视频在元宇宙时代的应用

吕 云

今天我给大家分享的这个主题 volumetric video，即体积视频，这是我们最新的研究。那它究竟是什么呢？普通的电影和视频，是一秒钟 30 帧、60 帧 2D 静态图片的叠加。而体积视频是每秒 30 帧或 60 帧三维立体模型的叠加。它是刚性的 5G 应用，是元宇宙的基础使能技术。

在 1837 年以前，我们来记录这个世界就是靠画画、雕塑。1837 年法国人发明了照相机，我们就有了照片。1896 年鲁米尔兄弟发明了电影，原来照片是二维静态的刻画世界，而到了电影，就是用连续的 2D 静态图片来记录世界。那么有了体积视频以后，我们就可以用连续的三维模型来刻画今天的世界。这才是我们今天真正的虚拟照进现实。

体积视频是怎么制作出来的呢？以飞天女演员为例，我们的体积视频摄制棚是由 80 个超高精度的工业相机构成的一个球形拍摄矩阵。我们先将演员的表演进行采集，这个采集的过程包括双目历经视觉，加上结构光的一个融合技术，那么将它形成了点云以后，再把它做成连续的三维立体模型。这样一来，人物的一段表演、一段发言，就成为一个数字模型。它可以被放到任何的引擎里面，可以很好地支持实时渲染。

它的制作过程非常复杂，要通过图像的采集、图像预处理、点云重建、网格生成，最后模型化了以后，再进行压缩传输。

到了终端还要进行解压、解码。以它的速率，一个体积视频每一钟要采集的数据达到 1 个 TB，在使用的时候我们能够做到分段压缩，是 11MB/S。最后用到我们手机上，大概能做到 5MB/S。一个 1080P 的视频，大概是 2MB/S，体积视频是一个刚性的 5G 应用。

体积视频并不是我们发明的，从 2016 年开始，体积视频在全球兴起，做得最好的有谷歌、微软等。目前，我们已经能做到世界最高水平，倪光南院士作为首席科学家，帮助我们筹建一个中国的体积视频格式联盟，因为在平面视频领域，H.263、H.264 中国都没有参与视频格式标准制定，我们要用，就要交巨额授权费，要交芯片的授权费，或者软件解码器的授权费，中国在体积视频领域不能再被"卡脖子"。

体积视频怎么使用呢？它支持所有软件平台和几乎所有硬件显示终端，支持在 UE4 和 U3D 引擎中的加载和实时渲染。自己可以选择观看视角，在 VR 头显里面来看简直太完美了，好像它就在你的面前。用这样的形式来开虚拟演唱会，你最喜欢的那个歌星，等于给你一个人开专场。可以在手机上以 AR 的形式来看，也支持各种裸眼 3D 显示设备。

我们认为，体积视频在 5G 环境之下是元宇宙领域的一个杀手级的应用。现在我们的技术已比较成熟，在我们的初步探索之下，有 3 个领域可以创造很好的商业价值。

一是元宇宙"P"视频。P 图大家都熟悉，那么"P"视频要怎么 P 呢？我们在成都进行了一个非常有意思的探索，以往我们去动物园看熊猫，很多时候只能隔着玻璃看，体验非常不好。通过体积视频可以把大熊猫拍摄成数字资产，为用户提供 AR 的合拍和互动。我们的全套系统已经完成了开发，计划开始投入运营。

二是元宇宙虚拟演唱会和个人娱乐。2021 年，travel scott 在堡垒之夜中举办了一场虚拟演唱会，创造了 1230 万玩家同时在线的纪录和超 1 个亿的播放量，创造了巨大的经济效益，通过售卖游戏周边及虚拟道具等，travel scott 本人因这场 9 分钟的虚拟演唱会赚取了 2300 万美元，这还是在疫情的情况之下做到的。

国内外一些大厂曾在游戏引擎中制作过虚拟演唱会，但通常效果不佳。事实上，如果用体积视频来做，就非常适合艺人的演绎。第一，非常拟真，尤其是人动起来以后，身上的每一小块肌肉，每一个皮肤的变化、动作跟真人是完全一样的。第二，成本极低，速度极快，不需要再花那么多的时间把每一处细节都雕刻出来，因为在摄影棚里拍完就结束了。所以成本和时间都有数量级的优势。

体积视频解决的就是制作门槛高、制作周期长、制作成本高的问题。

我们与快手合作一个互动游戏类项目。直播第一天有 4700 万人次的观看量，同时在线有 30 万人，一共 70 分钟的直播，粉丝增量是 14 万，互动次数是 500 万。最关键的是快手认为它的付费率、互动率和转发率都比普通的秀场高了 10 倍，这就是互动的效果。

在 2021 年湖南卫视的"小芒年货节"上，首次采用我们的体积视效技术做了两首歌曲，一首是新版小虎队的《爱》，还有一首是言承旭的《漠河舞厅》，而伴舞姑娘是用体积视频制作的。如果用传统的办法制作起来更慢更贵，不符合这种短期之内要完成的要求。而我们基本上降了一个数量级的时间成本和金钱成本。我们与节目导演从认识到直播结束一共只有 16 天的时间，这是用传统办法不可能做到的。

我们也在跟国家话剧院进行合作，将国家话剧院的一些演员拍摄成一段体积视频的数字资产，为用户提供沉浸式观看以及和明星同框合拍。

我们和中国移动合作制作了体积视频舞台剧《半条被子》。这与以前的体验完全不一样，可以在各个角度来沉浸式地观看这个舞台剧。

在教育领域，其优势也非常明显。只要你需要在多个角度观察教学成绩，就用得上体积视频。跆拳道教练刘孝波以前是世界冠军，他每天要花6个小时教学生打拳，很累，会体力不支，但是通过体积视频就可以达到事半功倍的教学效果。

三是元宇宙个人数字资产打造。现在全国仍有大量的照相馆，可以拍全家福，可以拍宝宝的成长照，也可以去拍婚纱照，等等。但是我认为是时候对这些照相馆进行升级了，完全可以留下一个全息的影像、立体的影像、动态的影像。第一，如果有裸眼3D的显示屏，拍完的部分可以把它放在裸眼3D显示屏里。放在家里面，看着是很有立体感的，很震撼。第二，可以把它打印成3D的彩色手办人偶，当然这是静态的。我们还有立体绘本，当你把一个场景打开以后，小朋友就能在这个场景里面进行舞蹈。还有AR卡片，可玩性非常高。我们可以给每一个人打造这种数字资产，尤其是在元宇宙的体验之下。

相信在不久的未来，5G高新体积视频在元宇宙时代会有非常多的应用，推动我国数字经济和文化＋科技的快速发展。

（作者为威爱科技集团总裁）

"新技术　融创新高地"
2022 中国新媒体技术展

2022 中国新媒体技术展于 2022 年 8 月 29 日至 31 日在湖南省长沙市湖南国际会展中心（芒果馆）举办。

新媒体技术展作为 2022 中国新媒体大会重大创新活动之一，由中国记协、湖南省委宣传部指导，中国记协新媒体专业委员会、湖南省委网信办、湖南省广播电视局、湖南省记协、长沙市人民政府共同主办，湖南广播影视集团有限公司承办，湖南国际会展中心有限公司策划运营。本届展会以"新技术　融创新高地"为主题，聚焦媒体融合国家重点实验室，中央、省、市、县四级主流媒体，中国智媒企业在媒体融合领域的新技术、新成果，推进智媒加速赋能融媒，筑牢新型主流媒体深度融合发展的融创新高地。

2022 中国新媒体技术展三大亮点：

第一，国家重点实验室展示技术赋能深融新趋势。国家重点实验室是推动媒体融合发展的"国之重器"，是国家创新体系的重要组成部分。本届技术展上，人民日报社、新华社、中央广播电视总台、中国传媒大学旗下四大国家重点实验室集中展示媒体融合领域具有前瞻性、创新性、先进性和引领性的科研应用成果。

第二，主流媒体展示创新发展深融新场景。做强新型主流媒体是媒体深度融合发展的重大课题，"智媒＋政务＋服务＋商务"成为主流媒体

2022 中国新媒体技术展现场

的创新主旋律。湖北广播电视台、苏州市广播电视台、长沙市广播电视台、安吉新闻集团集体亮相本届技术展，展示省、市、县三级媒体通过技术赋能形成的各具特色的新政务、新服务、新商务应用场景。

第三，中国智媒企业展示"文化＋科技"深融新应用。媒体融合浪潮在近年涌现出一批具有自主研发能力的智媒企业，它们用新技术打破圈层，成为推动媒体融合深度发展的重要力量。中兴通讯、百度、东软集团、深信服、索贝科技、天津海量、七维科技、格非科技、倒映有声等智媒企业携自主研发的新技术、新产品精彩亮相，展示"文化＋科技"融合发展的前沿应用场景。

湖南广播影视集团有限公司作为本届新媒体技术展承办单位，重点展示旗下 5G 高新视频多场景应用国家广播电视总局重点实验室、芒果TV 自主研发的数字主持人"小漾"、空气成像、5G 智慧电台、智慧视频生产中台、光芒链等新媒体技术，全面呈现湖南广电文化与科技共情共生下的媒体深融新生态。

　　中国新媒体技术展将每年举办一届，旨在整合中国智造媒体技术力量，共创推进媒体深度融合发展的技术创新和生态合作新高地，为应对传播大变局擘画融合发展的宏伟蓝图。

2022 中国新媒体大会

CHINA NEW MEDIA CONFERENCE

媒 体 报 道

加快推进媒体深度融合
更好凝聚团结奋进强大力量

8 月 30 日，2022 中国新媒体大会在湖南长沙开幕。时任中共中央政治局委员、中宣部部长黄坤明以视频方式出席开幕式并发表主旨演讲，强调要深入学习贯彻习近平总书记关于推动媒体融合发展的重要论述，顺应时代要求，把握传播规律，加快推进媒体深度融合，更好凝聚团结奋进的强大力量。

黄坤明指出，党的十八大以来，新闻战线深入贯彻落实党中央决策部署，主力军全面挺进主战场，全媒体传播体系不断完善，党的声音传播更深更广，媒体融合发展取得重大进展和显著成效。

黄坤明强调，新征程上要以更加开阔的思路、更加有力的举措，坚定推动媒体融合发展不断打开新局面。中央媒体和省级媒体要在深入深化上取得新进展，地市级媒体要在整合融合上迈出新步伐，县级融媒体要在增质增效上进行新探索。要坚持正确导向、突出内容建设，深入宣传阐释党的创新理论的真理力量和实践伟力，生动鲜活唱响时代主旋律、传播时代最强音。要着力推进改革创新，树牢互联网思维，充分激发融合发展动力活力。要着力加强科学治理，推动共建共治共享，共同营造清朗网络空间。

　　此次大会由中国记协和湖南省委宣传部共同举办，来自中央有关部门、中央和地方新闻单位、网站平台、新闻院校和研究机构的代表参会。

　　　　　　　　　　新华社北京 2022 年 8 月 30 日电

2022 中国新媒体大会长沙开幕

张庆伟何平致辞　毛伟明出席　牛一兵致辞
刘思扬主持　朱国贤出席

邓晶琎

8 月 30 日上午，2022 中国新媒体大会在长沙开幕。湖南省委书记、省人大常委会主任张庆伟，中国记协主席何平出席并致辞。省委副书记、省长毛伟明出席。中央网信办副主任、国家网信办副主任牛一兵致辞。中国记协党组书记、副主席刘思扬主持，省委副书记朱国贤出席。

湖南省领导李殿勋、吴桂英、谢卫江、杨浩东，云南省委常委、省委宣传部部长曾艳，人民日报社副总编辑王一彪，新华社副总编辑、党组成员周宗敏等出席。

中国新媒体大会已成功举办 3 届。本届大会由中央宣传部、中央网信办、国家广播电视总局、湖南省人民政府指导，中国记协、湖南省委宣传部主办。大会以"新主流　新征程"为主题，围绕迎接宣传贯彻党的二十大主题主线，充分展现党的十八大以来媒体融合发展成果，引导新媒体行业为党的二十大胜利召开营造良好舆论氛围。

张庆伟代表湖南省委、省政府，对大会的召开表示热烈祝贺。他说，近年来，湖南深入学习贯彻习近平总书记关于推进媒体融合发展的重要论述，坚持与时代大潮同行、与技术创新同步，深入推进传统媒体与新媒体融合发展，初步走出了一条具有湖南特色的新媒体发展路子，涌现体事业呈现"千帆竞发、百舸争流"的生动局面。湖南将以此次大会为新起点，坚持党对新闻舆论工作的全面领导，坚持正确方向导向，深入宣传党的理论和路线方针政策，深入宣传新时代原创性思想、变革性实践、突破性进展、标志性成果，进一步弘扬主旋律、传播正能量，巩固壮大主流思想舆论，推动党的声音传得更开、传得更广、传得更深入。坚持创作优质作品，主动适应"圈层化、分众化、垂直化、视频化"等传播大势，全面推进内容建设和供给，努力创作更多无愧于时代、无愧于人民的精品力作。坚持创新融合发展，推动传统媒体和新兴媒体在内容、渠道、平台、经营、管理等方面深度融合，着力打造更多形态多样、手段先进、具有强大影响力和竞争力的新型主流媒体。热忱欢迎各位嘉宾、各界朋友来湘旅游观光、投资兴业，湖南将不断优化服务，与各方共享发展机遇、共创美好未来。

何平说，中国记协作为党领导的中国新闻界全国性人民团体，要坚持以习近平新时代中国特色社会主义思想为指导，团结引领广大新闻工作者牢牢坚持正确政治方向，充分应用全媒体手段，全面展示党的十八大以来取得的历史性成就和发生的历史性变革，充分激发全党全社会奋进新征程、建功新时代的磅礴力量。要以守正创新为关键，不断推出有思想、有温度、有品质的优秀作品，让主流媒体全面挺进主战场，占据舆论引导、思想引领、文化传承、服务人民的传播制高点。要以联络服务为纽带，广泛团结新闻从业人员，充分依靠社会各方力量，形成网上、网下一体，内宣、外宣全媒体传播新格局。中国记协愿与各方同心协力，进一步推动媒体融合发展，做大做强主流媒体，巩固壮大主流舆论，以优异成绩迎接党的二十大胜利召开。

牛一兵说，党的十八大以来，我们坚持以习近平新时代中国特色社会主义思想特别是习近平总书记关于网络强国的重要思想为指导，统筹推进新闻舆论工作和网信工作，以媒体融合发展强化网络内容建设，推动网络强国建设开创新局面。要紧扣迎接宣传贯彻党的二十大主题主线，加强议题设置，在全媒体时代提升新媒体效能。要坚持内容为王，加强和改进网络国际传播，让大流量持续澎湃正能量，让好声音始终成为最强音。要严格落实网络意识形态工作责任制，完善网络综合治理体系，把互联网这个最大变量转化成党和国家事业发展的最大增量。

开幕式上启动了"党的二十大报道融创精品征集展示活动"。在随后举行的主论坛上，王一彪、周宗敏、刘晓龙、吴桂英、张华立、李芸、李建艳、陈睿、周源等人分别作主题演讲。

大会播发了《马栏山时间》短片，举行了学习强国"红视频"制作基地授牌仪式，发布了《我国媒体融合发展的十大创新探索》和《2022视频文创产业发展指标（马栏山指数）》。

《湖南日报》（2022 年 8 月 31 日）

唱响时代主旋律　传播时代最强音

——2022 中国新媒体大会综述

张　璁

　　36 天持续跟拍，凝结成 28 分钟的纪录片作品——《生死金银潭》，人民日报社新媒体团队深入武汉金银潭医院，记录下医患之间的感人故事和生死时刻。

　　一系列精彩案例分享，贯穿 2022 中国新媒体大会全程。

　　新时代融合发展新气象，新征程主流媒体新担当。8 月 30 日至 31 日，2022 中国新媒体大会在湖南长沙举办。

　　本届大会由中央宣传部、中央网信办、国家广播电视总局、湖南省人民政府指导，中国记协、湖南省委宣传部共同举办。大会以"新主流新征程"为主题，围绕迎接宣传贯彻党的二十大主题主线，充分展现党的十八大以来媒体融合发展成果，唱响时代主旋律，传播时代最强音，为党的二十大胜利召开营造良好氛围。

守正创新，唱响时代强音

　　融媒体时代，主流媒体如何凝心铸魂、唱响时代强音？大会期间的交流分享中，人民日报社今年统筹全社之力、自主策划推出的"践行嘱托十年间"系列融媒体报道引起关注。该系列报道综合运用原声短视频等形式，探索出一条重大时政新闻融合报道的新路。

"要以守正创新为关键，不断推出有思想、有温度、有品质的优秀作品。"中国记协主席何平在致辞中表示，主力军全面挺进主战场，要占据舆论引导、思想引领、文化传承、服务人民的传播制高点。

在"构筑主流舆论新高地"内容创新论坛上，《领航》《光明追思》《无胆英雄张伯礼》等 11 件报道的主创代表，回顾了 10 年来主流媒体深度融合发展、内容创新创优的历程和经验；哔哩哔哩、知乎等互联网平台负责人在主论坛上发言，分享了与主流媒体的合作方式，放大主流声音、创新正能量传播方式；"马栏山上话国潮"文创盛典活动，充分运用高科技手段，体现创新思维，传播中华优秀传统文化，弘扬主旋律令人耳目一新……揭示创新路径，探寻创优规律，助推新媒体扩大高质量内容供给，成为大会的鲜明特色。

讲好中国故事，才能向世界展现真实、立体、全面的中国。

"新媒体是互联网时代媒体融合发展的必然选择，也为新时代国际传播提供了历史机遇。"新华社党组成员、副总编辑周宗敏在主论坛上说，要做好媒体深度融合这篇大文章，实现中国叙事国际表达、全球到达。

在"塑造可信可爱可敬中国形象"国际传播论坛上，既有人民网、新华网等"国家队"讲述其用好海外社交媒体、实现中国对外传播的故事，也有国际传播领域的专家学者、对外传播领域的相关学术机构进行分享交流。与会嘉宾齐聚一堂，真知灼见碰撞出思想的火花。

融合发展，担当社会责任

当前，随着新媒体、新平台传播力和影响力的日益增强，新型媒体如何担当社会责任、履行职责使命成为热议话题。

"积极探索'新闻＋服务'模式，让人民日报离人民更近，做到人民日报为人民。"人民日报社副总编辑王一彪在主论坛上介绍，当前拥有 10

多种载体的人民日报社全媒体方阵，正朝着"融为一体、合而为一"的方向迈进，综合覆盖用户总数超 13 亿人次。

2020 年人民日报客户端紧急开发"新冠肺炎求助者平台"，总点击量超 10 亿次；"暖春行动"全国求职招工云对接平台、"筑梦青春"大学生就业云招聘平台等上线，受到欢迎……人民日报新媒体中心在大会期间分享了拓宽服务边界、扩展服务内容、提高服务能力的做法与心得。

今天的新媒体正在带动新公益，拓展新服务。

网上网下同心圆如何画？新华社新媒体中心主任李俊在分享中介绍，利用"全民拍"这个新媒体应用上传线索，帮助群众解决身边事、烦心事，两年来 10 万条来自基层的"全民拍"照片传递着民生冷暖。

如何为乡村振兴插上新媒体翅膀？中国社科院新闻与传播研究所数字媒体研究室主任黄楚新表示，在乡村振兴过程中，媒体既要因地制宜把农民需要的内容及时报道出来，也要提质增效切实做好服务。

在"社会服务与新媒体力量"社会责任论坛上，从综合服务到教育公益，从救灾公益到助农直播，新媒体行业代表、新平台负责人等嘉宾围绕相关主题，分享了所探索的新模式新路径。

县级融媒体平台也有自己的大舞台。县级融媒体中心代表、江西省分宜县融媒体中心总编辑李建艳表示，从"指尖"到"心尖"，该中心深耕品牌，将分宜移动终端建成服务群众的掌上平台，极大提高了用户黏性。

技术赋能，推动媒体新变革

走进 2022 中国新媒体技术展，各式各样的新科技让人目不暇接。

在湖南广播影视集团有限公司展区，观众可以体验平时在晚会、体育赛事等才得一见的特效：广播级超高清（4K）时空凝结自由视角互动系统捕捉下的观众动作画面，经过算法处理，成像画面能够全角度旋转，面部表情、身姿形态等一览无遗。

通过沉浸式 XR 虚拟录制系统，观众与虚拟人物同台出演成为可能；利用 AI 数字分身高度复刻真人声音和形象，若非现场工作人员讲解，观众很难分辨融媒体内容播报时的主播究竟是真人还是"分身"……新媒体技术展作为大会重大创新活动之一，旨在整合"中国智造"媒体技术力量，共创推进媒体深度融合发展的技术创新和生态合作的新高地。

唯有牢牢抓住科技创新，才能推动媒体更好实现深度融合。

"这些都基于实验室自主算法，具有完全的自主知识产权。"在"科技赋新能 融媒向未来"技术应用论坛上，人民日报社传播内容认知全国重点实验室专职副主任李君发布了实验室研发的新一代智能风控平台"智晓助"，为互联网内容、信息安全管理提供技术服务。

国家重点实验室是国家创新体系的重要组成部分。依托人民日报社、新华社、中央广播电视总台、中国传媒大学建设的 4 家国家重点实验室首次在中国新媒体大会亮相，发布前沿领先、适用管用、安全可靠的新技术新应用。

在与会嘉宾们的交流中，"智媒体"成为出现频率最高的关键词之一。

智媒体，新服务。5G 时代，媒体融合与智慧城市建设深度交叉，主流媒体如何融入智慧城市发展进程，以新媒体技术赋能社会治理，既是媒体新使命，也是社会治理新趋势。为此，"科技赋新能 融媒向未来"技术应用论坛还向全体新闻工作者发起了"智媒体新服务"倡议，号召主流媒体以智慧媒体融入智慧城市建设，当好社会治理的"智慧中介"。

《人民日报》（2022 年 9 月 1 日）

主流舆论新高地　融合发展新征程

——2022 中国新媒体大会观察

谢　樱　白田田

8 月 30 日至 31 日，以"新主流　新征程"为主题的 2022 中国新媒体大会在湖南省长沙市召开。来自传媒界及相关领域的众多嘉宾齐聚一堂，交流融合发展实践经验，共同探讨新媒体发展潮流与趋势。与会专家认为，党的十八大以来，新闻战线认真学习贯彻习近平总书记关于推动媒体融合发展的重要论述，媒体深度融合发展持续推进，主流舆论的价值版图不断扩大，与全媒体时代相适应的新型主流媒体迸发出强大能量。

正能量与大流量同频共振

2019 年，一位知乎用户在"70 年来，有没有一首歌，让你听了就热泪盈眶"的提问下，写下了题为《每个人心中或许都有这样一条大河》的回答，记录歌曲《我的祖国》带给他的感动，引发网友强烈共鸣。

在 2022 中国新媒体大会的主论坛上，知乎创始人、董事长周源讲起这样一个"爆款"传播案例。据介绍，这位知乎用户参与的是新华社联合知乎发起"你好中国·问答 70 年"活动，活动总浏览量达到 4.8 亿人次，所有回答的总字数达 600 万字。

正能量和大流量产生了同频共振。周源认为，在重大主题传播中，主流媒体和网络平台互动，将新闻的权威性、严肃性和传播方式的时尚性、创新性结合起来，创造了新形态、新场景、新表达，赢得众多年轻人的喜欢。

内容创新是融合发展的根本，是主流媒体的价值所在。近年来，中国传媒业积极践行融合发展新理念，遵循传播规律和新兴媒体发展规律，强化互联网思维，坚持传统媒体和新兴媒体优势互补、一体发展，加快推进深度融合，主流舆论引导力大大提升。

"我们有义务引导年轻人看正能量的内容，树立正确的价值观。推着主流媒体和 UP 主合作，因为他们非常懂得青年用户喜欢什么，和他们合作，既能够把主流的价值观传播出去，也能够让青年用户喜闻乐见。"哔哩哔哩董事长兼执行总裁陈睿表示，将继续支持和扶持优秀的青年创作者，同时配合好主流媒体，做强主流舆论的宣传阵地，做好主流媒仁声音的放大器。

技术创新和内容创新双轮驱动

元宇宙、扩展现实、自由视角……2022 中国新媒体大会上的技术展区，一批应用于传媒业的"黑科技"以炫酷的形式呈现，吸引了众多参观者。

在湖南广播影视集团展台，数十台安装在云台上的摄像机非成"T"形。一名观众在指定位置腾空跃起，摄像机瞬间捕捉姿态和表情，随后电脑屏幕上呈现出仿佛"时空凝结"的全景影像。在手机终端上，可以自由切换视角观看这一影像。

现场工作人员王灵告诉记者，自由视角技术已在一些体育赛事和舞蹈节目中应用，使观众如同身临其境，视觉体验非常震撼。交互式、沉浸式的传播方式有着很大的应用前景。

新技术不仅改变了受众的观看方式，而且带来内容生产的深刻变革。多家国家重点实验室以及一些科技型企业，展示了"即拍即传发稿神器""便携式新闻采编耳机""智能数字人平台"等新产品，为内容创新赋能，展现出支撑媒体融合发展的技术实力。

"以 5G 云网、智能终端、超高清视频、扩展现实、人工智能等为代表的新一代技术，朝着智能化、数字化、可视化、移动化方向发展，为媒体行业用户分析、内容生产、分发传播和体验互动带来了全新可能。"中兴通讯副总裁陈志萍说。

顺应技术变革的浪潮，不少媒体提出"内容＋技术"双轮驱动的创新模式。芒果超媒总经理蔡怀军说，目前企业"内容＋技术"的复合型人才占比超过 50%，舆论导向、社会责任、人文情怀等主流媒体价值观更好地融入了技术创新。

社会服务和公益行动多点开花

2022 年 5 月，在平均海拔 700 米以上的重庆市酉阳县何家岩村，腾讯推出一款小程序，把村里的稻田搬上"云端"。选择自己喜欢的地块，支付 9.9 元，就可以认养 1 平方米稻田。土地由村民耕种，认养人可通过视频号慢直播等多个渠道，查看水稻生长情况，产出的稻米也会寄到认养人手中。不到 30 个小时，一期共 3.8 万平方米稻田就被认养一空。在小山村与大市场之间，媒体巧妙搭建了一座桥梁，助力村庄走向更广阔的世界。

2019 年起，中国记协新媒体专委会连续 3 年开展"中国新媒体联合公益行动"，组织带动一大批中央和地方新闻单位、商业传播平台等新媒体新平台履行社会责任、投身社会公益，创新运用新媒体形式手段和传播平台，覆盖扶贫、教育、救灾、助农、寻人、维权以及综合服务等领域，覆盖受众广，受到社会各界好评。

如今，媒体不局限于传统的新闻业务，"智媒＋政务＋服务＋商务＋公益"成为媒体深度融合新趋势。浙江省安吉县融媒体中心副主任祝青乐说，他们不断推出文创、文产、城乡治理、民生共富等本地化服务，一个小小的农产品包装盒也能成为主流舆论宣传阵地。

"利用互联网＋资源形成多部门联动，全力推动志愿服务与新媒体深度融合，扩大社会面参与，展现了新媒体力量，深化了新媒体服务功能，也实现了新媒体社会担当。"东南网副总编辑、副总经理陈岳说。

新华社长沙 2022 年 9 月 1 日电

纵挥凌云笔，奋进新征程

——2022 中国新媒体大会综述

刘瀚潞　廖慧文

8 月 30 日至 31 日，一个国家级盛会再次赴约而来，将一路路传播力量汇聚"世界媒体艺术之都"长沙。

为期两天的 2022 中国新媒体大会，以"新主流　新征程"为主题，围绕迎接宣传贯彻党的二十大主题主线，充分展现党的十八大以来媒体融合发展成果，引导新媒体行业为党的二十大胜利召开营造良好舆论氛围。

共商融合，同向未来。在初起的秋风中，一场开幕式暨主论坛、4 场专题论坛、4 场主题活动展示着媒体的前沿趋势、先进理念、创新经验、领先科技，令媒体人感受到了丰收的喜悦。

新主流创造新气象，新征程呼唤新担当。在激情的交流中、在脑力的激荡中，一些观念被频频"刷新"，一条媒体融合发展大道浮现眼前——走新型主流媒体高质量发展之路，让正能量与大流量同频共振。

壮主流声音　开传媒新局

这是一场礼赞媒体融合硕果的丰收盛会。

党的十八大以来，我国媒体融合发展由表及里、由点到面逐步铺开，走过变革、转型、创新的非凡历程，媒体融合发展取得重大进展和显著反效。大会盘点梳理党的十八大以来新闻战线媒体融合发展的丰硕成具与创新经验，众多媒体大咖、专家学者、媒体平台代表云集，展开交流、分享与探讨。

这是一次奋进新时代新征程的誓师动员。

在党的二十大召开之年、实施"十四五"规划的关键之年，在各级主流媒体进入深度融合发展攻坚期之时，在全媒体时代的挑战和机遇并存之际，各路媒体精英"湘"约"湘"聚，向着"加快推进媒体深度融合，更好凝聚团结奋进强大力量"的目标，奋楫扬帆再出发。

短短两天会期，重磅活动接连开启。

我国主流媒体深度融合发展报告发布；"构筑主流舆论新高地""塑造可信可爱可敬中国形象""社会服务与新媒体力量""科技赋新能融媒向未来"等一系列论坛举办；"马栏山上话国潮""强'四力'促深融"专题培训班举行；党的二十大报道融创精品征集展示活动启动。

一场场热烈闪光的活动、一次次铿锵有力的发言，令人心潮澎湃、心情激荡。

中国记协主席何平说，愿与各方同心协力，进一步推动媒体融合发展，做大做强主流媒体，巩固壮大主流舆论，以优异成绩迎接党的二十大胜利召开。

中央网信办副主任、国家网信办副主任牛一兵说，要坚持内容为王，加强和改进网络国际传播，让大流量持续澎湃正能量，让好声音始终成为最强音。

此次新媒体大会，必将壮主流声音、开传媒新局，有力推动我国新媒体事业高质量发展。

汇聚正能量，引领大流量

党的十八大以来，我国各级主流媒体奋发图强、攻坚克难、勇于创新，协同推进媒体融合向纵深发展，用正能量引领大流量，用大流量营造正能量的舆论场。

流量向善，方能长流。

在媒体融合发展之路上，媒体应如何继续汇聚正能量，引领大流量？分论坛上，众多媒体大咖以优秀案例为基础，分享了精彩的媒体融合答卷。

在"构筑主流舆论新高地"内容创新论坛上，众多主流媒体"爆款"主创认为，要打造出新出彩的内容，构筑主流舆论新高地。新华社全媒编辑中心常务副主任李柯勇说，主流媒体压轴镇台之作，一定要直击重大主题。"新闻产品的脱颖而出，需要拔节、进阶、闯关式的深度开发。"新华日报全媒体社会新闻部主任王晓映说。湖南日报社党组成员、社务委员、副总编辑颜斌认为，用小人物的故事记录和讲述时代的变迁，与用户产生情感共鸣，是永恒的主题。

在"塑造可信可爱可敬中国形象"国际传播论坛上，专家学者和主流媒体研究着如何推动中国内容出海，在世界的舞台上讲好中国故事。中国日报社副总编辑孙尚武认为，要坚持"久久为功"与"立竿见影"相结合，不断提高国际传播影响力、中华文化感召力、中国形象亲和力、中国话语说服力、国际舆论引导力。新华网党委常委、总编辑钱彤认为，要从衣食住行、柴米油盐中体现中国温度。

在"社会服务与新媒体力量"社会责任论坛上，数位媒体大咖认为，要带动新公益、拓展新服务，用"新媒体+"凝聚社会力量。人民日报社新媒体中心主任丁伟认为，新媒体拓展服务功能要坚持四种思维导向，即用户思维、平台思维、数据思维和开放思维。科技日报社副总编辑冷文生认为，在新征程上，新主流要在新时代建立与用户的深度连接。

发展赋新能，融媒向未来

这是一次面向未来的盛会。媒体的变革和发展，一直与飞速发展的网络时代同行，与技术创新同进。

"什么是智媒体""主流媒体如何以媒体融合助力社会治理""融媒体+还有什么新的应用"……在"科技赋新能　融媒向未来"技术应用论坛上，围绕着"新技术引领媒体变革""融媒有技·国家重点实验室特别发布""智媒体　新服务"等议题，封面传媒、中兴通讯、百度智能云、索贝等与人民日报、新华社、中央广播电视总台、中国传媒大学旗下4个国家重点实验室陆续带来了他们的新技术新应用，触发了许多关于媒体未来的想象。

如果说，想象还稍显抽象，那么，"新技术　融创新高地"2022中国新媒体技术展则展现了可触可感的前沿媒体"黑科技"。新华新生手机、超写实虚拟数字人小钲、8K超高清和三维声制作、4K时空凝结自由视角互动拍摄系统带来了全新体验。

杭州倒映有声科技有限公司展区，相关负责人指着高度复刻真人声音和形象的"AI数字分身"说，任何人都可以采集音画素材，输入看报文字，用自己的AI形象大方自然地播新闻。"害怕镜头没有关系，科技能带你补'短板'。"

总结经验，才能把住未来航向。媒体融合已经过几年实践，有什么经验教训，又有什么发展趋势？

"新一代信息技术的综合应用必将重塑视频文创产业发展模式与格局。""融合创新的重点，从产品创新到渠道拓维，进而到自主平台建设。"会场内，《2022视频文创产业发展指标（马栏山指数）》和《我国媒体融合发展的十大创新探索》陆续发布，细数视频文创产业创新将呈现的七大趋势、回顾总结党的十八大以来我国的媒体融合发展之路，为媒体深度融合开了两只面向未来的"望眼"。

未来，媒体融合的中国答卷，还将不断充满惊喜。

湖南日报·新湖南客户端（2022年9月1日）

参与采写：杜巧巧　刘思雅

让大流量澎湃正能量
凝聚新征程奋进伟力

——2022 中国新媒体大会主论坛观点聚焦

编者按

行业盛会，大咖云集。8 月 30 日上午，在 2022 中国新媒体大会主论坛上，人民日报、新华社、中央广播电视总台等主流央媒负责同志，省级主流媒体主要负责同志、县级融媒体代表、互联网企业负责人等行业"大咖"和长沙市主要负责同志分别发表主题演讲，共话"新主流　新征程"，现场金句频出。湖南日报全媒体记者采撷他们的精彩观点，以飨读者。

人民日报社副总编辑王一彪——

让人民日报离人民更近

"推动媒体融合发展是我们亲历的一场深刻变革。"人民日报社副总编辑王一彪在 2022 中国新媒体大会主论坛上说，对新时代十年的伟大变革，主流媒体是见证者、记录者，也是参与者、践行者。

"新时代极大激发了党报人的创造活力，新媒体发展为提升人民日报传播力、引导力、影响力、公信力，构建了新平台、打开了新空间、闯出了新天地。"王一彪介绍，当前，拥有 10 多种载体的人民日报社全媒体方阵，正朝着"融为一体、合而为一"的方向迈进，综合覆盖用户总数超13亿人次，全新传播体系正在构建，系列传播平台自主可控，"爆款"融媒产品刷屏网络。

主流媒体要如何担当起责任，以开创未来的勇气加快推进媒体深度融合？王一彪用"六个坚持"来阐述自己的体会：坚持聚焦首要政治任务，切实担当起最重要的政治责任，精心做好习近平总书记活动报道，继续深化习近平新时代中国特色社会主义思想宣传阐释，努力做到干实务实，做到天天见、天天新、天天深；坚持以人民为中心，积极探索"新闻＋服务"模式，让人民日报离人民更近，做到人民日报为人民；坚持讲好中国故事，努力塑造可信、可爱、可敬的中国形象，展示真实、立体、全面的中国；坚持做有品质的新闻，充分发挥在舆论上的导向作用、旗帜作用、引领作用，努力推出更多有思想、有温度、有品质的新媒体产品；坚持尊重互联网传播规律，积极推进传播理念、内容、形式、方法、手段、机制创新，与用户实现共鸣、共情、共创；坚持以技术创新驱动融合发展，扎实推进新型主流媒体的智能化升级。

"新主流创造新气象，新征程呼唤新担当。"王一彪表示，将在全面建设社会主义现代化国家、向第二个百年奋斗目标进军的新征程中，走好新型主流媒体高质量发展之路。

（刘笑雪）

新华社副总编辑、党组成员周宗敏——

善用新媒体，实现中国叙事国际表达、全球到达

"新媒体是互联网时代媒体融合发展的必然选择，也为新时代国际传播提供了历史机遇。"新华社副总编辑、党组成员周宗敏在2022中国新媒体大会主论坛上说，把握新媒体格局、加速提升国际传播能力是一道必答的时代课题。要顺势而为，乘势而上，拥抱新媒体，善用新媒体，

做好媒体深度融合这篇大文章，实现中国叙事国际表达、全球到达。

"当前，全球有 49.5 亿人使用互联网，社交媒体用户超过 46 亿。"周宗敏说，必须主动适应、主动引领，把新媒体领域作为国际传播的主攻方向。整合、聚合优势资源力量，运用新媒体、培育新业态、拓展新格局，聚集用户群，提升关注度，尽快实现由跟跑到并跑进而领跑的跨越。

周宗敏认为，国际传播面向的是不同国家和区域的不同受众和群体，要采用贴近不同区域、不同国家、不同群体受众的精准传播方式，把创新内容呈现、形态、表达方式作为国际传播效能的关键。加强垂直化、细分化、个性化内容生产，努力实现"内容＋技术＋灵感＋美学＋平台"的深度融合。将可适配各种新媒体场景和语态的产品，源源不断注入国际舆论场，让海外受众读得懂、愿意看、听得进，让正能量与大流量同频共振。

"当下是移动终端为霸的时代，平台是国际传播的关键资源和核心竞争力。"周宗敏说，加大新媒体建设和平台建设，要坚持一盘棋布局、两条腿走路，"借船出海"和"造船出海"双向发力，既深耕海外社交平台，又要加大自主掌控的渠道终端建设和推广力度，着力打造能有效直达海外受众的直通车。

（龚柏威）

中央广播电视总台编务会议成员刘晓龙——

打造国际一流新型主流媒体

"总台不断完善全球报道网络，创新开展媒体外交，持续深化'好感传播'，奋力提升全球媒体格局中的地位、分量和份额。"在 2022 中国新媒体大会主论坛上，中央广播电视总台编务会议成员刘晓龙在谈到打造国际一流新型主流媒体时说。

刘晓龙介绍，总台坚持守正创新，以攻为守，坚定不移走融合发展之路，扎实推进"思想＋艺术＋技术"传播实践，构建全媒体融合发展新格局，奋力打造具有强大引领力、传播力、影响力的国际一流新型主流媒体。

"要抢首发，敢亮剑，争独家。"刘晓龙说，在中美高层战略对话、阿富汗局势、俄乌局势等重大报道中，总台一批独家新闻屡屡成为全球唯一信源，被欧美主流媒体大量引用、转发。要用浓墨重彩的精品力作，书写新时代的丹青画卷。从《中国国宝大会》《典籍里的中国》到《艺术里的奥林匹克》《美术里的中国》……近年来，总台从博大精深、丰富厚重的中华优秀传统文化中汲取养分，挖掘灵感，将传统的广播电视手段与多样艺术形式创新性融合、创造性实践，创造出一批既有思想深度，又广泛传播的融媒体产品。在重大体育赛事如东京奥运会、北京冬奥会的报道中，总台新媒体传播效果同样显著。刘晓龙透露，在2022卡塔尔世界杯举办期间，总台还将继续探索、创新重大体育赛事的融媒体传播途径。

刘晓龙认为，媒体融合，科技创新是支撑。近年来总台持续瞄准5G、4K/8K、大数据、云计算、人工智能等新科技发展动态，积极顺应新媒体平台化、移动化、智能化发展趋势，不断推进从终端技术、内容生态到传播渠道、生产平台的全方位转型升级。

（王铭俊）

湖南省委常委、长沙市委书记吴桂英——

全力做强主流新媒体　奋力打造融媒新高地

"新媒体是党的新闻舆论工作的新阵地，也是城市形象实力展示的新窗口。"在2022中国新媒体大会主论坛上，湖南省委常委、长沙市委书记吴桂英分享了长沙市打造融媒新高地的生动实践。

吴桂英表示，近年来，长沙市坚持"守正创新、融合发展"，自觉担当举旗帜、聚民心、育新人、兴文化、展形象的使命任务，坚持党管媒体不动摇、强化核心价值不动摇、守好安全底线不动摇，全力做强主流新媒体，奋力打造融媒新高地。

在以互联网思维推动大城市治理上，吴桂英说，长沙市致力于打造社情民意“晴雨表”、民生服务“直通车”、智慧治理“云平台”，不断提升治理体系和能力现代化水平。其中，搭建“融媒体 + 城市服务”平台，为新老市民提供便捷生活服务，“我的长沙”App 用户规模达 846 万人。

吴桂英介绍，长沙市用好互联网这个推动高质量发展的“最大增量”，以平台聚产业、以科技强产业、以人才兴产业。依托马栏山视频文创园、岳麓山大学科技城等平台，聚集各类文创及新媒体企业 4000 多家，芒果超媒市值突破千亿，中南传媒连续 12 年入选全国文化企业 30 强，中国“V”链数字版权交易平台存证作品超过 100 万件。

吴桂英介绍，在媒体融合发展中，长沙积极创新体制机制、技术手段、表达方式，建矩阵、强载体、创精品，构建共通共生共荣的融媒体生态圈。形成了“报、台、网、微、端、屏”移动传播矩阵，覆盖用户近 3300 万。涌现出《共产党人刘少奇》《守护解放西》等一大批现象级产品，走出了具有长沙特色的融媒发展之路。

（黄　晗）

湖南广播影视集团有限公司（湖南广播电视台）党委书记、董事长张华立——

地方媒体“修修补补”毫无前途，必须谋求整体转型

“与其讨论别人的变化，不如让自己成为变化。”2022 中国新媒体大会主论坛上，湖南广播影视集团有限公司（湖南广播电视台）党委书记、董事长张华立分享了湖南广电建设主流新媒体集团的探索成效。

芒果 TV 从湖南卫视的 B 版到现在完全合二为一，实现了行业独特的长视频平台面貌；小芒电商平台聚焦新潮国货，力争两到三年成为有市场竞争力的内容电商平台；风芒短视频平台携手多方，探索"未来电视"新物种；元宇宙产品《芒果幻城》在各大 VR 平台上线；5G 智慧电台赋能全国县级融媒体中心……

内容创新能力变得更强，主责主业也更加彰显。

"主流新媒体集团的深层逻辑，永远是党媒姓党。"张华立介绍，3 年来，湖南广电每年确定一个主旋律创作主题，投入达 36.5 亿元。

"尽管湖南广电有'要么做第一，要么第一个做'的改革创新 DNA，已经拥有两家上市公司，也布局了完整的产业链条，但依然存在很多痛点。"张华立坦承："我们有两个胶着的 60%——全集团 60% 以上的收入和利润来自新媒体和上市公司，但 60% 以上的公司和人员仍在传统媒体。"

"改革失去的是老旧传播平台以及打着新媒体旗号的技术新媒体，而得到的将是新技术驱动的价值性媒体。"在张华立看来，媒体融合难的不是物理意义上的媒介融合，而是当代传播观念的融合，是"物以类聚，人以群分"的传播意识的深度融合，必须通过内部体制机制的改造促进媒体深度融合。

"面对行业的深刻变革，特别是对地方媒体而言，走传统媒体'修修补补'的老路已毫无前途，必须谋求整体转型。"张华立说。

（杨佳俊）

上海报业集团党委书记、社长李芸——
以坚定转型重塑传播格局

上海报业集团党委书记、社长李芸在 2022 中国新媒体大会三论坛上分享了关于打造新型主流媒体集团的 3 个"关键词"：坚定转型、主意创新、深化改革。

以坚定转型重塑传播格局，持续壮大主流舆论。李芸介绍，解放日报在全国率先开启地方党报整体转型，推出上观新闻客户端，坚持"报网联动"一体化发展；澎湃新闻首开传统媒体向互联网媒体转型先河，目前稳居国内新媒体第一阵营……截至 2021 年，上海报业集团拥有各种新媒体形态共计 319 个端口，覆盖用户 7.74 亿人。

以锐意创新开拓前沿新局，把握引领主流趋势。李芸介绍，上海报业集团持续发挥市场机制作用，积极培育版权内容服务收入、全产业链内容服务收入、财经资讯及数据服务收入等创新业务模式，建立专业化市场化的投资团队，打造产业基金平台，目前总体管理规模超过 200 亿元。

"坚持内容创新和技术创新双轮驱动、两翼齐飞。"李芸介绍，聚焦自媒体矩阵的应用场景，集团主动融入城市数字化转型，深耕政务服务、社区生活等应用场景，提供数字生活新体验。

"我们积极推进媒体经营工作的创新，提供融策划、经营、传播一体化的全案服务，积极打造'文化＋产业'平台，打响上海文化品牌的龙头。"李芸介绍，2021 年，上海报业集团经受住了传统媒体收入断崖式下滑的考验，集团营业收入与净利润实现"双增长"，新媒体收入占比达 64%。

以深化改革服务人才大局，持续做强主流队伍。李芸介绍，在上海市委的大力支持下，上海报业集团在全国率先推行采编专业职务序列改革，有效激发队伍活力。

（刘笑雪　杨佳俊）

江西省分宜县融媒体中心总编辑李建艳——

把县级融媒体平台建成服务群众的掌上平台

作为县级融媒体中心代表，江西省分宜县融媒体中心总编辑李建艳在 2022 中国新媒体大会主论坛上作主旨发言。

李建艳介绍，分宜融媒体中心成立已 6 年，这些年，融媒体中心突出党建引领，坚持改革创新不停步、融合不停止、发展不停歇，探索出一套投入小、见效快、可借鉴的分宜模式。

"把镜头笔墨更多对准基层群众。"李建艳说，分宜融媒体中心生产的内容中社会民生类新闻占比 70% 以上，并实现了短视频、直播常态化。李建艳认为，这主要归功于他们将政治引领贯穿到业务全领域、全过程，坚持推动政治理论和媒体业务学习一体化，实行党员全员把关制，关键岗位有党员，关键宣传有党员，党员领衔攻难关。

为了应对网络技术迭代升级，交出一份精彩的时代答卷，分宜融媒体中心准确识变、科学应变、主动求变，先后打造融媒体中心 1.0 版、2.0 升级版和 3.0 版。正在打造的 3.0 版突出产业融合，聚力于大数据和智慧城市建设，融入数字经济，孵化村主播服务乡村振兴。

"唯一不变的是始终为民服务的初心。"李建艳说，分宜融媒体中心始终围绕服务人民群众，从指尖到心尖，引导与服务群众深耕品牌。用分宜移动终端建成服务群众的掌上平台，开辟民生、实践中心等民生专栏，连接新时代实践中心站所，开展理论宣讲、文化卫生、健康养老等 12 大类、75 小类服务，累计办结群众点单需求 1.79 万件，惠及群众 12 万余人次，极大提高了用户黏性。

（龚柏威）

哔哩哔哩董事长兼 CEO 陈睿——

推荐主流媒体和 UP 主合作，让青年用户喜闻乐见

"推荐主流媒体和 UP 主合作，因为他们非常懂得青年用户喜欢什么，和他们合作，既能够把主流的价值观传播出去，也能够让青年用户喜闻乐见。"在 2022 中国新媒体大会主论坛上，哔哩哔哩董事长兼 CEO 陈睿

邀约主流媒体"牵手"UP 主。

陈睿口中的 UP 主，是哔哩哔哩用户对于视频创作者的爱称。据统计，每个月有 380 万名创作者在哔哩哔哩进行视频创作，他们每月创造的作品总量达到 1260 万件。

在众多视频中，年轻人最喜爱看什么？答案是知识类视频。

"是不是年轻人只爱娱乐？不是的，年轻人更爱学习。"陈睿介绍，在过去一年里，哔哩哔哩知识类视频共吸引 1.83 亿用户，泛知识类视频播放量占哔哩哔哩总播放的 44%。其中，UP 主"拉宏桑"在上海疫情封控期间担任楼长，将相关经历制作成视频发布，收获千万播放；"才疏学浅的才浅"发布三星堆黄金面具复原视频，重现 3000 年前的三星堆文明；"沙盘上的战争"用 3D 沙盘重现红军长征路上的壮怀激阔，翔实又热血……"他们是传播知识、勇于承担社会责任的正面典型。"陈睿说。

陈睿也希望哔哩哔哩能够为弘扬传统文化作出应有的贡献。在他看来，传承传统文化最重要的是年轻人，"只有年轻人喜欢传统文化，传统文化才可以弘扬下去"。

"我们有义务引导年轻人看正能量的内容，树立正确的价值观。"陈睿表示，哔哩哔哩将继续支持和扶持优秀的青年创作者，同时配合好主流媒体，做强三流舆论的宣传阵地，做好主流媒体声音的放大器。

（王铭俊）

知乎创始人、董事长兼 CEO 周源——

让主流成为顶流，让正能量成为大流量

"知乎每月活跃用户数量超过 1 亿，30 岁以下用户占比近 80%，在年轻群体中具有广泛的影响力。"在 2022 中国新媒体大会主论坛上，知乎创始人、董事长兼 CEO 周源说。

周源结合具体传播案例，分享了知乎放大主流声音、创新正能量传

播的经验和心得。

"与权威媒体合作，让主流声音深入人心。"周源介绍，多年来，知乎和新华社、人民日报、中央广播电视总台等权威媒体密切合作，充分发挥自身优势，巧妙设置议题，收获了海量带着温度和思考的优质回答。现在每到重要节日和重大事件节点，都会有知乎和主流媒体联合主动策划的主题内容和声音。

"知乎体"缘何在网络上层出不穷？周源的答案是因为知乎注重专业性，"高而不冷、低而不俗"。作为全球最大的中文互联网问答平台，知乎以内容的思想性和话题的互动性为特色，采用独有的问答机制，吸引了大量青年和专业人士。这些思维活跃、个性突出的年轻人，在知乎创造了一大批极具辨识度和传播力的词语和句式，比如"认真你就赢了""先问是不是，再问为什么""劝退""内卷"，等等。

周源介绍，引入主流媒体观察团，是知乎在弘扬主流价值、传递正确导向方面的最新尝试。在香格里拉对话、香港回归25周年、福建舰下水等重大事件中，知乎邀请主流媒体、资深记者、权威专家组成传媒观察团，通过专业、理性的内容引导站内讨论方向，有力有效引导舆论，发挥了"压舱石""定音鼓"的作用。

"知乎将继续努力，让主流成为顶流，让正能量成为大流量，让青年找到向上的答案。"周源说。

（黄　晗）

《湖南日报》（2022 年 8 月 31 日）

《我国媒体融合发展的十大创新探索》报告发布

刘瀚潞

30 日上午，在 2022 中国新媒体大会开幕式暨主论坛上，中国记协新媒体专业委员会《中国新媒体研究报告》主编、中国传媒大学电视学院党委书记曾祥敏发布了《我国媒体融合发展的十大创新探索》报告，回顾总结了党的十八大以来我国的媒体融合发展之路。

党的十八大以来，在党中央的坚强领导和中宣部的有力推动下，我国各级主流媒体协同推进媒体融合向纵深发展，围绕内容建设融合发展，媒体融合成效日益显著。报告课题组连续调研我国媒体融合发展的现状、问题，回顾总结党的十八大以来我国的媒体融合发展之路。

报告显示，我国媒体融合发展具有十大创新探索。在战略战术上，顶层擘画蓝图，从战略、体系、路径和生态对媒体融合纵深推进；在体制机制上，改革体制机制、重塑组织架构、再造生产流程，向"融为一体、合而为一"的目标转型；在内容生产上，融合创新的重点，从产品创新到渠道拓维，进而到自主平台建设；在技术应用上，以先进技术赋能，积极探索全媒体技术开发和智媒技术创新；在队伍建设上，一专与多能并重，激励与培养并举；在用户连接上，以融合创新增强用户黏性，增强鲜活性和亲近性来突圈破壁，实施"开门办媒"；在服务模式上，参与社会治理，强化应用创新，拓维媒体智库；在运营方式上，拓展多维运营，实现文化价值和商业价值突破，提升自我造血能力；在网络治理上，加强网络引导，营造清朗空间，规范版权保护；在国际传播上，打造旗舰媒体，培育外宣网红，传播中华文化。

报告认为，主流媒体融合发展需要持续抓住人才、平台建设和盈利模式创新这三大重点。新型主流媒体要努力实现自身公信力的柔性强化和用户注意力的刚性影响，通过做强多元化、分层级、跨地域的新型主流媒体，进而渗入网上网下各领域。

《湖南日报》（2022 年 8 月 31 日）

二〇二二视频文创产业发展指标发布

——评估产业发展　引导守正创新

孙　超

　　8 月 30 日，2022 中国新媒体大会在湖南长沙举办，会上发布了《2022 视频文创产业发展指标（马栏山指数）》。"马栏山指数"因马栏山视频文创园参与共同编制而得名，对我国视听产品生产、传播、消费发展态势进行"数字画像"，到今年已连续发布 4 年。这一指数是国家广播电视总局和湖南省人民政府部省共建项目，也是全国视频文创产业第一个行业指数。

　　4 年来，"马栏山指数"已经发展为推动全国视频文创产业高质量发展的智库产品，成为评估产业发展水平、引导和促进大视听产业健康发展的重要参照。

"1+N"产品矩阵提供数据和案例支撑

　　"马栏山指数"突出文化产业的价值引领，聚焦文化产业的供给侧结构性改革和创新发展。

　　"马栏山指数"研究编制课题组集结了一批专业成员深入参与。其中，国家广播电视总局规划财务司提供数据支持，国家广播电视总局发展研究中心与湖南省广播电视局、马栏山视频文创园管委会共同组织实施，国家广播电视总局监管中心、国家广播电视总局广播电视规划院参与编制。

经过几年发展，"马栏山指数"已形成以国家广播电视总局发展研究中心为主导、多方代表性机构参与的联合编制机制。

丰富的指数产品成为"马栏山指数"实用性的依托。"马栏山指数"建立健全"1+N"产品矩阵，即 1 个主品牌"马栏山指数"加 N 个衍生产品，以数据分析展示行业创新发展逻辑，以扎实调查预判创新态势，为对策建议提供数据和案例支撑。

视频文创产业既有长足进步，也存在短板弱项

2022 年，"马栏山指数"聚焦产业创新领域。基于优秀案例库、参专家推选，"马栏山指数"选取一定数量的典型创新案例，并将其划分为视听产业园区、视听新媒体平台、视听内容产品和新型视听服务 4 个类别，对其在产业创新强度、产业创新广度、产业创新深度和产业创新效度上的情况进行量化分析。

根据 2022 中国新媒体大会上发布的相关指数，视听产业园区的产业创新指标值总体为 1.2。视听新媒体平台的产业创新指标值总体为 0.69，低于产业园区。视听内容产品的产业创新指标值总体为 0.69。新型视听服务的产业创新指标值总体为 0.67。

视频文创产业既有长足进步，也存在短板弱项。如在产业创新强度上，机制创新不断深化，视听技术应用加速迭代，资源联动协同逐步强化，政策创新靶向日益精准，合作模式日趋多元；在创新深度上，围绕核心产业推动纵深发展的趋势越来越明显，借力新媒体平台的"出圈"行动加快推广，延伸拓展产品和服务链条、开辟新赛道成为主要模式，以"线上 + 线下"联动拓展价值链、IP 产业化态势日益增强，创新生态在不断完善。但是，在产业创新广度上，创新资源拓展、"视听 +"跨界

融合、平台集成创新有待加强；产业创新效度上，舆论引导水平、公共服务建设水平、产业融合方面还需要持续提升。

视频文创产业创新将呈现七大趋势

在"马栏山指数"的编制过程中，研究人员发现，多种因素共同影响了视频文创产业的创新效度。如提高产业创新深度可以提高研究案例的创新效度，提高产业创新强度有助于提高视听产业园区、视听内容产品的创新效度，提高产业创新广度有利于提高视听新媒体平台、视听内容产品、新型视听服务的创新效度，提高技术应用速度有助于提高视听内容产品和新型视听服务的创新效度。

同时，研究发现，技术创新、内容创新、机制体制创新、跨界融合和集聚集群等8个关键性因素，都对视频文创产业的创新发展具有重要价值。

"马栏山指数"根据产业发展走向作出预判，下一阶段视频文创产业创新将呈现七大趋势：一是视频文创产业创新对新型信息技术的依赖程度日益加深；二是视听内容创新将进一步向垂直化、精品化拓展；三是视频文创产业将与旅游、文博、教育和实体经济、乡村振兴等跨界融合；四是数据驱动型的视频文创产业规模将大幅提升；五是长视频与短视频双向创新将共同引领视频文创的内容产业增长；六是新型主流媒体将通过深化改革进一步发挥优势，再次成为视听产业创新的重要动力源；七是视听产业园将成为视频文创产业创新聚合的重要策源地和促进产业高质量发展的平台载体。

"马栏山指数"从不同维度揭示了视频文创产业创新发展路径，根据创新影响因子以及行业发展趋势，视频文创产业的相关主体可以有针对性地提升自身创新能力，把握发展趋势，提升在视频文创产业中的竞争力。

《人民日报》（2022 年 9 月 1 日）

"构筑主流舆论新高地"
内容创新论坛举行

刘瀚潞　卢小伟

传媒大咖聚湖南论道，共筑主流舆论新高地。8 月 30 日下午，2022 中国新媒体大会"构筑主流舆论新高地"内容创新论坛在长沙马兰山举行。

论坛聚焦中国新闻奖媒体融合奖项获奖作品、融创报道精品创作经验，围绕融媒体时代重大主题报道如何出新出彩话题，邀主创深入分享，请专家深刻剖析，揭示创新路径，探寻创优规律，助推新媒体扩大高质量内容供给、构筑主流舆论新高地。

中国记协党组书记、副主席刘思扬，中国记协党组成员、书记处书记吴兢，光明日报副总编辑陆先高出席论坛。本次分论坛由中华全国新闻工作者协会、中共湖南省委宣传部指导，中华全国新闻工作者协会新媒体专业委员会、湖南省新闻工作者协会主办，湖南日报社承办。

内容创新是融合发展的根本，是主流媒体的价值所在。近年来，全国各地各新闻单位坚持守正创新，突出内容建设，不断以内容优势赢得发展优势，构筑主流舆论新高地。作为分论坛的重磅环节，本次论坛主创分享环节设计了"铸魂""为民""创新"3 个板块。铸魂，就是要以习近平新时代中国特色社会主义思想为指引，深刻学习领会习近平总书记关于新闻舆论工作的重要论述，自觉用党的创新理论凝心铸魂，把握正确方向，唱响时代强音；为民，就是要坚持以人民为中心，站稳人民立场，用心用情走好全媒体时代群众路线，报道群众生产生活，反映群众呼声诉求，强信心、聚民心、暖人心、筑同心；创新，就是要在理念、内容、题材、形式、方法、手段、体制机制等方面实现媒体自我革命，不断提升主流媒体传播力、引导力、影响力、公信力。主创分享环节邀请了《领航》《光明追思》《无胆英雄张伯礼》等 11 件中国新闻奖媒体融合奖项获奖作品、融创报道精品主创代表，从"铸魂""为民""创新" 3 方面进行经验分享，回顾 10 年来主流媒体深度融合发展内容创新创优的历程和经验；同时，特别邀请到陆先高，中国记协新媒体专业委员会副主任委员、人民日报社新媒体中心副主任刘晓鹏，中国传媒大学电视学院党委书记、教授、博士生导师曾祥敏 3 位专家对作品进行深入分析，揭示创新路径，探寻创优规律。

在"新时代·新地标·新传播"圆桌论坛环节，江西广播电视台总编辑龚荣生，湖南日报社党组副书记、总编辑、总经理邹继红，厦门大学新闻传播学院院长余清楚，北京快手科技有限公司副总裁余敬中，网易传媒副总裁、总编辑田华进行现场对谈。与会人员共同见证了一场来自传媒界大咖关于内容创新的头脑风暴。

湖南日报社负责人说，湖南是中国共产党、中国革命的重要策源地，是伟人故里、将帅之乡，传承红色资源、宣传红色文化要"常学、常讲、常新"：常学，深入学习习近平新时代中国特色社会主义思想，把深入学习党史与学习新中国史、改革开放史、社会主义发展史结合起来，提高记者编辑的政治站位；常讲，讲好红色故事，不断策划主题宣传，近年来，湖南日报先后推出《走向胜利》《湖湘潮·百年颂》《大道向前》等重大主题报道，通过反复讲，把红色资源、红色地标宣传出去；常新，通过技术赋能，把内容新场景、新表达结合起来，提升传播力、影响力。

《湖南日报》（2022 年 8 月 31 日）

"塑造可信可爱可敬中国形象"
国际传播论坛

——促进中国与东盟国家合作交流

王云娜

　　8 月 30 日，2022 中国新媒体大会"塑造可信可爱可敬中国形象"国际传播论坛在湖南长沙举行。论坛举行了芒果 TV 与老挝国家电视台、云南无线数字电视文化传媒股份有限公司战略合作签约仪式，以芒果 TV 的内容为核心，借助老挝国家电视台与云数传媒的渠道优势，推动三方在内容授权与译制、融合传播与传媒产业市场探索方面的合作，促进中国与东盟国家的文化传播及合作交流。

　　此次合作签约，是湖南广电与老挝国家电视台进一步深化内容、技术、设备、产品和服务等领域交流合作的全新开始，也是中老两国媒体抢抓新一轮科技革命机遇，共同应对行业深度变革，实现高质量发展的全新尝试。芒果 TV 将以此次合作为桥头堡，向世界讲好中国故事。

　　论坛上，研究国际传播的专家学者、实践对外传播的相关学术机构、创新开展国际传播的主流媒体，以及参与中国故事全球传递的各界人士围绕"塑造可信可爱可敬中国形象"这一主题，分享世界百年未有之大变局与民族复兴交叠这一关键历史时期下的中国国际传播经验。

　　近年来，芒果 TV 不断创新对外传播话语表达，引领"年轻态"探索"全球化",向世界呈现中华文化、讲好中国故事。目前,芒果 TV 国际 App 海外用户数已超过 1.09 亿,海外业务服务覆盖全球超过 195 个国家和地区,支持 18 种语言字幕切换。

《人民日报》(2022 年 9 月 2 日)

新媒体 新责任 新力量
"社会服务与新媒体力量"
社会责任论坛举行

李 卓

从抗疫牵动全球亿万人心的每一条突发新闻，到脱贫攻坚伸向受困群众的每一双温暖援手；从帮助13388个走失者与家人团聚的"黑科技"寻人，到打造"一村一品、一村一潮"的互联网助农……新媒体投身社会服务，激扬新力量，彰显新责任！30日下午，2022中国新媒体大会"社会服务与新媒体力量"社会责任论坛在长沙举行。

人民日报、新华社、经济日报、芒果超媒、新浪、抖音等11家媒体的大咖作主题演讲，2022中国新媒体联合公益行动暨优秀案例征集活动，乡村振兴智慧融媒公益云平台上线……聚焦新媒体、新责任、新力量，一场头脑风暴让人感受到新媒体敢于担当的澎湃力量。

官媒去"官气"，看见大问题倾听小声音

尽管是新媒体论坛，但率先发声的却是人民日报和新华社等权威"官媒"。传统主流媒体的新媒体转型，让人看到官媒去"官气"，以用户思维服务社会的蓬勃朝气。

"2012 年 7 月 22 日，人民日报法人微博在北京暴雨之夜紧急上线。"人民日报社新媒体中心主任丁伟在演讲中说，从 10 年前那个彻夜未眠，与市民共同守望平安的雨夜起，创新传播手段、履行社会责任、做好社会服务就已经深深融入人民日报新媒体的基因。

人民日报新媒体不断追求可视化、交互性、年轻态，推出了一批有创意、影响力大的"爆款"产品，建立起"两微两端多账号"的移动传播矩阵，覆盖用户超过了 7.5 亿。2020 年新冠肺炎疫情初期，人民日报客户端紧急开发"新冠肺炎求助者平台"，总点击量超 10 亿次，收到有效信息超 4.2 万条，使近万名患者得到及时救治。

"我们看得见'大问题'，也听得见'小声音'。"新华社新媒体中心主任李俊说，新华社新媒体中心创办的新媒体应用"全民拍"，两年来 10 万条来自基层的"全民拍"照片传递着民生冷暖，也为如何实现凝聚共识"同心圆"模式提供了一份"新媒体 +"的生动样本。

李俊说，过去传统媒体新闻热线大多数是牵涉面广的大问题，而"全民拍"征集来的很多是民生小事。仅 2021 年一季度，网友投稿的线索数达到近两万条，其中反映党风政风的 12%、生态环境的 9%、消费维权的 12%。

"新媒体 + 公益"，推动人人公益时代来临

公益，究竟是慈善人士的"专属"，还是人人皆可为的人生常态？芒果超媒、新浪微博等新媒体负责人以自身的新媒体实践告诉大家，"互联网 + 公益"催生出公益新模式，拓宽公益社会辐射面，推动公益全民化，让"人人公益"变成新型生活方式。

"用 8 分钟时间来说服 8000 人参与，让 8000 万人受影响，至少可展望 8 个亿的慈善规模。"芒果超媒副总编辑易柯明分享了"人人公益"所追求的全新公益打开方式。芒果 TV 拥有慈善组织、互联网募捐、信息平

台等关键的做慈善公益的基础，发起了 35 个重要的募捐项目，帮助数以千万计的受众。

2008 年新浪发起汶川地震的"绿丝带"，成为互联网公益的枢纽。新浪微博 COO、新浪移动 CEO 王巍说，微博一直倡导"人人公益、人人参与"的公益理念，从公益传播、公益筹款和公益协作三大价值出发，找准微博公益定位与业务方向。2021 年全年，新浪微博有超过 1.3 万个公益认证账号，发布博文总量突破 133.5 万，话题阅读量更是高达 1495.6 亿。截至 2022 年 7 月，微博拿出了 3.3 亿元的广告收入，用于相关的公益计划。

新媒体讲好"乡村故事"，助力乡村振兴

2022 年是实施"十四五"规划承上启下之年，也是乡村振兴全面展开的关键之年。在新媒体蓬勃发展的时代，如何运用新媒体手段，助力乡村振兴？

论坛现场，中国社科院新闻与传播研究所数字媒体研究室主任黄楚新、央广网副总编辑伍刚、腾讯 SSV 为村发展实验室内容生态总监王晓晖分别就"乡村振兴与新媒体力量"主题，根据自身所在机构或平台的特色与创新实践，从县级融媒体中心如何助力乡村振兴、怎样为乡村振兴插上新媒体的"翅膀"、科技如何为乡村"耕耘者"赋能等方面，结合案例进行了生动的演讲。

为更好响应 2022 中国新媒体联合公益行动，红网整合社会资源，聚焦乡村振兴战略、汇聚优质农业品牌、搭建智慧助农平台、链接农业产业生态，打造面向全国的"乡村振兴智慧融媒公益云平台"，红网公益云平台与学习强国、步步高、分享通信集团等达成战略合作，现场签约。

《长沙晚报》（2022 年 8 月 31 日）

新技术带来新应用助推"智媒体"

——2022 中国新媒体大会"科技赋新能　融媒向未来"技术应用论坛举行

杨洁规

　　8 月 30 日下午，2022 中国新媒体大会"科技赋新能　融媒向未来"技术应用论坛在湖南国际会展中心举行。媒体大咖们同场"竞技"，共话中国媒体技术新未来。

　　论坛围绕"新技术引领媒体变革""融媒有技·国家重点实验室特别发布""智媒体新服务"等议题，邀请行业主管部门、国家重点实验室、新闻媒体、技术公司相关嘉宾，结合最新研究成果或案例，共同探讨 5G 时代新技术浪潮下，中国新媒体变革转型趋势与融合发展未来。

　　"智媒体"是本次论坛出现频率最高的关键词之一。四川日报报业集团经管会委员兼封面传媒科技董事长、总经理曹峰通过视频演讲，结合实践经验，介绍融媒建设探索道路中以"技术＋内容"双轮驱动，打造"智能＋智慧＋智库"的"智媒体"发展成果。中兴通讯、百度智能云、索贝数码分别发布智慧媒体解决方案，为赋能媒体深度融合提供技术路径。

　　以技术创新引领媒体变革。人民日报、新华社、中央广播电视总台、中国传媒大学旗下 4 个国家重点实验室首次在中国新媒体大会登台亮相，发布了涉政论述智能勘误产品"智晓助"、"百城千屏"项目、三维声技术等前沿领先的新技术新应用。

主流媒体如何以媒体融合助力社会治理？在以"智媒体新服务"为主题的圆桌对话中，长沙市广播电视台（集团）党委书记、台长、总编辑、董事长曾雄向大家介绍了引领全国城市媒体深度融合的"长沙模式"，长沙广电运营的"我的长沙"App是一个"城市服务＋融媒体"融合平台，实现了政务服务移动端、城市服务聚集端和新闻资讯触达端的"三端合一"。

本次论坛还向全体新闻工作者发起了"智媒体新服务"倡议，号召主流媒体以智慧媒体融入智慧城市建设，当好社会治理的"智慧中介"。

《湖南日报》（2022 年 8 月 31 日）

AI 手语翻译官、"时空凝结"……新媒体时代的"黑科技"有多酷

杨洁规

新媒体时代都有哪些"黑科技"？又给我们的生活带来哪些便利？

8 月 29 日，记者走进正在湖南国际会展中心举行的 2022 中国新媒体技术展，带您了解新媒体时代的"黑科技"。

AI 技术，让我们"听"懂听障人群

手语是听障人群向外界伸出的触手，也是健听者走进无声世界的最佳途径。如何让健听者"听"懂手语，实现同频交流？参展的百度智能云、长沙广播电视台，运用 AI 技术，为手语服务普及的难题提出了科技新解法。

记者在百度智能云展区了解到，只需将录制好的视频传输到"AI 手语平台"，经过处理就能够输出已经融合了手语翻译的视频，传播十分方便。

"能准确识别语音数据，手语翻译识别准确率达到 98%。"现场工作人员介绍，"AI 手语平台"现阶段主要以服务机场、火车站、医院或媒体机构的公共需求为主，例如可帮助听障人群在医院轻松实现挂号、看诊、缴费、取药等系列流程。

"黑科技"让你 10 分钟变身主播

"这是真人播报吗？"在杭州倒映有声科技有限公司展区，该公司打造的 AI 数字分身高度复刻真人声音和形象，在进行融媒体内容播报时发音清晰且充满情感，肢体动作、表情、口型等表现自然。

倒映有声品牌总监岳冬楠介绍，只需前期采集 10 分钟有效音频对，快速构建 AI 数字分身。在实际使用过程中，用户再输入文字，就能一键生成自己播报的视频，让害怕镜头的朋友也能过一把"主播瘾"。

传说中的"时空凝结"

"这是传说中的'时空凝结'吗？真的很酷！"在湖南广播影视集团有限公司展区，来自苏州广电的同行曹文舟不时发出感叹声。

成像画面显示，当曹文舟正在完成一个大跳动作时，画面突然静上呈现 360 度旋转，仿佛时空凝结，她的面部表情、肢体动作、身姿尽态尽收眼底。

湖南广播影视集团 4K 时空凝结自由视角互动拍摄系统负责人王禹介绍说，时空凝结特效因在湖南卫视《舞蹈风暴》节目中大量使用备受关注。用自由视角的能力，提供精彩瞬间，展现舞者绝美身段。同时，自由视角把互动能力交给观众，观众还可以选择任意视角观看，"大多用在晚会、综艺、体育赛事中，可以让观众获得身临其境的体验。"

湖南广播影视集团有限公司重点展示了旗下 5G 高新视频多场景应用国家广播电视总局重点实验室、芒果 TV 自主研发的数字主持人"小渃"、空气成像、5G 智慧电台、智慧视频生产中台、光芒链等新兴技术。

展会将持续到 8 月 31 日

2022 中国新媒体技术展是 2022 中国新媒体大会重大创新活动之一，以"新技术　融创新高地"为主题，将持续到 8 月 31 日。

技术展上，人民日报、新华社、中央广播电视台、中国传媒大学旗下四大国家重点实验室集中展示媒体融合领域具有前瞻性、创新性的科研应用成果，如新华新生耳机、超写实虚拟数字人小钲、8K 超高清和三维声制作等；湖北广播电视台、苏州市广播电视台、长沙市广播电视台、安吉新闻集团等，展示省、市、县三级媒体通过技术赋能形成的各具特色的新政务、新服务、新商务应用场景；中兴通讯、百度、东软集团、深信服、索贝科技、天津海量等智媒企业，展示"文化＋科技"融合发展的前沿应用场景，用新技术打破圈层，成为推动媒体融合深度发展的重要力量。

华声在线（2022 年 8 月 30 日）

探讨宣传报道如何"出圈""破圈" 2022中国新媒体大会 "强'四力' 促深融"专题培训班举办

廖慧文

今天上午，2022中国新媒体大会"强'四力' 促深融"专题培训班在长沙开班。此次培训为期3天，省直新闻单位新媒体负责人和采编人员，湖南各市州党委宣传部、记协和主要新闻单位新媒体负责人、采编人员，各县市区融媒体中心有关负责人等200余人参加。

学员们首先参观了"新技术 融创新高地"技术展。随后，聆听澎湃新闻网总编辑刘永钢，楚天都市报极目新闻总编辑周芳，抖音集团媒体合作区域总监王烨，黑龙江省电视协会会长、黑龙江广播电视台原副台长关中围绕迎接党的二十大主题主线，结合新闻实践和鲜活案例，阐释习近平总书记重要讲话精神，分析媒体融合发展态势。并分别从策划思路、产品创意、报道创新、传播理念、用户思维、平台运营技巧、短视频精品打造等角度进行分享。

"'做融媒产品不可忽视的要素是音乐'，关中老师的这个观点一下让同仁们竖起了耳朵。"湖南日报社新湖南编辑中心编辑彭彭表示，他的讲解让自己意识到了音乐语言在融媒体产品中的重要性。"学习并善于运用音乐语言，乃至更多'种类'的语言，是我们应该主动学习的一门新课程。"

益阳市委宣传部新闻科科长莫李丽表示，此次课程让她了解到如何巧妙运用多种表现手法，把主题报道做得既有深度、又有新意。"这些好方法为市级媒体做好融媒报道提供了方法论，也为市级媒体深度融合发展的探索开阔了视野和思路。"

"这次培训知识点多、指导性强，具有可操作性！"保靖县融媒体中心主任彭司进说，作为一名基层融媒体工作者，他一直渴望有满满的融媒体业务知识输入，这次培训班给了他一次好机会。

推动媒体深度融合发展，是党中央着眼巩固宣传思想文化阵地、壮大主流思想舆论的重大战略部署。近年来，在新闻同行的共同努力下，涌现了一批叫得响、用得好的新媒体品牌，生产了一批群众喜爱、刷屏热播的融媒体产品，主流媒体融合发展取得了突破性进展。主办方表示，面对新征程新使命，主流媒体要坚持守正创新，不断增强本领，继续唱响新时代的昂扬旋律、新征程的奋斗凯歌，为党和国家事业发展提供有力舆论支撑。

此次培训班由中国记协新媒体专业委员会、湖南省记协主办，中国记协新闻培训中心、湖南日报社承办。

华声在线（2022 年 8 月 29 日）

融媒新气象　文创话"国潮"

申智林

绿色军帽、红黄领章，湖南长沙马栏山视频文创园创智园 1 号演播厅的荧幕上，拍摄于 20 世纪 60 年代的电影《雷锋》从黑白影片变成了彩色影像，红色经典展现时代魅力。

不远处的马栏山计算媒体研究院项目展区，手语虚拟人同步使用观听语言与面前的观众开展无障碍交流。

红色经典、科技范儿、"国潮"、创新……8 月 31 日，在富集新颖多样的数字化融媒产品的马栏山视频文创园，这些词不时在观众耳畔回荡。当日，2022 中国新媒体大会之"马栏山上话国潮"文创盛典专题活动在园区创智园 1 号演播厅举办。

以"马栏山上话国潮——中国造·正当潮"为主题，按照"红色文化科技展"和"国潮盛典"两条主线，园区着重展现了近两年来弘扬主旋律、传播传统文化，利用创新思维和科技手段形成的发展成果。活动期间，来自媒体、互联网技术企业、商业传播平台以及有关领域的专家学者汇集此地，聚焦媒体融合发展、新媒体创新实践、互联网前沿话题等展开交流与分享。

"红色文化科技展"包括"红色马栏山"和"科技马栏山"两个主题。

其中，"红色马栏山"主要展现园区 4K 修复红色经典影像等技术内容。近年来，马栏山视频文创园从技术平台、人才培养等方面发力，通过搭建红色文化生产线、红色文化数字基因库等，用新技术、新模式传承红色文化、革命精神。

《雷锋》《毛泽东在 1925》《刘少奇的四十四天》《国歌》等一大批红色影片经 4K 修复后，从园区走向全国，扩大了经典电影的人群覆盖面，扩大了红色文化和革命精神的影响力。

"科技马栏山"主要展现园区企业最新科技成果，包括华为云音视频创新、火山引擎、多豆乐新媒体等技术项目。马栏山计算媒体研究院等科研机构的研发成果，也在这里向观众全方位展示。在互动区，与会者通过 AI 虚拟人等内容，还可以零距离感受最新三维视觉动作捕捉技术，体验数字人驱动、元宇宙虚拟空间会议等数字文创设备。

"国潮盛典"上，"国潮马栏山""创意马栏山"两个主题成为当日活动的热点话题。

"国潮马栏山"主要融合国乐演奏等文化特色，邀请园区优秀企业代表共话文创国潮，体现国潮背后的文化自信，展现科技创新助推文创国潮发展。马栏山视频文创园首席技术专家周苏岳、湖南知了青年文化有限公司创始人李武望等 7 位演讲嘉宾就"元宇宙之马栏山实践""解锁中华美学里的神秘密码"等主题进行现场分享。

"创意马栏山"通过解读《全国视频文创产业发展指标体系研究》（即"马栏山指数"），解码全国视频文创产业发展新趋势，成为引领视频文创产业发展的风向标。

活动期间，"小漾"虚拟数字人等一批科技成果发布上线。同时，园区还举行了重点招商企业签约仪式，推进马栏山视频文创产业进一步发展。

《人民日报》（2022 年 9 月 2 日）

湖南新媒体事业发展勇攀高峰

吴齐强　王云娜

近年来，湖南省主流媒体顺应新媒体发展趋势，以"敢为天下先"的情怀和气魄，挖掘新亮点，拓展新平台，拥抱新技术，持续推进传统媒体与新媒体深度融合发展，传播体系更加立体完善。

从"单打独斗"到"一体作战"，从"1+1"到"融为一体、合而为一"，湖南新媒体事业发展成效显著、勇攀高峰。

提高内容生产力
主流媒体强起来

湖南最偏远的村庄里最远的那一户，日子过得怎样？2020 年，湖南日报记者走进全省 14 个贫困村的最偏僻角落，记录最远那一户的脱贫故事。

当年 10 月，湖南日报社华声在线推出大型融媒体专题作品《村里最远那一户》，以宣传视频作为开机页，并大量运用高清大图和多种动画交互效果，视觉冲击力强。创作团队量身打造了一个手机端版本，更好地适应移动传播，增强网友阅读体验感。该专题角度新颖，被"学习强国"学习平台等 20 多个媒体平台转载。2021 年，该专题获评第三十一届中国新闻奖网络新闻专题一等奖。

同样，湖南广播电视台 2020 年推出的创意互动 H5《一张照片背后的这七年》，以"照片 + 文字 + 视频 + 音乐"形式，结合 40 张照片、12 个故事和 1 个短视频，以时间为轴，多角度全方位展现湖南省湘西土家族苗族自治州花垣县十八洞村的新变化。该作品获评第三十一届中国新闻奖创意互动一等奖。

长沙广电以内容建设为根本，努力探索融媒体时代主流媒体做好主题宣传、创作正能量精品的有效路径。融媒体专栏《总编辑调查》深入践行"四力"要求，先后推出"这个春天，第一书记在忙啥？"等产生较大影响力的系列调查。

这些生动实践，折射出湖南主流媒体主动拥抱新媒体、提高内容生产力的积极探索。

湖南主流媒体在内容创作上坚持守正创新，不断挖掘新闻报道新亮点。既发挥传统媒体擅长采写深度报道的优势，又用好新媒体多样化的表达方式，推出一系列精品力作，让新闻报道深入人心，获得良好的传播效果。

内容优势换来发展动能，主流媒体强起来。2019 年至 2021 年，湖南省获得中国新闻奖作品数量名列前茅。

拓展媒体新平台
构建传播新格局

近年来，湖南媒体积极拓展新平台、构建传播新格局，用一张张新鲜"面孔"与各年龄段的受众对话。

湖南广电在媒体深度融合发展的探索中筑牢主流价值阵地。芒果 TV 出品的新闻大片、主流大片，在湖南卫视、芒果 TV、"风芒"App、5G 智慧电台等平台融合播出，实现了融合传播新格局。

不久前，湖南卫视与芒果 TV 通过双平台共创共享机制、电视剧联采播机制等，形成内容创新"1+1>2"的强大合力。湖南广电旗下的资讯类短视频平台"风芒"App，打造多个特色频道，助力用户共享美好时代、记录美好生活。

湖南日报已构筑"报、网、端、微、屏"立体传播体系，共建各类新媒体账号110多个。以湖南日报官方微信、微博、抖音等新媒体账号为主体，以各市州分社视频类账号和"湘伴""湘遇"等垂直类新媒体账号为双翼，湖南日报的立体"微"传播格局初步形成。

红网构建起"网、报、端、微、视、屏"六位一体的传播格局，搭建微博、微信、抖音、快手等渠道矩阵。一批名专栏、名公众号，成为引导舆论、服务群众的中心平台。

潇湘晨报形成了"以客户端为主体、社交媒体为侧翼、入驻账号为补充"的移动传播矩阵，着力打造新型主流媒体。

长沙广电加快建设运营"我的长沙"平台，实现政务服务移动端、城市服务聚集端和新闻资讯触达端的"三端合一"。

自主研发新技术
建设融媒体中心

创新表达方式，离不开先进可靠的技术。湖南媒体将技术迭代作为重中之重，自主研发新技术，为优质内容产出提供技术支撑。

今年的中国新媒体大会，有一项重要展览——"新技术 融创美好电"2022中国新媒体技术展。作为本届新媒体技术展的承办单位，湖南广电全面展示了旗下5G高新视频多场景应用国家广播电视总局重点实验室、芒果TV的新技术成果。

5G高新视频多场景应用国家广电总局重点实验室是国家广播电视总局正式批复、依托湖南广播电视台建设、面向媒体融合的新型实验室。实验室通过云监看、云导播等全流程环节制作，以年轻人喜闻乐见的方式讲好中国故事。以该重点实验室为抓手，湖南广电聚合多位广播电视技术、网络技术、前沿视频技术方面的工程师，推动媒体融合项目落地。

芒果TV通过AI等技术构建智慧视频生产模式，在大型综艺节目的制作中得以应用，降低了超高清视频制作的技术资源负载和制作门槛。

长沙晚报融媒体中央厨房技术平台、多屏展示与人工智能解决方案等均由长沙晚报自有技术团队研发，具有自主知识产权。

以技术服务赋能融媒体中心。湖南日报社赋能县级融媒体中心建设，自主研发的"新湖南云"省级技术平台，吸引全省69家县级融媒体中心入驻，构建"新闻＋政务＋服务＋其他"新模式。湖南广电以5G智慧电台赋能全国县级融媒体中心，已累计签约服务全国847家广播电台频率。红网完成54家县级融媒体中心建设。

《人民日报》（2022年9月2日）